KB049801

서울대학교 아시아법 연구 실무시리즈 1호

법무법인(유) 광장, 서울대 아시아태평양법 연구소 발간

베트남법

김유환 · 김태경 · 이순성 · 이재국 · 홍성미 저
정준혁 편

박영사

발간사

법무법인(유) 광장과 서울대학교 아시아태평양법 연구소의 서울대학교 아시아법 연구 실무시리즈 1호, "베트남법" 발간을 진심으로 축하합니다.

베트남은 우리나라의 주요한 교역 대상국이자 투자처입니다. 포스트 코로나, 그리고 포스트 차이나 시대를 맞아 앞으로 베트남의 중요성은 더욱 배가될 것입니다. 베트남에 대한 우리 국민과 기업의 관심도 점차 제고되고 있습니다.

이러한 시점에 "베트남법"을 통해 베트남의 투자 · 세무 · 노동 · 부동산 등 일련의 법 제도를 다루는 전문 서적을 출간하게 되어 참으로 시의적절하다고 생각합니다. 이 책은 베트남 진출 기업과 여러 관련 담당자들이 베트남 법적 제도 변화의 최신 동향과 새로운 실무적 쟁점을 파악하는 데 크게 도움이 될 것으로 확신합니다.

무엇보다 이 저서를 준비하는 데 많은 도움을 주신 법무법인(유) 광장의 김상곤 대표님, 안용석 전 대표님 및 여러 실무 변호사님들과 담당자분들께 감사의 말씀을 드립니다. 그리고 발간을 위해 그동안 여러 노력을 기울여 주신 서울대학교 아시아태평양법 연구소의 정준혁 교수님께도 깊은 감사의 마음을 전합니다. 또한 그간 여러 물적 · 행정적 지원을 다하여 주신 서울대학교 법학전문대학원의 김종보 원장님, 한기정 전 원장님과 부원장님들께도 다시 한 번 감사의 마음을 전합니다.

　　서울대학교 아시아태평양법 연구소는 앞으로도 아시아법 연구 실무
시리즈와 관련하여 논의의 장을 마련하고 그 결실인 전문 서적을 발간하
는 데에 아낌없는 지원을 지속적으로 이어갈 예정입니다. 이번 출간된
"베트남법"을 통해 모쪼록 유익하고 새로운 논의가 이어지기를 고대합
니다.

서울대학교 아시아태평양법 연구소장
이재민

발간사

베트남법을 분야별로 정리하여 베트남법의 주요 내용을 하나의 책자로 보여주는 서울대학교 아시아법 연구 실무시리즈 1호, "베트남법"이 서울대학교 아시아태평양법 연구소와 각 저자들의 노력 끝에 출간하게 된 것은 매우 뜻깊은 일입니다.

베트남은 1986년 도이머이 정책으로 시장 개방을 한 이래 급격한 경제성장을 이루어 왔으며, 우리나라와의 교역도 양적, 질적으로 괄목상대하게 성장하여 현재 우리나라는 베트남의 제1위 투자국이 되었습니다. 법무법인(유) 광장은 베트남의 성장 과장에서 주요 한국기업들의 베트남 투자에 꾸준히 참여하였으며, 2015년부터는 베트남 법무부로부터 베트남 법인 설립을 허가받아, 베트남 호치민시와 하노이에 사무소를 두고 현지에서 한국 기업의 베트남 사업을 지원해 왔습니다.

본서의 출간은 국내 최초의 아시아태평양법학 전문 연구소인 서울대학교 아시아태평양법 연구소에서 2021년 10월 법무법인(유) 광장과 공동으로 개최한 "베트남 투자 및 진출 관련 법제도의 현황과 실무" 웨비나의 연장 선상에서 서울대학교 아시아태평양법 연구소의 전폭적인 지원 아래에 이루어졌습니다.

본서 발간의 기틀을 마련해 주시고 지속적으로 다양한 지원을 해주신 이재민 서울대학교 아시아태평양법 연구소장님, 서울대학교 법학전문대학원 정준혁 교수님을 비롯한 연구소와 법학전문대학원 소속 여러 교수님들께 감사의 말씀을 드리고자 합니다. 아울러 본서의 집필 초기부터 보이지 않는 곳에서 물심양면으로 도움을 주신 박영사 관계자분들께도 감사의 마음을 전합니다.

　베트남법의 경우 각 분야별 법과 그 하부의 시행령, 시행규칙이 유기적으로 연결되어 있지 않고 수시로 발표되는 시행령 및 시행규칙이 기존 법령 및 개별 조항을 대체하는 등의 이유로 그 내용을 전체적으로 파악하는 데 상당한 어려움이 있습니다. 법무법인(유) 광장은, 그동안 수행한 수많은베트남법률자문사례를바탕으로산재해있던베트남법에대한이해와 실무적지식을본서를통해일목요연하게정리하고자노력하였습니다.

　모쪼록 본서가 베트남법을 연구하고 베트남에 투자하는 한국의 관련 학계, 법조계, 기업의 지침서가 되고, 베트남법의 변천 과정을 돌아보고 새로이 다가오는 변화의 시대에 베트남법 분야의 기초 자료로 쓰이며 우리 기업들의 베트남 진출 및 학계의 베트남법 연구에 일조하기를 기원합니다.

법무법인(유) 광장 대표변호사

김상곤

편집자의 말

1992년 우리나라와 베트남이 외교관계를 수립한 이래, 우리나라 기업들의 베트남 진출이 매우 활발하게 이루어지고 있습니다. 베트남 기획 투자부(Ministry of Planning and Investment) 자료에 의하면 1988년부터 2021년 동안 우리나라 기업들의 베트남 누적 투자액은 총 746억 달러에 이른다고 합니다. 우리나라는 일본과 싱가포르를 제치고 같은 기간 동안 베트남에 가장 많이 투자한 나라입니다.

특히 2010년대 들어 우리나라 기업들의 대규모 투자와 베트남 기업에 대한 M&A가 활발하게 진행되고, 2015년 양국 간에 자유무역협정이 체결됨에 따라, 기업들의 베트남법에 대한 자문 수요도 크게 증가하고 있습니다. 우리나라 로펌들도 베트남 현지에 사무소를 두고 활발하게 관련 업무를 수행하고 있습니다. 베트남은 우리나라 법조인들에게도 새로운 기회를 제공하고 있습니다.

그렇지만 한편으로는 우리나라 법조인들이 베트남 관련 업무를 수행하면서 얻은 경험과 노하우가 체계적으로 정리되지 못한다는 아쉬움이 있었습니다. 이러한 문제의식 하에 서울대학교 아시아태평양법 연구소는 지난 2021년 10월 법무법인(유) 광장과 "베트남 투자 및 진출 관련 법제도의 현황과 실무" 웨비나를 개최하여, 우리나라 기업들이 베트남에 투자하면서 마주칠 수 있는 여러 법률문제들을 검토하는 기회를 가졌습니다.

이 책은 해당 웨비나에서 발표한 내용을 법무법인(유) 광장의 여러 전문가들이 베트남 법제도 개관, 기업법, 투자법, 청산과 파산, 부동산, 노동법, 분쟁해결, 세법 등의 분야로 나누어 정리한 책입니다. 아무쪼록

이 책이 베트남에 진출하는 우리나라 기업은 물론, 관련 업무를 수행하
는 법조인들과 베트남법을 연구하는 연구자들에게도 좋은 지침서가 되
기를 희망합니다. 소중한 지식과 업무 경험을 공유해 주신 법무법인(유)
광장의 여러 전문가들께도 감사의 말씀을 전합니다.

서울대학교 법학전문대학원

정준혁

목차

제1장 개관

제1절 베트남 법제도 ·· 3
  1. 연혁 ··· 3
  2. 법령 체계 ··· 4
  3. 분야별 분류 ·· 6
  4. 입법 절차 ··· 8

제2절 외국인 투자 관련 ·· 10
  1. 투자 환경 ·· 10
  2. 외국인 투자시 적용 법령 ······································· 11
  3. 외국인 투자 방식 ··· 14

제2장 기업법

  1. 연혁 ·· 19
  2. 구성 ·· 20
  3. 기업의 종류 ·· 20
  4. 베트남기업의 내부조직 ·· 23

제3장 투자법

  1. 베트남 투자법의 연혁과 구성 ···································· 35

2. 베트남 투자법상 투자 ·· 36

3. 투자허가기관 및 투자등록기관 ····························· 42

4. 투자등록증 ·· 46

5. 투자허가의 절차 ·· 48

6. 투자 인센티브 및 지원 ····································· 51

7. 주식/지분 양수도 ··· 53

제4장 청산 및 파산

제1절 법인청산 ··· 61

1. 법인청산 절차 ·· 61

2. 법인청산 제출서류 ··· 66

3. 법인청산 시 유의사항 ····································· 67

4. 관련 법률(규정) 및 서식 ································· 68

제2절 법인 파산 및 회생 제도 ·································· 69

1. 법인 파산 절차 ·· 69

2. 채권자 보호 절차 ·· 73

3. 법인 회생 ·· 75

4. 법인 회생 절차에 대한 외국인 참여 여부 ·············· 75

제5장 부동산

1. 베트남 부동산 법제의 기본 체계 ························· 79

2. 토지법 및 토지에 관한 권리 ····························· 82

3. 건물에 대한 권리 ·· 101

4. 등기제도 ·· 101

5. 베트남 담보권 제도 ··· 102

6. 주택법 ··· 113

7. 부동산사업법 ··· 115

8. 별첨 ··· 117

제6장 노동법

1. 현행노동법 개정경과 및 향후 일정 ······················· 125

2. 현행노동법 주요내용 ··· 125

제7장 분쟁제도

제1절 베트남 분쟁 해결의 법적 근거 ······················· 149

제2절 베트남 소송 제도 ·· 150

1. 베트남 민사소송법 ··· 150

2. 소송 절차 ··· 151

3. 각급 인민법원의 역할 ······································· 154

4. 보전(임시)처분 ·· 155

5. 집행 ··· 157

6. 제소기간 및 소멸시효 ······································· 159

제3절 베트남 중재 제도 ·· 161

1. 베트남 상사중재법 ··· 161

2. VIAC 중재규칙 일반 ·· 162

3. 중재비용 ··· 168

4. 외국중재판정의 승인 및 집행 ······························· 169

제8장 세법

1. 베트남 조세제도 및 조세관리법 ·········· 177
2. 법인세법 ·········· 180
3. 개인소득세법(Personal Income Tax Act) ·········· 185
4. 부가가치세법 ·········· 188
5. 원천징수와 외국인계약자세 ·········· 194
6. 이전가격과 기타 국제조세 관련 규정 ·········· 203
7. 별첨 ·········· 210

부록

1. 투자등록증(IRC)/기업등록증(ERC) 국문번역본 ·········· 237
2. 근로계약서 영문/베트남어본 ·········· 243
3. LURC 영문/베트남어본 ·········· 256
4. 조건부 업종(conditional business lines) 영문 리스트 ·········· 261
5. 표준중재조항(국문) ·········· 264
6. 표준중재조항(영문) ·········· 265
7. 투자프로젝트 청산 통지서 ·········· 266
8. 투자프로젝트 청산 결정문 ·········· 269
9. 기업 청산 통지서 ·········· 271
10. 기업 청산 결정문 ·········· 273
11. 파산 신청서 ·········· 276

제 1 장

개 관

이순성

또드남무

제1절

베트남 법제도

1. 연혁

베트남은 개혁·개방 정책인 도이머이(Đổi mới, "쇄신"을 의미) 정책을 통해 시장 경제시스템을 채택하고 대외무역을 확대하면서 지속적인 경제성장을 이뤄내 왔다. 오늘날 베트남의 법은 도이머이 정책 이후 본격적으로 수정, 발전되어 온 결과물이라고 할 수 있다.[1]

도이머이 정책은 1986년 제6차 공산당대회에서 시작되었다. 당시 통일 직후의 베트남은 사회주의식 중앙통제 경제운영에서 비롯한 극심한 경제난[2]에 시달렸고, 이를 극복하기 위한 개혁·개방 정책을 모색하기 시작했다.

경제발전을 위해 소비에트의 영향을 받은 중앙통제형 정책을 포기하고 시장 경제시스템을 받아들이기로 결정하게 된다. 새로운 시스템은 외국인 투자유치를 통해 경제를 활성화하고자 하는 것이 주된 취지였으며, 이와 동시에 베트남은 경제자유화와 관련된 법제개혁을 실시하게

---

1) Ph.D. Dinh Dung Sy of Government Office, "Hệ thống pháp luật Việt Nam trong tiến trình đổi mới và phát triển đất nước", Tạp chí Nghiên cứu Lập Pháp
2) 집단농장실패, 암시장 활성화, 극심한 인플레이션율 (587.2%, 1986년 말 기준)

되었다.

이러한 변화의 초반에는 법률정비의 초점이 경제개발에 있었기 때문에 법적 권력이나 정당성, 법의 집행 문제 등은 논의 대상에서 제외되어 왔다. 이로 인해 일각에서는 법을 시장경제발전을 위한 수단으로 여겨 법의 발전을 저해하였다는 부정적인 시각이 제기되기도 했다. 이러한 반성을 토대로 다양한 주체들을 정책형성 과정에 참여시키며 정당성을 확보하고, 법 시스템의 효율적인 운영을 위해서 법 집행의 중요성에 대한 인식이 높아지는 등 오늘날의 모습으로 수정, 발전되어 왔다.[3]

오늘날 베트남 법 제도 또한 일관성의 부족 및 법령간 중복과 모순 등으로 인해 적지 않은 혼란을 야기하고 있다. 이에 베트남 국회에서는 국회 상임위원회 입법연구원을 통해 법 제도의 발전과 개선을 위한 지속적인 논의를 이어가고 있다.[4]

2. 법령 체계

베트남 법은 주로 성문법 중심의 대륙법계 체계에 기반하고 있으며, 법령체계는 헌법과 헌법의 이념을 구현하기 위한 법률, 그 법률의 구체적인 시행을 위한 각종 법률규범문서 등으로 구성되어 있다. 법률규범문서발행법(Law 80/2015/QH13) 제4조는 다음과 같이 '법률규범문서체계'를 명시하고 있다.

---

3) 김대인, "베트남을 중심으로 본 '법과 개발'의 현황과 과제", 아시아법제연구 제 8 호, 한국법제연구원

4) Viện Nghiên Cứu Lập Pháp, "ĐỊNH HƯỚNG XÂY DỰNG VÀ HOÀN THIỆN HỆ THỐNG PHÁP LUẬT VIỆT NAM ĐẾN NĂM 2030, TẦM NHÌN 2045"

법률규범문서체계

	문서	발행 기관
1	헌법(The Constitution)	국회(National Assembly)
2	법률(Code, Laws), 결의(Resolutions)	국회(National Assembly)
3	법령(Ordinances), 결의(Resolutions) 및 합동결의(Joint Resolutions)	국회 상임위원회(Standing Committee of the National Assembly) 및 베트남 조국전선 중앙 위원회 의장단 (Management Board of Central Committee of Vietnamese Fatherland Front)
4	명령 (Orders), 결정 (Decisions)	국가 주석 (President)
5	시행령(Decree) 및 합동결의 (Joint Resolutions)	정부(Government) 및 베트남 조국전선 중앙 위원회 의장단 (Management Board of Central Committee of Vietnamese Fatherland Front)
6	결정(Decisions)	총리(Prime Minister)
7	결의(Resolutions)	최고인민재판소 법관 위원회(Judge Council of the People's Supreme Court)
8	시행규칙(Circular) 및 합동시행규칙(Joint Circulars)	대법원장(Executive judge of the People's Supreme Court), 검찰청장 (Chief Procurator of the Supreme People's Procuracy), 각 부서의 장관 (Ministers, Heads of ministerial agencies)
9	결정(Decisions)	국가회계감사원(State Auditor General)
10	결의(Resolutions)	성급 인민회의(People's Councils of central-affiliated cities and provinces)
11	결정(Decisions)	성급 인민위원회(People's Committees of provinces)
12	기타 결의(Resolutions) 및 결정(Decisions)	기타 군, 현급 인민위원회(People's Councils of districts, towns and cities within provinces)

3. 분야별 분류

분야에 따른 베트남 법의 분류는 다음과 같다:

1) 헌법(Luật Nhà nước, Constitutional Law)

국가의 권력 조직, 정치제도, 경제제도, 사회문화, 선거제도, 국민의 권리와 의무 등에 관련한 기본 관계를 규정하는 법률 규범의 총체로서, 국가의 가장 중요한 법이자 모든 법의 기반

2) 행정법(Luật hành chính, Administrative Law)

행정, 정치경제 및 사회문화 분야에 대한 국가의 행정과 운영 활동을 조직하고 시행하는 과정에 형성되는 각종 사회적 관계를 규정하는 법적 규범의 총체

3) 재정법(Luật tài chính, Finance Law)

국가의 화폐 기금의 생성, 분배 및 사용 및 기타 경제적 요구 충족에 대한 기능 및 의무 실현 과정에서 형성되는 각종 사회적 관계를 규정하는 법적 규범의 총체로서, 국가예산법, 국가 예산 수입 및 지출에 관한 규정, 기업 금융, 상업보험, 신용 및 지불에 대한 규정 등을 포함

4) 형법(Luật hình sự, Criminal Law)

범죄로 간주되는 행위에 대한 정의, 형의 목적, 형 적용의 조건 및 범죄자에 대한 형벌 정도를 규정하는 법률 규범의 총체

5) 민법(Luật dân sự, Civil Law)

자기 결정의 원칙, 민사 소송권에 대한 평등, 당사자의 물질적 책임 원칙에 기반하여 여러 개인의 재산 또는 비재산적 관계를 규정하는 법적

규범의 총체로서, 소유권, 민사계약, 상속권, 저작권에 대한 규정 등을 포함

6) 형사소송법(Luật tố tụng hình sự, Criminal Procedure Law)

형사소송 참여자들의 권리 및 의무와 소추, 수사, 재판의 원칙, 절차 및 조건과 관련하여 형성되는 각종 사회적 관계를 규정하는 법적 규범의 총체

7) 민사소송법(Luật tố tụng dân sự, Civil Procedure Law)

민사사건을 해결하는 과정에서 발생하는 절차와 각종 사회적 관계를 규정하는 법적 규범의 총체로서, 민사분쟁의 적절한 해결을 위한 재판의 권한, 순서, 절차 등을 포함하는 법적 규범의 총체(Luật tố tụng hình sự, Criminal Procedure Law)

8) 혼인과 가족법(Luật hôn nhân và gia đình, Marriage and Family Law)

남성과 여성간의 결혼으로 인해 발생하는 개인 및 재산 관계를 규정하는 법적 규범의 총체

9) 토지법(Luật đất đai, Land Law)

토지의 관리 및 사용에서 형성되는 사회적 관계, 토지 자원의 보호, 관리 및 개발 과정에서 발생하는 관계를 규정하는 법적 규범의 총체

10) 노동법(Luật lao động, Labour Law)

사용자와 근로자 사이 발생하는 노동 관계, 보험 관계, 손해배상 및 노동 분쟁 해결 관계 등을 규정하는 법률 규범의 총체

11) 경제법(Luật kinh tế, Economic Law)

경제 조직 간 또는 경제 조직과 국가의 관리 기관 사이의 생산 및 비즈니스 과정에서 발생하는 사회적 관계를 규정하는 법적 규범의 총체

12) 국제법(Luật quốc tế, International Law)

상호 투쟁과 협력의 과정에서 국가 간의 관계를 조율하기 위해 국가 간 합의에 기초해 형성된 각종 법적 규범의 총체로서, 국제법은 국제공법과 국제사법으로 구성됨

4. 입법 절차

베트남 헌법은 국회를 "베트남 사회주의 공화국의 최고 권력 국가 기관, 인민의 최고 대표 기관"이자, "헌법 및 법률 제정의 권한, 국가의 중요한 문제를 결정할 권한을 가지고 있으며, 국가의 활동에 대한 최고 감시 기관5)"으로 정의하고 있다. 이처럼 베트남 국회는 헌법 및 법률의 제정·개정의 권한을 가진 유일한 기관으로, 국회의장을 포함하는 국회 상임위원회(The Standing Committee of the National Assembly)를 운영, 감독할 권한을 가진다.6) 베트남 법률규범문서발행법에 따른 입법 절차를 정리하면 다음과 같다.

입법 절차

	절차	세부 내용
1	입법 제안	1) 국가 주석, 국회 상임위원회, 민족의회, 국회의 각 위원회, 정부, 최고 인민법원, 대검찰청, 국가회계감사원, 베트남 조국전선 중앙 위원회

---

5) 헌법(THE CONSTITUTION) 제 69 조
6) 헌법(THE CONSTITUTION) 제 70 조

		및 기타 조국전선 위원 조직의 중앙 기관 등은 법/법령 입법을 제의할 권한이 있음7) 2) 정부는 법/법령 구축 프로그램 제안서(Proposals for law/ordinance formulation program)를 작성하여 국회 상임위원회에 제출(이 경우 법무부는 정부의 제안서 작성을 지원함)8)
2	초안 작성 및 검토	1) 국회 상임위원회는 법령 초안 작성 및 해당 업무 분배를 담당할 위원회(Drafting Board, 이하 '초안작성위원회') 조직함.9) 2) 초안작성위원회는 제안된 법령 초안에 의해 직접적인 영향을 받는 대상 및 관련 기관으로부터 의견을 수렴함(최소 60 일 이상)10) 3) 법무부는 해당 법령 초안이 정부에 제출되기 전 해당 초안을 평가함 (만약 내용이 복잡하고 각종 분야와 연관되어 있어 전문성이 요구되는 경우, 관련 기관의 대표자, 전문가, 과학자 등을 포함한 평가위원회(appraisal council)를 조직할 수 있음).11) 4) 정부는 해당 법령 초안을 심사하고 승인을 결정함12) 5) 국회 상임위원회는 해당 법령 초안이 국회에 제출되기 전 민족의회(Ethnic Council)와 국회의 각 위원회(Committees of the National Assembly)의 의견을 득해야 하며, 이를 통해 법령 초안을 평가함13) 6) 국회 상임위원회는 국회의 법령 및 결의안 초안 작성에 대한 의견 제시 및 심의 실시14)
3	입법 승인	국회는 해당 법령 및 결의안 초안에 대해 심사하고 승인을 결정함(만약 법률안이 복잡하고 많은 세부 조항을 포함할 시, 국회는 1, 2, 혹은 3 회 회의에 걸쳐 이를 통과시킬 수 있음, 이후 국회 회의 개막일로부터 최대 20 일 이내 국회 대표자들에게 송부함)15)
4	법령 공포	국가 주석은 해당 법령이 승인된 날로부터 최대 15 일 이내 해당 법령을 공포함16)

---

7) 법률규범문서발행법(Law 80/2015/QH13) 제 32 조
8) 법률규범문서발행법(Law 80/2015/QH13) 제 43 조
9) 법률규범문서발행법(Law 80/2015/QH13) 제 52 조
10) 법률규범문서발행법(Law 80/2015/QH13) 제 57 조
11) 법률규범문서발행법(Law 80/2015/QH13) 제 58 조
12) 법률규범문서발행법(Law 80/2015/QH13) 제 61 조
13) 법률규범문서발행법(Law 80/2015/QH13) 제 63 조
14) 법률규범문서발행법(Law 80/2015/QH13) 제 71 조
15) 법률규범문서발행법(Law 80/2015/QH13) 제 73 조
16) 법률규범문서발행법(Law 80/2015/QH13) 제 80 조

● ○ ○

제2절

외국인 투자 관련

1. 투자 환경

베트남 정부는 1987년 도이머이 정책 도입 이후 외국자본유치법(Law 4-HDNN8)을 공표하면서 외국인직접투자(이하 "FDI") 유치를 시작했다. 이후 2007년 WTO가입을 시작으로 세계 각국 글로벌 기업과의 활발한 교역을 통해 매년 6~7% 대의 지속적인 경제성장률을 기록해 왔다.

특히, WTO의 가입에 따라 일반 규정에 따른 각종 재화와 서비스에 대한 시장 개방이 요구되었고, 이를 위해 베트남은 주요 현안인 관세, 서비스(통신, 금융, 유통), 지식재산권, FDI 등에 대한 여러 제도 정비를 실시했다.[17]

베트남 정부는 보호와 규제가 강했던 서비스분야 중 통신 시장의 성장을 위해 외국투자자의 지분제한을 50% 이상으로 지정했고, 보험은 단독투자 및 합작투자 법인 형태의 FDI를 모두 허용하였으며, 은행업은 2010년 12월 이후부터 100% 자사 설립이 가능하게끔 했다. 유통 및 소

---

17) 2005 년 11 월 29 일 투자법(Law 59/2005/QH11), 2005 년 11 월 29 일 지식재산권법(Law 50/2005/QH11), 2008 년 11 월 14 일 특별소비세법(Law 27/2008/QH12) 및 2010 년 6 월 16 일 신용기관법(Law 47/2010/QH12) 등

매업의 경우에도, 외국 대형유통체인기업이 수월하게 시장진입을 할 수 있는 투자환경이 적용되었다.[18] 종전 '외국투자법'과 '내국투자법'으로 분리되어 있던 투자 관련 법령을 '투자법'이라는 단일 법령 체계로 개정한 것도 같은 시기의 일이다.[19]

위와 같은 시장개방 기조를 통해 많은 FDI 자본이 유입되었으며, 이는 일자리 창출, 노동생산성 향상, 현대적 기술 및 경영기법의 도입 등 베트남 경제에 긍정적인 영향을 유도하여 베트남이 '제2의 중국'으로 불리게 되는데 중요한 역할을 하였다.[20]

2. 외국인 투자시 적용 법령

1) 투자법(Law 67/2014/QH13)

투자법은 외국인 투자자의 베트남 투자시 첫 번째로 고려되어야 하는 법령이다. 외국인 투자자의 베트남 투자는 크게 직접투자[21]인 사업협력계약 체결(Business Cooperation Contract, BCC), 합작법인 설립(Joint Venture Enterprises), 단독법인 설립(Enterprises with 100% Foreign Capital), 경영이전계약 체결(Build-Operation-Transfer, BOT)과 간접투자인 지분 취득(Capital Contribution or Purchase of Shares or Stakes) 등으로 나눌 수 있다. 직접투자시 통상 투자법에 따라 투자프로젝트를 신청하고 외국인 투자지분이 해당 프로젝트의 50%를 초과하는 경우 투자허가증(Investment Registration Certificate, 이하 "IRC")을 발급받게 된다. 한편, 신규 투자법의 세부 시행령(Decree

---

18) 서울대학교 사회과학연구원 비교문화연구소 신흥지역연구사업단, "베트남 투자환경 변화와 한국기업 진출, 북부지역 하이퐁의 로컬정보"
19) CỔNG THÔNG TIN ĐIỆN TỬ QUỐC HỘI VIỆT NAM, "GÓC NHÌN ĐẠI BIỂU: 30 NĂM LUẬT ĐẦU TƯ NƯỚC NGOÀI ĐỒNG HÀNH CÙNG ĐẤT NƯỚC"
20) 서울대학교 사회과학연구원 비교문화연구소 신흥지역연구사업단, "베트남 투자환경 변화와 한국기업 진출, 북부지역 하이퐁의 로컬정보"
21) 투자법(Law 67/2014/QH13) 제 21 조

31/2021/NĐ-CP)에서는 외국인 투자자에 대한 조건부 시장접근 업종에 대한 세부 시장 접근 조건에 대해서 명시하고 있다.

2020년 베트남 정부는 기존 투자법을 전면 개정한 신규 투자법을 발표하여 2021년 1월 1일부터 시행하고 있다. 신규 투자법은 전반적으로 기존에 해석이 불분명했거나, 실무상 분쟁 소지가 있었던 부분을 명확히 보충하여 외국인 투자의 투명성을 제고하되, 기존에 법령상 제한을 우회했던 행위를 명시적으로 제한하는 것을 기조로 하는 것으로 해석된다.

신규 투자법의 주요 변경 사항으로는 1) 명시적인 제한이 없는 업종에 대한 일괄적인 외국인 투자자의 진출 허용(네거티브 규제방식), 2) 외국인 투자 제한 업종에 대하여 기존에 일부 묵시적으로 실무상 행해졌던 차명 투자에 대한 금지 명시, 3) 베트남 국방 및 안보 확보를 근거로 한 투자 제한에 관한 국가의 재량권 확대, 4) 외국인투자절차가 적용되는 베트남 법인 내 외국인 투자지분율을 종래 51% 이상에서 50% 초과로 낮춘 것 등이 있다.

2) 기업법(Law 59/2020/QH14)

기업법은 외국인 투자자의 투자를 통해 기업을 설립할 경우 필수적으로 고려되어야 하는 법령이다. 베트남 기업법은 '기업(Enterprise)'을 베트남 법에 따라 등록되고 베트남 내에 본사를 두고 있는 기업으로 정의한다.[22] 투자자는 IRC 발급 완료 후 우리나라 사업자등록증명원 및 법인등기부등본에 상응하는 기업등록증(Enterprise Registration Certificate, 이하 "ERC")을 발급받아야 한다.

베트남 정부는 2020년 기존 기업법을 개정한 신규 기업법을 발표하여 2021년 1월 1일부터 시행하고 있다. 신규 기업법은 행정 절차의 간소화를 통해 기업 설립을 촉진, 국제 표준 및 관행에 따라 기업 지배 구조

---

22) 기업법(Law 59/2020/QH14) 제 4 조

에 대한 법적 프레임워크를 개선 및 투자자 및 주주 보호 수준 개선 등을 목표로 하는 것으로 해석된다.[23] 신규 기업법의 주요 내용으로는 1) 소수주주의 지분정의 수정을 통한 소소주주 권리의 강화 2) 공동대표이사의 각자대표 및 연대책임 부담 원칙 신설, 3) 민간 기업의 사모사채 발생 대상 및 조건 강화 규정 신설 4) 법인 인감 등록 요건 삭제 등 행정절차의 간소화 등이 있다.

3) 기타 법령

베트남 정부는 기존에 PPP 프로젝트 참여 유도를 위해 2018. 6. 19. 관련 시행령(Decree 63/2018/ND-CP)를 개정하였고, 2021. 1. 1.부터는 PPP 신법(Law 64/2020/QH14)이 시행되고 있다.

또한, 베트남 개정 출입국관리에 관한 법률(Law on Entry, Exit, Transit)에서는 외국인 투자자가 무비자로 30일 동안 해안 경제 구역에 체류할 수 있도록 관련 조항을 신설하였다.

한편, 베트남 정부는 외국인 투자자 유치를 위한 투자 환경 개선을 추진하는 한편 제조업 투자와 관련하여 기존의 노동집약적이고 환경오염을 유발하는 단순 제조업에 대한 추가 투자에 대해서는 보다 엄격한 관리를 하고 있다. 베트남 정부는 2030년 외국인 투자 정책에 관한 결의(No. 50/2019/NQ-TW, "Resolution 50") 및 계획(No. 379-KH/ TU, "Plan 379")을 근거로 외국인 투자자를 대상으로 투자 진행에 있어 구체적인 설명을 요구하고 있다.

마지막으로, 베트남 경쟁법 시행령(Decree No. 35/2020/ND-CP)을 통해 기업결합신고에 대하여 다음과 같은 구체적인 기준을 제공하여 경쟁법 규정을 보충하고 있다. 기업결합(합병, 신설 합병, 인수, 합작투자 등)으로 인하여 다음의 기준을 초과하는 경우, 해당 회사는 베트남경쟁위원회

---

23) DPI Da Nang, People's committee, "Luật doanh nghiệp năm 2020 bắt đầu có hiệu lực thi hành"

(National Competition Commission, 이하 "NCC")에 그러한 기업결합에 대하여 신고를 해야 한다.

기준	특별 기업군			기타 기업군
	금융기관	보험사	증권사	
기업결합 직전 회계연도 베트남 시장의 총 자산	금융기관 시장 총자산의 20% 이상	15조 VND 이상 (약 6억 5,000만 USD)	15조 VND 이상 (약 6억 5,000만 USD)	3조 VND 이상 (약 1억 3,000만 USD)
기업결합 직전 회계연도 베트남 시장의 총매출액 또는 총매입액	금융기관 시장 총매출액 또는 총 매입액의 20% 이상	10조 VND 이상 (약 4억 3,000만 USD)	3조 VND 이상 (약 1억 3,000만 USD)	3조 VND 이상 (약 1억 3,000만 USD)
기업결합 거래가액 (베트남 역내 거래 기준)	금융기관 시장 총 거래가액의 20% 이상	3조 VND 이상 (약 1억 3,000만 USD)	3조 VND 이상 (약 1억 3,000만 USD)	1조 VND 이상 (약 4,300만 USD)
기업결합신고 직전 회계연도 시장 점유율	일정한 거래분야에서 기업결합에 참여하는 기업들의 연결 시장점유율이 20% 이상인 경우			

3. 외국인 투자 방식

1) 직접투자방식

베트남 투자법 제21조는 아래와 같은 투자 방식을 규정하고 있다.

(1) 기업 설립을 위한 투자

기업 설립의 경우, 외국인 투자자가 베트남 정부로부터 베트남 내 투자 프로젝트에 대한 승인을 받는 절차인 투자등록증(Investment Registration

Certificate, "IRC") 신청 절차를 통해 투자 진행에 대한 허가를 받아, 한국의 사업자등록증 내지 법인등록증에 해당하는 기업등록증(Enterprise Registration Certificate, "ERC")을 신청하여 취득하는 방식으로 처리된다.

(2) 경영협력계약(Business Co-operation Contract, "BCC") 형태의 투자

경영협력계약의 경우, 외국인 투자자와 베트남 로컬 기업과의 사이에 체결되는 계약으로 외국인 투자자는 베트남 내 별도 법인의 설립 없이 협력 대상자인 베트남 로컬 기업의 네트워크를 활용하는 방식임. 다만, 외국인 투자자는 경영협력계약 수행을 위한 운영사무실(operating office)을 베트남에 설립하여 활용할 수 있다.

(3) 지분 또는 주식에 대한 투자

지분 또는 주식에 대한 투자와 관련하여, 베트남 내 기업의 지분 또는 주식에 투자하여 해당 기업의 50%를 초과하는 지분 또는 주식의 취득이 이루어지는 경우에는 직접투자방식으로 분류되고 해당 기업은 외국인투자기업에 해당하게 되며, 이러한 거래에 앞서 베트남 관할 당국에 해당 M&A에 관한 사전 승인을 얻어야 한다.

2) 간접투자방식

지분 또는 주식에 대한 투자와 관련하여, 베트남 내 기업의 지분 또는 주식의 50% 이하를 취득하는 경우 이는 간접투자로 분류되며, 직접투자와 달리 간접투자자본계좌(Indirect Investment Capital Account, "IICA")를 통하여 투자활동이 이루어져야 한다. 간접투자의 경우 일반적으로 M&A 사전 승인 절차가 요구되지 않으나, 국가 안보와 관련된 지역 또는 국경/섬 지역 등에 대한 토지사용권을 보유하고 있는 기업에 대한 투자가 이루어지는 경우에는 예외적으로 M&A 사전 승인이 요구된다.

3) 기업 설립 절차

	절차	note
1	투자 방식 및 기업 형태 결정	단독 투자 또는 합작 투자 결정(합작 투자의 경우 합작투자계약서 작성 필요), 유한책임회사 또는 주식회사 결정
2	입주 예정 사무실 또는 공단 선정 및 가임대차계약 등 체결	가임대차계약 체결 후 기업 설립 후 정식 임대차계약 체결
3	투자등록증 신청	신청 서류 작성 및 첨부 서류 준비 등에 약 1개월 가량 소요될 수 있으며, 신청 서류 제출 후 약 2주~4주 후 승인
4	기업등록증 신청	신청 서류 작성 및 첨부 서류 준비 등에 약 1~2주 가량 소요될 수 있으며, 투자등록증 관련 서류 준비와 동시에 진행 가능. 신청 서류 제출 후 약 1주~2주 후 승인
5	인감/세금코드/은행계좌 개설 등 사후 절차	1~2주 가량 소요
6	기타 영업허가 취득	소매업을 영위하고자 하는 기업의 경우에는 별도 영업허가(Business License, "BL")의 취득 필요

제 2 장

기업법

김유환

●　●　○

1. 연혁

베트남은 1986년 도이머이 정책을 통해 시장 경제시스템을 채택하면
서 1990. 12. 21. 회사법(Law on Companies)과 사기업법(Law on Private
Enterprises)을 제정하여 1994. 7. 1. 시행하였다. 위 두 법은 1999. 8. 31.
기업법(Law on Enterprises)을 제정하면서 전부 개정 및 대체되었고, 기업
법은 2005. 11. 29., 2014. 11. 26., 및 2020. 6. 17. 전부 개정되었다.

법령명	문서번호	제정일	시행일	구성
사기업법(Law on Private Enterprises)	-1)	1990. 12. 21.	1994. 7. 1	총 6 장 46 개 조항
회사법(Law on Companies)	-2)	1990. 12. 21.	1994. 7. 1	총 5 장 28 개 조항
기업법(Law on Enterprises)	Law 13/1999/QH10	1999. 8. 31.	2000. 1. 1.	총 10 장 124 개 조항
기업법(Law on Enterprises)	Law 60/2005/QH11	2005. 11. 29.	2006. 7. 1.	총 10 장 172 개 조항
기업법(Law on Enterprises)	Law 68/2014/QH13	2014. 11. 26.	2015. 7. 1.	총 10 장 213 개 조항
기업법(Law on Enterprises)	Law 59/2020/QH14	2020. 6. 17.	2021. 1. 1.	총 10 장 213 개 조항

2. 구성

장	제목	조항수			
		2000	2006	2015	2021
제 1 장	총칙	8	12	17	16
제 2 장	기업의 설립	17	25	29	29
제 3 장	유한책임회사	25	39	31	32
제 4 장	국영회사3)			22	23
제 5 장	주식회사	45	53	62	66
제 6 장	합명회사	4	11	11	11
제 7 장	개인기업	6	5	5	6
제 8 장	기업집단		4	4	4
제 9 장	기업의 구조조정, 청산 및 파산	9	11	16	17
제 10 장	부칙(2000 년 기업법에는 "기업의 구조조정, 청산 및 파산"과 "상벌 규정"을 별도의 장으로 구성하였음)	11	7	6	4

3. 기업의 종류

1) 기업의 형태

베트남 기업법이 제시하고 있는 기업의 유형은 1인 유한책임회사4), 2인 이상 유한책임회사5), 국영회사6), 주식회사7), 합명회사8), 개인기업9)

---

1) 법령문서 번호 체계가 정해지기 전에 제정되어 별도 법령문서 번호는 없는 것으로 보임.
2) 법령문서 번호 체계가 정해지기 전에 제정되어 별도 법령문서 번호는 없는 것으로 보임.
3) 2015 년 기업법에서부터 신설되었음.
4) 기업법 제 74 조
5) 기업법 제 46 조
6) 기업법 제 88 조
7) 기업법 제 111 조
8) 기업법 제 177 조
9) 기업법 제 188 조

이며, 실제 외국인 투자 시에는 투자자의 유한책임이 인정되는 1인 유한책임회사, 2인 이상 유한책임회사, 주식회사 등 3가지 유형이 주로 사용된다.

2) 기업 형태별 특징

한국 회사법과 달리 베트남 기업법은 1인 유한책임회사와 2인 이상 유한책임회사를 분리하여 규율하고 있고, 각각의 경우에 내부 조직에 대한 법제도 달리하고 있다. 주식회사와 비교했을 때 1인 유한책임회사 및 2인 이상 유한책임회사는 자본조달의 방법이 일부 제한되거나 회사 지분 양도시 법령상의 제한을 받게 된다. 반면, 주식회사의 경우 자본조달의 방법이나 주식 양도에 대해서는 원칙적으로 제한이 없지만, 한국과 달리 주주가 3인 이상일 것을 주식회사의 설립 및 존속요건[10]으로 두고 있다.[11] 각 회사 형태별 특징을 표로 정리하면 아래와 같다.

구분	1인 LLC	2인 이상 LLC	JSC
구성원 또는 주주 정원	1인[12]	2인~50인[13]	3인 이상[14]
책임 제한	출자 지분을 한도로 책임이 제한됨[15]		
사채 발행	가능[16] (전환사채 제외)		모든 형태 가능[17]

---

10) 기업법 제 111.1 조 제(b)항
11) 이러한 제한 때문에 외국인 투자자가 베트남에 법인을 설립하는 경우 모회사가 단독으로 지분권을 확보할 수 있는 유한책임회사의 형태로 설립하는 것이 일반적이며, 이는 주식회사가 회사형태로서 뚜렷이 선호되는 한국과는 대조적이다.
12) 기업법 제 74.1 조
13) 기업법 제 46.1 조
14) 기업법 제 111.1 조 제(c)항
15) 기업법 제 74.1 조, 제 46.1 조, 제 111.1 조 제(c)항
16) 기업법 제 74.4 조, 제 46.4 조
17) 기업법 제 111.3 조

구분	1인 LLC	2인 이상 LLC	JSC
주식 발행	불가		가능[18]
기업공개(IPO)	불가		가능[19]
정관자본금	투자자의 출자 자본[20]		주식의 형태로 존재[21] - 보통주 및 우선주
자본금 이전 또는 양도	구성원이 일부 지분만을 양도하는 경우 법인 형태의 전환이 필요하며, 일부 지분의 양수인에 대한 ERC 에 등록 필요[22]	구성원이 자신의 지분의 전부 또는 일부를 양도하고자 하는 경우, 다른 구성원에게 각 지분비율에 따라 안분하여 양도할 것을 제안해야 하며[23], 일부 지분의 양수인에 대한 ERC 에 등록 필요[24]	주식의 자유로운 양도 가능 (창립주주에 대한 보호예수기간[25] 또는 기업 정관/법에 따른 별도 제한이 없는 경우)[26] 주식의 양수인은 주주명부에 등재됨[27]

---

18) 기업법 제 111.3 조
19) 기업법 제 123.2 조 제(c)항, 제 123.3 조
20) 기업법 제 47.1 조, 제 75.1 조
21) 기업법 제 112.1 조
22) 기업법 제 78.1 조
23) 기업법 제 52.1 조
24) 기업법 제 52.2 조
25) 기업법 제 120.3 조
26) 기업법 제 127.1 조
27) 기업법 제 127.7 조

4. 베트남기업의 내부조직

1) 기업 형태별 내부조직

베트남 기업법에서는 2인 이상 사원 유한책임회사의 경우에는 한 종류의 지배구조(사원총회 및 General Director를 두는 구조[28])만을 예비하고 있지만 1인 사원 유한책임회사 및 주식회사의 경우에는 회사의 지배구조를 두 가지 형태 중에서 선택할 수 있도록 하고 있으며, 각 회사가 선택한 지배구조에 따라 위의 내부기관들을 두기도 하고 두지 않게 되기도 한다.[29] 1인 사원 유한책임회사의 경우에는 Chairman of the company와 General Director에 의한 지배 구조와 사원총회와 General Director에 의한 지배 구조[30]를 예비하고 있다. 주식회사의 경우에는 주주총회와 이사회 및 General Director는 공통적으로 갖추어야 하지만, Inspection Committee[31]를 두는 지배구조[32]와 Inspection Committee는 두지 않는 대신 이사회 구성원의 20% 이상은 독립적 구성원이고 이사회 산하에 감사위원회(auditing committee)[33]를 두는 지배구조[34] 중에서 택일하게 되어 있다.

2) 특징적 기관

(1) Legal Representative(이하 "법적 대표자")

가. 의의

법적 대표자는 기업의 형태와 상관없이, 기업이 각종 거래에서 권리를 행사하고 의무를 이행하고 민사상 원고, 피고 또는 관련 당사자로서

---

28) 기업법 제 54.1 조
29) 기업법 제 79.1 조, 제 137.1 조
30) 기업법 제 79.1 조
31) 기업법 제 79.1 조, 제 137.1 조
32) 기업법 제 79.1 조, 제 137.1 조
33) 기업법 제 79.1 조, 제 137.1 조
34) 기업법 제 137.1 조

각종 서면을 제출함에 있어서 기업을 대표하는 개인[35]이다. 법적 대표자
는 대외적인 서명권 및 대표권을 가지므로 한국의 대표이사와 대응되지
만, 베트남 기업법에서는 아래에서 살펴볼 Chairman 및 Director 또는
General Director을 명시하고 있기 때문에 한국의 대표이사보다는 권한
이 제한적일 것을 예정하고 있다.

나. 수인의 법적 대표자

베트남 기업법은 기업의 형태와 상관없이, 기업이 수인의 법적 대표
자를 둘 수 있고, 법적 대표자가 수인일 경우 정관에서 각 법적 대표자
의 권리와 의무를 명시할 것을 예정하고 있다.[36] 만약 정관에 별도의 명
시가 없다면, 각 법적 대표자는 법적 대표자로서의 모든 권한을 행사할
수 있고[37], 모든 법적 대표자들은 기업의 손해에 대해 연대책임을 부담
할 것을 명시하고 있다.[38]

다. 법적 대표자의 거주의무

기업은 적어도 한 명의 법적 대표자가 베트남 내에 거주하고 있도록
하여야 한다. 만약 베트남 내에 거주하고 있는 한 명의 법적 대표자가
베트남을 출국할 경우에는 다른 개인에게 서면으로써 법적 대표자의 권
한과 의무를 위임하여야 한다.[39]

(2) Member's Council(이하 "사원총회")

가. 의의

사원총회는 2인 이상 유한책임회사에서는 법정으로 갖추어야 할 기
관[40]이고, 1인 사원 유한책임회사에서는 선택 가능한 두 가지 지배구

---

35) 기업법 제 12.1 조
36) 기업법 제 12.2 조 전단
37) 이른바 "각자대표 원칙"인데, 2020 년 기업법에서 추가된 내용임.
38) 기업법 제 12.2 조 후단
39) 기업법 제 12.3 조
40) 기업법 제 54.1 조

조41) 중 한 가지 형태로서, 2인 이상 유한책임회사에서는 최고 의사 결정 기관42)이고 1인 사원 유한책임회사에서는 사원(소유주)를 대리하여 소유주와 회사의 권리를 행사하고 의무를 이행하게 된다.43)

나. 구성

1인 사원 유한책임회사에서 사원총회를 둘 것을 결정하는 경우, 투자자가 3인 이상 7인 이하의 수권대리인을 선임하는 경우에만 구성되며,44) 수권대리인 중 1인을 후술할 Chairman으로 선임한다.45) 2인 이상 사원 유한책임회사의 경우에는 투자자 또는 투자자의 수권대리인(투자자가 단체인 경우)으로 구성된다.46)

다. 정족수

1인 사원 유한책임회사에서 사원총회의 개최에는 구성원의 3분의 2가 필요하고, 정관에 정한 바가 없다면 사원총회의 각 구성원은 한 표씩 행사하게 되며, 구성원들의 서면 동의를 받는 방식으로도 결의가 가능하다.47) 보통결의는 출석 구성원의 과반수로 가능하나, 정관의 변경, 회사의 구조조정, 정관자본금의 전부 또는 일부의 양도에는 출석 구성원의 75% (4분의 3)의 강화된 정족수로 결의된다.48)

2인 이상 사원 유한책임회사에서 사원총회를 개최하기 위해서는 정관 자본금의 65% 이상을 보유한 구성원들이 출석하여야 하고,49) 정관에

---

41) 기업법 제79.1조 각 항. 1인 사원 유한책임회사는 Chairman과 사원총회 중에서 선택하여 설치할 수 있다.
42) 기업법 제55.1조
43) 기업법 제80.1조
44) 기업법 제79.1조 제(a)항, 제80.1조
45) 기업법 제80.3조
46) 기업법 제80.1조
47) 기업법 제80.1조
48) 기업법 제80.6조
49) 기업법 제58.1조

별도로 정한 바가 없다면 보통결의는 정관 자본금의 65%로, 총자산의 50% 이상의 양도, 정관 변경 또는 회사의 구조조정에는 정관 자본금의 75%의 강화된 정족수로 결의된다.[50] 구성원들의 서면 동의를 받는 방식으로도 결의가 가능한 점은 1인 사원 유한책임회사의 경우와 같지만[51] 정관의 변경, 회사의 사업방향에 대한 결정, Chairman of the Members Council, Director 또는General Director의 선임, 교체 및 해임에 대한 결정, 재무제표의 승인 및 회사의 구조조정 또는 청산에 대한 결의는 반드시 회의에 출석하여 결의가 이루어져야 한다.[52]

(3) General Meeting of Shareholders(이하 "주주총회")

가. 의의

주주총회는 주식회사에서 의결권 있는 모든 주주를 포함하며 주식회사의 최고 의사 결정 기관이다.[53] 주주총회는 주식회사의 사업 방향, 구조 조정 및 청산 여부, 종류주식의 발행 여부 및 각 종류주식의 발행총수, 매해 각 종류주식별 배당률, 각 종류주식별 발행금액의 10% 이상의 소각 여부, 총자산의 35% 이상에 대한 투자 및 양도 여부를 결정하고, 이사회(Board of Management)의 구성원 및 감사를 선임 또는 해임하며, 연도말 재무제표를 승인하고 주요 의사결정에 대한 권한을 행사하는 등[54] 대체로 한국의 주주총회와 유사한 모습을 보인다.

나. 의결 방법

주주총회의 결의는 대면 결의 또는 서면 결의의 방법 중 어떤 것으로도 가능하나,[55] 정관 변경, 회사의 사업 방향, 종류주식에 관한 사항, 이

---

50) 기업법 제 59.3 조
51) 기업법 제 59.1 조 후문
52) 기업법 제 59.2 조
53) 기업법 제 138.1 조
54) 기업법 제 138.2 조 각항
55) 기업법 제 147.1 조

사회 또는 감사위원회 구성원의 선임 및 해임, 총자산의 35% 이상에 해
당하는 규모의 투자 또는 자산의 양도, 재무제표 승인 및 회사의 구조조
정 또는 청산에 관한 사항은 대면결의로만 이루어져야 한다.56)

다. 개회 정족수 및 의결 정족수

주주총회를 개최하기 위해서는 의결권 있는 총 발행주식수의 50%를
초과하는 주주가 출석하여야 하며, 정관에 구체적인 정족수가 명시되어
있으면 그에 따른다.57) 주주총회에서의 의결은 출석 주식의 과반수로써
하는 것이 원칙인데,58) 종류주식의 종류 및 각 종류주식의 수, 사업분야
의 변경, 회사의 지배구조 변경, 총자산의 35% 이상에 대한 투자 및 양
도여부 및 회사의 구조조정 또는 청산 등은 출석 주식의 65% 이상으로
써 결의하여야 한다.59) 또, 서면결의 방법으로 의결하고자 할 경우에는
출석 주주가 아닌 발행 주식 총수의 과반수로써 결의하여야 하며,60) 정
관에 별도로 정하지 않은 이상, 이사회와 감사위원회의 구성원은 집중투
표제에 의해 선출하여야 한다.61)

(4) Board of Management(이하 "이사회")

이사회는 주주총회에서 선임62)된 3명에서 11명 사이의 이사로 구
성63)되며, 이사회의 임기는 5년을 초과할 수 없다.64) 이사회 결의는 두
수주의65) 및 과반수 원칙66)에 의해 이루어진다. 이사회는 법인장을 감독

---

56) 기업법 제147.2 조
57) 기업법 제145.1 조
58) 기업법 제148.2 조
59) 기업법 제148.1 조
60) 기업법 제148.4 조
61) 기업법 제148.3 조
62) 기업법 제138.2 조 제(c)항
63) 기업법 제154.1 조
64) 기업법 제154.2 조
65) 기업법 제153.3 조, 제157.9 조 및 제157.11 조

하는 등의 역할을 한다.[67]

(5) Chairman[68]

Chairman은 유한책임회사 및 주식회사 모두에 존재하는 법정의 기관
인데, 이름만 같을 뿐 기업 형태에 따라 권한과 역할이 상이하다.

가. 1인 사원 유한책임회사에서의 Chairman

앞서 언급하였듯 1인 사원 유한책임회사는 Chairman of the company[69]
와 사원총회, 두 가지 모델 중 한 가지를 선택하여 관리 및 운영하게 되
어 있다. Chairman of the company 모델을 선택할 경우 Chairman은 사
원(소유주)에 의해 임명되어 사원의 명의로 사원의 권리를 행사하고 의무
를 이행하게 되며, 정관에 의해 Director 또는 General Director의 권한으
로 명시된 사항을 제외하고 회사의 권리를 행사하고 의무를 이행한다.[70]
사원총회 모델을 선택할 경우 Chairman은 Chairman of the Members'
Council[71]을 의미하며 사원(소유주)에 의해 임명되거나 정관에 정한 절차
에 따라 사원총회 과반수 의결로써 선임된다.[72]

나. 2인 이상 사원 유한책임회사에서의 Chairman

2인 이상 사원 유한책임회사에서의 Chairman은 1인 사원 유한책임회사
에서 지배구조로 사원총회를 선택했을 때와 같은 Chairman of the Members'
Council로서, 사원총회에 의해 임명되고, Director 또는 General Director
을 겸직하지 못한다.[73] 2인 이상 사원 유한책임회사에서의 Chairman은

---

66) 기업법 제 157.12 조
67) 기업법 제 159 조
68) 베트남어로는 [Chủ tịch]
69) 베트남어로는 [Chủ tịch Công Ty]
70) 기업법 제 81.1 조
71) 베트남어로는 [Chủ tịch Hội Đồng Thành Viên]
72) 기업법 제 80.3 조
73) 기업법 제 56.1 조

사원총회의 분기별, 연간 운영계획을 세우고 사원총회를 준비, 소집 및
진행하며, 사원총회에서 결의 사항들이 집행되도록 필요한 준비를 하는
역할을 한다.74)

다. 주식회사에서의 Chairman

주식회사에서의 Chairman은 이사회 의장(Chairman of Board of Management75))
을 의미한다. 이사회 의장은 이사회의 구성원들에 의해 선임 또는 해임
되고76), 이사회의 운영 계획을 세우고 소집하며 결의 사항들이 집행되도
록 필요한 준비를 하고, 주주총회를 주재하는 역할을 한다.77) 이사회 결
의는 정관에서 별도로 정하지 않은 한 과반수로써 의결되는데, 가부 동
수일 경우에는 이사회 의장이 투표한 바에 따라 가부가 결정된다.78)

(6) General Director79)

General Director는 회사의 일상적 운영을 관리하고 2인 이상 사원
유한책임회사에서는 사원총회에 대하여, 1인 사원 유한책임회사에서는
Chairman 또는 사원총회에 대하여, 주식회사에서는 이사회에 대하여 위
임된 권한을 행사하는 책임을 부담한다.80)

(7) Inspection Committee

가. 의의

Inspection Committee란 국영기업은 의무적으로 설치하여야 하는 기

---

74) 기업법 제 56.2 조 각항
75) 베트남어로는 [Chủ tịch Hội Đồng Quản Trị]
76) 기업법 제 156.1 조
77) 기업법 제 156.3 조
78) 기업법 제 157.12 조
79) 베트남어로는 [tổng giám đốc], 베트남 기업법을 다루는 한국의 문서에서 "이사", "사
    장" 또는 "법인장" 등으로 의역하여 지칭하기도 하지만, 본고에서는 혼란을 피하기 위
    하여 일반적으로 사용되는 영문 명칭인 General Director 로 통칭한다.
80) 기업법 제 63.1 조, 제 82.1 조, 제 162.2 조

구81)로, 유한책임회사 및 주식회사는 선택적으로 설치할 수 있다.82) 다만 주식회사의 경우에는 Inspection Committee를 두는 지배구조를 선택한다 할지라도, 10인 이하의 주주로 구성되고 기관(법인)이 보유한 주식의 총수가 50% 미만일 때에는 Inspection Committee를 설치하지 않을 수 있다.83)

나. 구성 및 자격

Inspection Committee는 주주총회에서 집중투표제의 방법으로 선임된84) 3에서 5인의 Inspector로 구성되며, 임기는 5년을 넘기지 못하지만, 재임에는 제한이 없다.85) Inspector는 경제, 재무, 회계, 감사, 법률, 경영 등의 전문분야가 있어야 하고, 이사회 구성원이나 회사의 General Director 등 관리자의 가족이어서는 안 되며, 정관에 별도 기재가 없는 한 회사의 관리자 직책을 겸직할 수 없다.86)

다. 권한 및 책임

Inspection Committee는 이사회 및 General Director의 경영 사항을 관리, 감시, 감독 및 평가하고, 이사회 또는 주주총회에 지배구조 또는 사업 전반에 대한 변경사항을 요청할 수 있으며, 이를 위해 회사 내·외부의 자문를 받거나 감사 부서의 협조를 활용할 수 있다.87)

(8) Auditing Committee

Auditing Committee는 이사회 산하의 기구로서, 2인 이상으로 구성되며, 주식회사가 기업법 제137.1조 제(b)항의 지배구조를 선택했을 때

---

81) 기업법 제 90.1 조, 제 90.2 조
82) 기업법 제 65 조, 제 168 조
83) 기업법 제 137.1 조 제(a)항
84) 기업법 제 148.3 조
85) 기업법 제 168.1 조
86) 기업법 제 169.1 조 제(b)항, 제(c)항, 제(d)항
87) 기업법 제 170 조

에는 필수적으로 설치하여야 한다.[88] Auditing Committee는 회사 재무제
표나 재무상황과 관련한 공시사항들을 감독하고, 내부통제시스템 및 내
부감사 부서를 감독 및 관리하며, 이해관계자와의 거래가 이사회 또는
주주총회의 결의에 따라 이루어지는지를 감시, 관리 및 감독하는 역할을
한다.[89]

3) 한국 회사법과의 비교 및 평가

1인 지분권자가 보유하는 1인 유한책임회사의 경우를 제외하고, 회
사의 지분권자(사원, 주주)로 구성된 사원총회 또는 주주총회가 회사 내부
의 최고 의사결정 기관이라는[90] 점에서, 한국 회사법과 유사한 측면이
있다. 다만, 한국 회사법과 달리 법인 설립 근거 서류인 기업등록증 및
국가기업 등록 전산포탈(National Business Registration Portal, NBRP)상에는
회사의 법적대표자를 제외한 다른 이사 등 임원진에 대한 별도 등록이
이루어지지 않고, 등기이사의 개념이 없다는 점에는 차이가 있다. 전체
적으로 베트남 기업법은 회사의 이해관계자들의 권리의무관계를 규율하
여 분쟁 해결의 근거를 제시하기보다는 회사의 설립 및 운영의 적법한
방법을 제시하는 당위적인 성격이 짙게 띤다고 할 수 있다.

---

88) 기업법 제161.1 조
89) 기업법 제161.3 조 각 항
90) 기업법 제55.1 조, 제138.1 조

제 3 장

투자법

김유환

1. 베트남 투자법의 연혁과 구성

1) 연혁

베트남은 1986년 도이머이 정책을 통해 시장 경제시스템을 채택하면
서 1987. 12. 29. 외국인투자법(Law on Foreign Investment in Vietnam)을 제
정하여 1994. 7. 1. 시행하였다. 외국인투자법은 1996. 11. 12. 전부 개정
된 후, 국내투자촉진법(Law on Promotion of Domestic Investment)의 내용까
지 통합한 투자법이 2005. 11. 29. 제정되어 2006. 7. 1. 시행되면서 대체
되었다. 이후 투자법은 2014. 11. 26., 2020. 6. 17. 두 차례에 걸쳐 전부
개정되어 지금에 이르고 있다.

법령명	문서번호	제정일	시행일	구성
외국인투자법(Law on Foreign Investment in Vietnam)	-1)	1987. 12. 29.	1987. 12. 29.	총 6 장 42 개 조항
외국인투자법(Law on Foreign Investment in Vietnam)	-2)	1996. 11. 12.	1996. 11. 12.	총 6 장 68 개 조항
투자법(Law on Investment)	Law 59/2005/QH11	2005. 11. 29.	2006. 7. 1.	총 10 장 89 개 조항
투자법(Law on Investment)	Law 67/2014/QH13	2014. 11. 26.	2015. 7. 1.	총 7 장 76 개 조항
투자법(Law on Investment)	Law 61/2020/QH14	2020. 6. 17.	2021. 1. 1.	총 7 장 77 개 조항

---

1) 법령문서 번호 체계가 정해지기 전에 제정되어 별도 법령문서 번호는 없는 것으로 보임.

2) 구성

장	제목	조항 수		
		2005	2014	2020
제 1 장	총칙	5	8	9
제 2 장	투자 보장 (투자에 대한 보호)	7	6	5
제 3 장	투자자의 권리와 의무	8		
제 4 장	투자의 형태	6		
제 5 장	투자 가능 영역 및 지역, 투자 인센티브 및 지원	18	7³⁾	6
제 6 장	직접투자 (2014 년부터는 "베트남 내 투자")	21	29	30
제 7 장	정부 출연금을 이용한 투자	7		
제 8 장	해외 투자	6	16	18
제 9 장	투자에 대한 정부의 관리	9	6	6
제 10 장	부칙	2	4	3

2. 베트남 투자법상 투자

1) 투자 프로젝트

베트남에서의 투자 프로젝트는 일반적인 사업 운영을 의미하고, 각 프로젝트는 장소와 기간에 종속되어 있다는 점에 유의할 필요가 있다. 예를 들면 제조업의 경우 투자 장소는 공단 내 부지 주소, 투자 기간은 50년 등으로 특정되며, 최초 투자승인을 받은 이후 같은 공단 내에 위치한 다른 부지까지 공장을 확장하려는 경우 동일 제조업종이라도 투자 장소가 변경되므로, 별도의 투자승인을 받거나 현재 승인 받은 프로젝트에

---

2) 법령문서 번호 체계가 정해지기 전에 제정되어 별도 법령문서 번호는 없는 것으로 보임.
3) WTO 가입 및 FTA 체결 등을 계기로 투자 가능 영역에 대한 제한에 대한 내용이 상당 부분 삭제됨.

대한 확장 승인을 받아야 한다.

(1) 정의

베트남 투자법에서는 특정 기간 동안 특정 지역에서 발생하는 사업 투자 활동 수행을 위한 중기 또는 장기적 자금 투입 제안을 투자 프로젝트로 정의한다.[4] 투자자는 투자 프로젝트를 이행하기 전에 필요한 투자 프로젝트에 대한 승인을 받고, 법령 및 승인된 바에 따라 투자 프로젝트를 이행할 책임을 부담한다.[5]

(2) 보증(또는 담보) 제공의무

정부로부터 토지사용권을 직접 요청하거나 토지용도변경이 포함된 투자 프로젝트의 이행을 하기 위해서 투자자는 투자 프로젝트 이행에 대한 담보로서 보증금 또는 은행보증을 제공하여야 한다. 단, 투자자가 투자 프로젝트의 이행을 위해 토지사용권을 경매나 공매에서 낙찰받거나, 이미 보증금이나 은행보증이 제공된 투자 프로젝트 또는 그러한 투자 프로젝트가 이행되고 있는 토지사용권을 양도받는 경우에는 별도의 보증금 또는 은행보증의 제공이 면제된다.[6]

(3) 투자 프로젝트의 기간

투자 프로젝트의 투자 기간은 투자 프로젝트의 승인시 정해지며, 경제 구역 내의 투자 프로젝트의 경우 70년, 경제 구역 외의 투자 프로젝트의 경우 50년을 초과할 수 없다.[7] 투자 프로젝트의 유효기간이 만료되었을 때 투자자가 투자를 계속할 필요가 있고, 법령의 조건에 부합할 경우 위의 기간(70년 또는 50년) 범위 내에서 연장이 가능하나, 구식의 기술을 이용, 환경오염을 야기, 또는 자원을 낭비하는 프로젝트 및 베트남 정

---

4) 투자법 제 3 조 제 2 호
5) 투자법 제 42.1 조 및 제 42.3 조
6) 투자법 제 43.1 조
7) 투자법 제 44.1 조 및 제 44.2 조

부 또는 베트남 측에 보상 없이 자산을 반환하여야 하는 투자 프로젝트
의 경우에는 프로젝트 기간을 연장하지 못한다.[8]

(4) 투자 프로젝트의 양도

투자자는 아래의 조건을 충족할 경우 투자 프로젝트의 전부 또는 일
부를 다른 투자자에게 양도할 수 있다.[9] 아래 조건을 충족할 경우, 투자
자는 투자등록증 변경을 관계 당국에 신청하여 투자 프로젝트의 투자자
를 변경하는 형식으로 양도를 하게 된다.[10]

ⅰ) 양도되는 투자 프로젝트가 종료되지 않았을 것
ⅱ) 양도받는 외국인 투자자가 베트남 투자법 및 경쟁법상 베트남에
   진입가능할 것
ⅲ) (토지사용권과 연계된 투자 프로젝트의 경우) 베트남 토지법상의 조건
   에 부합할 것
ⅳ) (주거용 주택 프로젝트 또는 부동산 개발 관련 투자 프로젝트의 경우) 베
   트남 주택법상의 조건에 부합할 것
ⅴ) 투자등록증 또는 기타 법령상의 조건에 부합할 것

(5) 투자 프로젝트의 중단

투자자는 서면통지로써 투자 프로젝트의 이행을 중단할 수 있고, 불
가항력으로 인해 투자 프로젝트의 이행이 중단된 경우 베트남 정부는 중
단된 기간 동안 토지사용료를 면제 또는 감면하여야 한다.[11] 베트남 정
부는 문화재 보호, 환경보호 관련 법령 위반 사항의 해결, 노동 안전의
보장, 법원 또는 중재 판결에 따라, 또는 투자자가 투자 프로젝트 승인
조건 또는 투자등록증상의 내용에 따른 투자 프로젝트의 정상적 이행을

---

8) 투자법 제 44.4 조
9) 투자법 제 46.1 조
10) 투자법 제 46.2 조
11) 투자법 제 47.1 조

하지 않은 경우에 투자프로젝트의 전부 또는 일부의 중단을 결정할 수 있다.12)

(6) 투자 프로젝트의 종료

투자자는 i) 자신의 결정으로, ii) 계약(경영협력계약의 경우) 또는 법인의 정관에 명시된 바에 따라, 또는 iii) 투자 프로젝트의 기간이 만료된 경우 투자 행위 및 투자 프로젝트를 종료할 수 있다.13) 투자등록기관도 아래의 경우에 투자 프로젝트의 전부 또는 일부를 종료할 수 있다.14)

    ⅰ) 투자 프로젝트에 중단 사유가 발생하였으나, 투자 프로젝트 중단에도 불구하고 투자자가 사유를 치유하지 못한 경우

    ⅱ) 투자자가 투자 프로젝트의 대상 토지를 더 이상 사용할 수 없게 된 때로부터 6개월이 지나도록 대상 토지를 변경할 수 없게 된 경우

    ⅲ) 투자 프로젝트의 이행이 중단된 때로부터 12개월이 지났을 때 투자등록기관이 투자자와 연락할 수 없을 때

    ⅳ) 투자 프로젝트의 대상 토지가 토지법에 명시된 바에 따라 사용되지 않거나 투자 프로젝트상의 일정에 뒤쳐져 사용된 사유로 회수된 경우

    ⅴ) 투자자가 투자 프로젝트의 이행과 관련하여 보증금 납입 또는 담보 제공 의무를 부담함에도 해당 보증금 또는 담보를 제공하지 않은 경우

    ⅵ) 투자자가 베트남민법상 가장거래에 근거하여 투자행위를 한 경우

    ⅶ) 법원 또는 중재 판결에 따라

투자등록기관이 투자 프로젝트를 종료함에 있어서는 투자 프로젝트의 각 승인기관으로부터 의견 청취를 한 후 결정을 하여야 한다.15)

---

12) 투자법 제 47.2 조 각항
13) 투자법 제 48.1 조 각항
14) 투자법 제 48.2 조 각항

2) 투자의 형태

베트남 투자법이 예비하고 있는 투자의 유형은 경제조직의 설립, 출자 및 주식·지분의 취득, 투자프로젝트의 이행, 경영협력계약(Business Cooperation Contract)에 기반한 투자, 그리고 그 외 정부가 인정한 형태의 투자이다.16) 설립, 출자 또는 주식·지분의 취득의 과정으로 외국인의 지분율이 50%가 넘으면 외국인 투자자와 동일하게 취급된다.17)

(1) 경제조직의 설립을 통한 투자

경제조직(법인)의 설립을 통한 투자시 외국인은 베트남정부가 지분율, 투자형태, 투자이행 방법, 투자자의 능력 등을 기준으로 투자제한(조건부 투자) 또는 투자금지된 업종을 제외하면 내국인과 동일한 기준으로 경제조직(법인)을 설립하여 투자할 수 있지만, 법인을 설립하기 위해서는 투자등록증을 발급 또는 변경하는 방법으로 투자 당국에 투자자 및 투자에 대한 사항을 등록하여야 한다.18)

(2) 지분 또는 주식의 취득을 통한 투자

베트남 내국인 및 외국인 모두가 이미 설립된 기업에 자본금을 납입하거나, 기업의 종류에 따라 지분(유한책임회사의 경우) 또는 주식(주식회사의 경우)을 양수하는 형태로 투자를 이행할 수도 있는데,19) 외국인 투자자가 i) 투자법이 열거하는 조건부 업종을 사업목적으로 보유한 베트남 법인의 지분을 지분 또는 주식을 양수하는 경우, 또는 ii) 해당 지분 또는 주식의 거래로 인하여 외국인 투자자가 정관자본금의 51% 이상을 보유하게 될 경우에는 사전에 외국인 투자자를 등록하는 절차를 밟아야 한

---

15) 투자법 제 48.3 조 및 제 48.6 조
16) 투자법 제 21 조 각호
17) 투자법 제 23.1 조 각항
18) 투자법 제 22.1 조 (b)호 및 (c)호
19) 투자법 제 24 조 및 제 25 조

다.[20] 투자법에 명시된 이러한 등록 절차는, 법령상의 명칭(registration)과는 달리 실무적으로는 투자허가절차와 유사하게 운영되며, 신규 외국인 투자자가 대상 베트남 법인의 지분 또는 주식을 인수하는 것이 타당한지에 대해 관할 투자국이 판단하겠다는 취지로 이해된다.

(3) 경영협력계약(Business Cooperation Contract)을 통한 투자

베트남 투자법은 베트남에 별도의 법인을 세우지 않고, 각 투자자들 사이의 계약만으로 사업 활동을 허용하는 경영협력계약을 예정하고 있다. 경영협력계약은 베트남 국내 투자자들 간, 국내 투자자와 외국 투자자 간 또는 외국 투자자들 간 체결할 수 있다.[21]

베트남 국내 투자자간 체결된 경영협력계약은 사실상 일반 민사 계약이지만, 외국 투자자가 당사자로 참여한 경영협력계약의 경우, 베트남에서 사업을 영위하기 위해서는 투자등록증 발급 절차를 거쳐야 하고, 이 때의 투자등록증 발급 절차는 일반적인 신규 프로젝트 신청의 경우와 동일하다.[22]

경영협력계약은 법인격을 갖지 않기 때문에, 기업등록증을 발급받지는 않는다. 그러나 경영협력계약에 따른 사업 이행 중 각 계약 당사자가 기업 설립을 결정하는 경우에는 사업에 따라 형성된 자산 사용을 합의하고, 합작법인 등의 기업을 설립할 수도 있다.[23] 또 외국 투자자의 경우, 경영협력계약을 통한 사업 진행을 위해 베트남에 일정한 사무소가 필요한 경우가 있는데, 이러한 경우를 대비하여 투자법은 BCC에 참여한 외국 투자자가 BCC 이행을 위해서 베트남 내에 운영사무소를 개설할 수 있다고 언급하고 있다.[24] 위 운영 사무소는 BCC라는 특수한 목적을 위

---

20) 투자법 제 26.2 조 및 제 26.3 조
21) 투자법 제 27 조
22) 투자법 제 27.1 조 및 제 27.2 조
23) 투자법 제 28.2 조
24) 투자법 제 49.1 조

해서 설립된 대표 사무소와 유사한 형태로서, 독립된 직인 보유, 계좌 개설, 근로자 고용, 계약 체결 행위 등을 할 수 있다.[25]

3) 외국인의 투자가능 영역

기존의 투자법(2014 투자법)에서는 외국인이 투자 가능한 업종과 조건부 투자업종 및 투자금지 업종을 구별하여 나열[26]하였으나, 세 가지 범주 중 어디에도 속하지 않는 업종에 대해서 외국인 투자가 가능한지 여부가 불확실한 부분이 있었다. 반면, 현행 투자법(2020 투자법)에서는 외국인 투자와 관련하여 조건부 업종과 투자금지 업종만을 나열하고, 여기에 속하지 않는 업종은 모두 외국인 투자가 가능한 것으로 해석하는, 이른바 네거티브 규제방식을 취하고 있다.[27] 이에 따라 종래 외국인 투자가 가능한지가 불분명하였던 업종들에 대한 투자가능 여부가 보다 분명해 질 것으로 보인다. 투자법에 따른 규제 업종에 대한 정확한 리스트는 아직 확정되지 않았으나, 투자법에 투자금지가 명시된 마약류, 화학물질 및 광물, 동식물, 매춘. 인신 및 장기 매매, 인간 복제, 폭발물 및 채권추심[28]과 관련된 사업종목을 구체화할 것으로 예상된다.

3. 투자허가기관 및 투자등록기관

1) 주무부서: 기획투자부

베트남 외국인 투자 시 주무 관청은 베트남 중앙 기획투자부(Ministry of Planning and Investment, MPI)이다. 실제 투자서류 접수는 해당 소재 관할의 각 성(province)별로 존재하는 성급 기획투자국(Department of Planning

25) 투자법 제 49.2 조
26) 2014 투자법 제 5 조, 제 6 조 및 제 7 조
27) 투자법 제 5.1 조
28) 투자법 제 6.1 조 각호

and Investment, DPI)을 통해서 이루어지게 된다.

다만, 신규 투자 신청 시, 투자국은 투자 업종에 따라 유관부서의 의견을 청취하는 경우가 있기 때문에(예를 들어 병원업의 경우 성급 보건국 의견 청취, 발전사업의 경우 산업통상부 의견청취, 테마파크 등 엔터테인먼트 업종의 경우 문화체육관광부 의견청취 등), 실제로는 각 투자별 특성에 따라 관여 기간이 상이해진다고 볼 수 있다.

2) 국회, 총리, 성급 인민위원회, 산업단지 관리위원회의 관여

이와 별도로, 투자 규모에 따라 투자국에 대한 투자등록증 신청 전에 예외적으로 국회나 총리 또는 성급 인민위원회의 사전 투자승인을 받아야 하는 프로젝트도 있으며, 그 내용은 다음과 같다.

(1) **국회**: 베트남 국회는 아래의 경우 사전투자승인을 결정

ⅰ) 환경에 큰 영향을 미치거나 환경에 잠재적으로 심각한 영향을 미칠 수 있는 투자 프로젝트, 원자력 발전소 건설 프로젝트, 50헥타르 이상의 특수 목적 산림지, 상류 보호 산림 또는 국경 보호 산림의 토지 사용 목적 변경을 요구하는 투자 프로젝트, 500헥타르 이상의 방풍, 비산 모래 방지, 방파제, 바다 침식 방지 목적의 산림, 1,000헥타르 이상의 임업지[29]

ⅱ) 500헥타르 이상의 면적에 대한 벼 이모작을 위한 토지 이용 목적 변경을 요하는 투자 프로젝트[30]

ⅲ) 20,000명 이상(산간 지역) 또는 50,000명 이상(기타 지역)의 주민에 대한 이전 및 정착을 요하는 투자 프로젝트[31]

ⅳ) 국회 승인을 요하는 특별 메커니즘 또는 정책의 적용이 필요한 투자 프로젝트[32]

---

29) 투자법 제 30.1 조 각호
30) 투자법 제 30.2 조
31) 투자법 제 30.3 조

(2) **총리**(Prime Minister): 국회 승인 투자 프로젝트를 제외하고, 총리는 아래의 경우 사전투자승인을 결정

ⅰ) 10,000명 이상(산간 지역), 20,000명 이상(기타 지역)의 주민에 대한 이전 및 정착이 필요한 투자 프로젝트; 비행장, 공항, 활주로, 국제 여객터미널 및 용량 연간 1백만 톤 이상의 화물터미널 건설 프로젝트; 항공 여객 운송 프로젝트; 특수목적의 항구 및 부두 도는 2조 3천억 동 이상의 투자가 필요한 1급 항구 및 부두의 건설 프로젝트; 석유 처리 관련 투자 프로젝트; 외국인 전용 전자도박을 제외한 카지노 사업 투자 프로젝트; 주거 건설, 도심 지역(50헥타르 이상)의 개발, 도심지역(50헥타르 미만 및 인구 15,000명 이상)의 개발, 비도심지역(100헥타르 이상)의 개발, 비도심지역(100헥타르 미만 및 인구 10,000명 이상)의 개발, 문화재 보호구역의 개발[33]

ⅱ) 해외 투자자가 네트워크 사회기반시설을 포함한 통신 서비스, 조림사업, 출판 및 언론 서비스[34]

ⅲ) 사전투자승인을 위해 동시에 두 개 이상의 성급 인민위원회의 관할에 속하는 투자 프로젝트[35]

ⅳ) 기타 법률이 정하는 바에 따라 총리의 사전투자승인을 요하는 투자 프로젝트[36]

(3) **성급 인민위원회**(Provincial People's Committees): 국회 및 총리 승인 투자 프로젝트를 제외하고, 성급 인민위원회는 아래의 경우에 사전투자승인을 결정

ⅰ) 경매나 입찰을 통한 토지 사용권의 이전 방식이 아닌 베트남 정

---

32) 투자법 제 30.4 조
33) 투자법 제 31.1 조 각호
34) 투자법 제 31.2 조
35) 투자법 제 31.3 조
36) 투자법 제 31.4 조

부로부터 토지의 할당 또는 임대를 요청하는 투자 프로젝트, 토지 사용 목적 변경을 요청하는 투자 프로젝트[37]

ii) 도심지역(50헥타르 미만 및 인구 15,000명 미만)의 개발; 비도심지역 (100헥타르 미만 및 인구 10,000명 미만)의 개발; 개발제한구역 또는 역사보호구역 내의 개발[38]

iii) 골프장의 건설 및 상업적 운영[39]

iv) 섬, 해안 또는 국경 마을, 국방 및 안보에 영향을 미치는 기타 지역에서 외국인 투자자 및 외국인 투자 자본이 투입된 경제 조직이 수행하는 투자 프로젝트[40]

(4) 산업단지 관리위원회: 성급 인민위원회의 관할 사업 중 정부기본계획(Master Plan)에 따라 산업단지, 수출가공단지, 첨단기술단지, 경제 구역에서 수행되는 투자 프로젝트의 경우에는 각 지역별 산업단지 관리위원회(Industrial Zone Authority)가 투자 승인 허가에 관여한다.[41]

3) 투자등록기관

투자허가기관이 투자프로젝트의 승인을 결정하면 후술할 투자등록증을 발급하는데, 투자법에서는 투자등록증을 발급하는 투자등록기관을 공업단지, 수출자유단지, 하이테크단지, 경제자유단지 등의 경우는 각 단지의 운영위원회[42], 그 외의 경우는 각 성 인민위원회 산하의 기획투자국 (Department of Planning and Investment)[43]으로 규정하고 있다.

---

37) 투자법 제 32.1 조 제(a)항
38) 투자법 제 32.1 조 제(b)항
39) 투자법 제 32.1 조 제(c)항
40) 투자법 제 32.1 조 제(d)항
41) 투자법 제 32.2 조
42) 투자법 제 39.1 조
43) 투자법 제 39.2 조

4. 투자등록증

투자등록증(Giấy Chứng Nhận Đăng Ký Đầu Tư)은 투자자가 등록한 투자 프로젝트 관련 정보가 기록되어 있는 서면 또는 전자문서로, 외국인 투자자가 직접 또는 50% 이상의 지분을 통하여 진행하는 투자프로젝트에 필요하다.[44] 실무적으로는 IRC(Investment Registration Certificate)라고도 지칭하며, 한국 법령상으로는 위 투자등록증에 정면으로 대응하는 문서가 없는 것으로 보인다.[45] 투자등록증에 포함되는 내용은 투자업종이나 발급기관 별로 일부 상이할 수 있으나, 통상 4-5개의 조항(điều)으로 이루어지며 투자 프로젝트 상세 내용(nội dung dự án đầu tư), 투자 인센티브(các ưu đãi, hỗ trợ đầu tư), 투자 이행 시 준수 조건(các điều kiện đối với nhà đầu tư thực hiện dự án) 혹은 투자 이행 시 관련 규정(các quy định đối với nhà đầu tư thực hiện dự án), 기타 투자등록증의 효력 발생 시기 및 원본 부수 현황 등이 순차적으로 기재되며, 각 조항의 구체적인 내용은 다음과 같다.

i) 투자프로젝트 상세 내용에는 투자 프로젝트의 명칭, 투자대상, 투자 이행 지역, 총 투자금 및 납입자본금, 투자금 납입 관련 사항, 투자 기한, 투자 프로젝트 시행 일정, 예상 생산 물량, 투자 부지 및 면적 등에 대한 정보가 포함된다.[46]

실무적으로 투자 프로젝트의 명칭은 회사명을, 투자 대상은 보통 업종(business line)을 의미하고, 이행 지역은 회사의 본점 소재지를 의미하며, 총 투자금은 해당 프로젝트에 대한 납입 자본금과 차입 자본금을 합산한 금액을 의미한다.

프로젝트의 기간은 일반적인 경우 50년이고, 사회경제적 여건이

---

44) 투자법 제 37 조, 제 23.1 조
45) 한국의 경우 외국인투자기업에 대하여 외국인투자 등록증명서를 발급하고 있으나, 이는 조세특례제한법상 투자 인센티브 부여를 위한 것으로, 그 발급 자체가 법인 설립의 필요 요건이 되는 베트남법상 투자등록증과는 차이가 있다.
46) 투자법 제 40 조 제 1 호 내지 제 8 호

특별히 더 어려운 지역에서 이행되거나, 대규모 자본이 투입되지
만 자본 회수에 장기간이 소요되는 프로젝트와 같이 특별한 경우
에는 최대 70년까지 받을 수 있다.[47] 프로젝트 이행 일정이라 함
은 예를 들면 공장설립, 설비 설치, 영업 개시 기한 등을 의미한
다. 제조업의 경우에는 예상 생산 물량도 기입하며, 공장설립과
같이 토지사용권을 취득하는 프로젝트의 경우에는 토지의 부지
및 면적을 기입하게 된다.

ii) 투자인센티브에는 법인세, 수입세, 토지사용료 및 토지사용세 관
련 혜택이 명시되며, 더불어 이러한 투자인센티브를 부여하는 조
건도 명시된다.[48] 예를 들면 공단 입주 시 공단위원회로부터 관
련 법령 내용에 따라 받을 수 있는 투자 인센티브를 안내 받았더
라도, 이러한 협의 내용이 투자증명서에 기재되어야 확정적으로
인센티브 혜택을 누릴 수 있다. 따라서, 사전에 확인한 투자등록
증 상의 혜택 내용이 실제 발급된 투자등록증에 기재되었는지에
대한 확인이 필요하다.

iii) 투자 이행 시 준수 조건 혹은 투자 이행 시 관련 규정에는 통상
투자 이행과 관련된 일반 규정(투자금 납입, 투자 신청서 상의 투자 계획
이행 등 투자법상 일반적인 투자자의 의무)이 기재된다. 다만, 조건부
사업의 경우에는 해당 사업 진행을 위한 상세 조건이 기재된다.[49]

iv) 효력발생 시기 및 원본 부수 현황 관련하여, 효력발생 시기란 투
자등록증의 효력이 발생하는 시기이며, 투자등록증이 변경되는
경우에는 변경된 증명서의 효력 시기를 의미하게 된다. 투자등록
증 원본은 통상 2부가 발급되어 1부는 투자자에게 교부되고, 나머
지 1부는 투자등록기관이 보관한다.

---

47) 최초 프로젝트 승인 기간 만료 후 갱신 신청도 가능하다.
48) 투자법 제 40 조 제 9 호
49) 투자법 제 40 조 제 10 호

참고로 투자등록증은 베트남어본으로만 발급되며, 실무적으로 최초 발급 원본에 오기가 있는 경우도 종종 있으므로, 수령 즉시 원본에 기재된 내용을 확인해 볼 필요가 있다. 특히 프로젝트 상세 내용과 투자 인센티브 관련 내용은 발급 즉시 검토하여 이상이 있을 경우 발급 부서에 바로 정정을 요청할 필요가 있다. 오기 내용을 장기간 방치하는 경우, 애초 투자자가 제출한 신청서 내용과 발급 내용이 상이하다는 주장이 배척되어, 오기 수정이 어려울 수 있다. 이 경우 정식의 투자등록증 변경 절차를 거쳐야 하는데, 시간적/경제적으로 추가 비용이 소요된다는 점을 유의할 필요가 있다.

5. 투자허가의 절차

베트남에서 외국인 투자법인 설립을 위해서 필수적인 서류는 투자등록증(IRC), 기업등록증(ERC)이며, 위에서 언급한 바와 같이 해당 투자의 규모 성격 등에 따라 사전투자승인이 필요한 경우, 해당 사전투자승인을 받은 이후에 관련 투자등록증 발급이 가능하다.

1) 사전 투자승인이 필요한 경우

베트남에서 투자자가 투자프로젝트에 대한 승인을 받기 위하여 제출하여야 하는 신청서류 목록에는 투자프로젝트에 대한 신청서(승인 거부시 모든 비용을 투자자가 부담한다는 내용의 각서 포함), 투자자의 지위확인서, 투자자의 재무상황을 담보할 수 있는 문서, 투자프로젝트에 대한 설명서(투자자 또는 투자자 선정방법, 투자 목적, 투자 단위, 투자 규모 및 자본 조달 방법, 지역, 소요기간, 일정, 해당 토지 이용 현황, 노동자 고용계획, 투자 인센티브 제안, 투자프로젝트의 영향 및 사회경제적 효과 및 기초 환경영향평가 등의 내용 포함), 투자를 이행할 지역의 토지사용권 증서 등 토지를 이용할 권리가 있음을 표상하는 문서, 이전될 기술에 대한 설명서(기술 이전이 수반된 투자프로젝

트의 경우), 경제협력계약(해당시), 기타문서 등을 제출하여야50) 한다. 신청
서류를 제출한 후의 절차에 대하여 투자법은 투자 허가기관별로 달리 정
하고 있는데, 아래와 같다.

(1) 베트남 국회

베트남 국회가 투자허가기관인 경우, 베트남 중앙 기획투자부는 위
신청서류를 제출받은 후 15일 내에 총리에게 평가위원회의 개설을 총리
에게 보고51)하고, 평가위원회는 개설 후 90일 내에 정부에 제출할 평가
보고서를 작성52)하여, 정부는 국회 개회일 60일 이전에 국회의 산하 기
구에 투자승인 신청서를 작성53)한 후, 국회에서 숙의 후 투자프로젝트의
승인을 결정54)하게 된다.

(2) 총리

베트남 총리가 투자허가기관인 경우, 베트남 중앙 기획투자부는 위
신청서류를 제출받은 후 3 영업일 내에 유관기관에 신청서류를 전달하여
의견을 청취55)하고, 유관기관은 15일 내에 의견을 제공56)하며, 의견을 제
공받은 베트남 중앙 기획투자부는 40일 내에 총리에게 제출할 평가보고
서를 작성57)하여, 총리가 투자프로젝트의 승인을 결정58)하게 된다.

(3) 성급 인민위원회

성급 인민위원회가 투자허가기관인 경우, 위 서류는 투자등록기관에

---

50) 투자법 제 33.1 조 각호
51) 투자법 제 34.2 조
52) 투자법 제 34.3 조
53) 투자법 제 34.4 조
54) 투자법 제 34.8 조
55) 투자법 제 35.2 조
56) 투자법 제 35.3 조
57) 투자법 제 35.4 조
58) 투자법 제 35.5 조

제출59)되고, 해당 투자등록기관은 3영업일 내에 유관부서에 의견청취를 요청하여 15일 내에 의견을 청취60)한 뒤, 25일 내로 평가보고서를 성급 인민위원회에 제출61)한다. 신청서류와 평가보고서를 전달받은 투자등록 기관은 7 영업일 내에 투자프로젝트의 승인을 결정62)하게 된다.

2) 사전 투자승인이 불필요한 경우

사전투자승인이 불필요한 투자를 통하여 법인설립을 진행하는 경우, 일반적으로 밟게 되는 실무 절차를 간단히 요약해보면 아래와 같다.

  i) 신설 법인의 부지 또는 사무실을 선정하고, 해당 부지, 사무실에 대한 가임대차 계약서를 포함한(아직 법인 설립 전이므로, 가계약서 상 임차인 명의는 외국 투자자가 된다) 투자등록증 신청서류를 준비하 여 설립 소재지를 관할하는 투자등록기관(보통은 투자계획국)에 투자등록 신청 서류와 각종 첨부 서류63)를 제출한다. 투자등록증은 법문상 적법한 서류 접수일로부터 15영업일 내 발급되는 것으로 기재되어 있으나, 투자국의 판단에 따라 유관기관 의견 청취 등이 필요한 사안의 경우, 3~4개월까지 소요되는 경우도 있다.

  ii) 투자등록증이 발급되면 투자등록증 공증 사본을 포함한 기업등록 증 신청 서류를 준비하여 투자국 기업등록부서에 제출한다. 법문 상 기업등록증 발급 기간은 서류 접수일로부터 3영업일이며, 실 무상 발급이 지연되는 경우가 종종 있다.

  iii) 기업등록증 발급 후 인감을 작성하여 투자국에 신고하고(신고 후 3영업일 이후부터 유효하게 사용가능), 기업공고 절차를 진행한다.

---

59) 투자법 제36.1 조
60) 투자법 제36.2 조 및 제36.3 조
61) 투자법 제36.4 조
62) 투자법 제36.5 조
63) 투자법 제33.1 조 각호

ⅳ) 위 각 투자등록증, 기업등록증과 인감을 구비하여 베트남 은행에서 신설법인의 자본금계좌를 개설한다.

ⅴ) 기업등록증이 발급된 때로부터 90일 이내에 정관 자본금을 위 자본금계좌로 송금한다. 송금 시 한국에서는 주거래은행을 통한 한국 외국환 규정에 따른 해외직접투자 신고도 필요하다.

ⅵ) 자본금 송금 후에는 해당 자금을 이용하여 실제 업무를 진행할 수 있다.

6. 투자 인센티브 및 지원

투자법은 투자자(또는 투자프로젝트)가 받을 수 있는 투자인센티브의 종류 및 인센티브를 받을 수 있는 투자프로젝트를 나열하고 있다.

1) 투자 인센티브

투자법에 따라 투자자가 받을 수 있는 투자 인센티브 유형은, ⅰ) 법인세 감면, ⅱ) 수입세 면제, ⅲ) 토지사용료 및 토지사용세 감면 및 ⅳ) 과세표준금액 산정시 가속상각 허용 및 비용 인정 범위 확대 등이 있다.[64]

2) 인센티브 대상 투자프로젝트

ⅰ) 첨단산업; 연구개발 행위; 신소재, 신에너지, 청정 에너지, 재생에너지, 및 30% 이상의 부가가치 창출 제품; 전자제품 및 우선적 기계제품, 농업기계, 자동차, 자동차 부품 및 조선업; 개발이 우선되는 분야의 제품 제조; 정보화기술, 소프트웨어 및 디지털컨텐츠의 생산; 농업, 삼림 및 수산업 제품의 교배, 재배 및 처리, 삼림보호, 소금 생산, 어업 및 어로 확보, 생명공학을 이용한 동식물 품종개량; 폐기물의 수집, 처리, 재처리 또는 재사용; 인프라의 개발 및

---

64) 투자법 제15.1 조 각항

운영, 도심지역의 대중교통 개발; 취학 전 교육, 일반교육, 직업교육 및 대학교육; 의료상담 및 처치, 약품 및 제약물질의 제조, 신약개발을 위한 연구, 의료용품의 생산; 장애인 또는 전문 스포츠 선수의 체육활동 훈련 및 경쟁을 위한 시설에의 투자; 고엽제 노출 환자를 위한 시설에의 투자, 인민신용기금 등65)

ii) 사회, 경제 조건이 현저히 낙후된 지역; 경제 구역, 하이테크 단지에 신설되는 신규 프로젝트66)

iii) 6조 베트남동 이상의 자본을 3년 내 투자하고, 연 매출이 수익 발생 후 3년 내 10조 동에 도달하거나, 6조 베트남동 이상의 자본을 3년 내 투자하면서 3,000명 이상의 근로자를 고용하는 프로젝트67)

iv) 사회적 주거 건설 프로젝트; 비도심 지역에서 500명 이상의 근로자를 고용하는 프로젝트; 장애인 관련 법령에 따라 장애인을 고용하는 프로젝트68)

v) 첨단기술법에 따른 우선시 되는 첨단 기술의 연구 개발을 위한 프로젝트 또는 이를 이행하기 위한 고위험 투자 프로젝트, 첨단 기술 경작 프로젝트, 국가 주요 기간 산업 투자 프로젝트, 친환경 에너지 관련 프로젝트69)

vi) 혁신적 스타트업 프로젝트 및 연구개발 센터70)

vii) 중소기업 제품 판매망의 상업적 운영, 중소기업 및 중소기업 인큐베이터에 대한 기술지원, 혁신적 스타트업 중소기업을 지원하는 공유 사무공간에 대한 투자71)

---

65) 투자법 제 15.2 조 제(a)항, 제 16.1 조 각항
66) 투자법 제 15.2 조 제(b)항, 제 16.2 조 각항
67) 투자법 제 15.2 조 제(c)항
68) 투자법 제 15.2 조 제(d)항
69) 투자법 제 15.2 조 제(dd)항
70) 투자법 제 15.2 조 제(e)항
71) 투자법 제 15.2 조 제(g)항

3) 인센티브 제외 투자프로젝트

투자법상의 투자인센티브는 광업에 대한 투자프로젝트, 특별세금법에 따라 특별세금의 부과대상이 되는 제품과 서비스의 생산 또는 거래 (자동차, 항공기 및 선박을 제외), 그리고 주택법에 따라 건설되는 상업용 주택에는 적용되지 않는다.[72]

7. 주식/지분 양수도

1) 주식/지분 양수도 절차 개요

베트남의 비상장 법인의 주식/지분 양수도의 경우, 크게 i) 증자 방식: 주식/지분의 양수도로 인해 자본이 증가하는 경우, ii) 구주 인수 방식: 기존의 주식/지분의 양수도로 자본의 증가가 없는 경우로 나뉘며, 그 절차는 다음의 표와 같다:

관련 절차	관할 기관/협의 기관
1. 지분양수도 사전 승인(M&A Approval) - 경제력 집중 신고 대상인 경우 별도 신고 필요	지역 기획투자국(DPI) 또는 공단/특구 관리위원회 베트남경쟁위원회
2. 주식/지분매수계약(SPA) 체결 3. 한국 내 외직접투자신고 4. 양수도 대금 지급	한국 지정외국환은행 베트남 자본금계좌 개설 은행
5. ERC 및/또는 등록된 기업정보 중 주주 정보 변경 - 증자 방식의 경우 자본금 변경도 필요	지역 기획투자국(DPI) 또는 공단/특구 관리위원회
6. (100% 베트남 로컬 기업이었던 경우) IRC 신규 발급 - IRC 가 기 발급된 경우 IRC 정보 변경	지역 기획투자국(DPI) 또는 공단/특구 관리위원회

---

72) 투자법 제 15.5 조 각항

베트남의 상장 기업의 경우 주주의 변동으로 인한 ERC 및 기업정보
변경이 요구되지 않는다.[73]

2) 주식/지분 양수도 관련 법규정

베트남 기업법은 유한책임회사의 지분의 양도와 관련하여 아래와 같
이 규정하고 있다:

관련 규정	세부 내용
제 78 조 제 1 항	1 인 유한책임회사(LLC)의 경우, 회사의 소유주는 지분의 일부 또는 전부를 양도할 수 있다. 만약 지분의 일부만이 양도되는 경우에는 양도일로부터 10 일 이내에 1 인 유한책임회사는 2 인 이상 유한책임회사 또는 주식회사로 변경되어야 한다.
제 52 조 제 1 항	2 인 이상 유한책임회사의 구성원(member)은 아래의 요건에 맞춰 지분의 일부 또는 전부를 양도할 수 있다: - 양도하고자 하는 지분을 다른 구성원에게 해당 구성원의 지분 비율에 맞춰 동일한 조건으로 양도할 것을 제안할 것; - 위 양도 제안일로부터 30 일 이내에 다른 구성원이 해당 지분을 양수하지 않는 경우, 구성원 이외의 제 3 자에게 지분을 양수할 것
제 53 조 제 7 항	구성원이 자신의 지분으로 부채를 상환한 경우, 변제를 받은 채권자는 아래의 하나를 택해야 한다: - 사원총회의 승인을 받아 회사의 구성원이 되거나, - 지분의 매각 또는 양도

베트남 기업법은 주식의 양도와 관련하여 아래와 같이 규정하고 있다:

관련 규정	세부 내용
제 127 조 제 1 항	주식은 자유롭게 양도될 수 있다. 다만, 정관에 주식양도 제한에 관하여 규정되어 있거나, 기업설립일(기업등록증, 'ERC' 발급일)로부터 3 년이 경과하지 않은 경우에는 양도가 제한될 수 있다.

---

73) 베트남 기업법 제 31 조 제 1 항의 (b)

관련 규정	세부 내용
제 120 조 제 3 항	기업설립일로부터 3 년 내에 설립 주주가 아닌 제 3 자에게 주식을 양도하는 경우에는 주주총회의 승인을 얻어야 한다.
제 148 조 제 2 항	주주총회 결의는 아래의 경우를 제외하고 출석 주주 전체 의결권의 과반수로 통과된다: a. 주식의 종류와 각 종류 주식의 총 수; b. 업종 및 사업 분야의 변경; c. 회사의 조직 및 관리 구조의 변경; d. 회사의 최신 재무제표에 기록된 총 자산의 35% 이상 가치를 가진 프로젝트 투자 또는 자산의 매각; e. 회사의 재조직 또는 해산; f. 회사 정관에 규정된 기타 사항.

위와 같은 각 규정에 의하며, 설립일로부터 3년 이내인 주식회사의 경우 주주총회 일반결의(과반수)를 통해 설립주주가 아닌 제3자에 대한 주식 양도에 대한 승인 절차가 필요하며, 정관에 주식양도에 있어 주주총회의 승인을 받을 것을 규정하고 있는 경우에도 주주총회 승인을 취득할 필요가 있지만, 이러한 경우를 제외하고 베트남에서 주식은 자유롭게 양도되는 것이 원칙이다.

다만, 위와 같은 베트남 법의 규정에도 불구하고, 양도 대상인 주식이 기업설립일로부터 3년이 경과한 회사의 주식이더라도 베트남 각 지역의 관할 기관 및 담당 공무원에 따라 다른 주주의 동의 또는/및 주주총회의 결의 내용을 제출할 것으로 요구하는 경우가 있으므로, 베트남에서의 주식양수도 실무상 원활한 업무 처리를 위해서는 다른 주주의 동의 및 주주총회 승인 자료를 준비해 두는 것이 필요하다.

3) 주식/지분 양수도 대금 지급 방식

베트남 외국인직접투자에 관한 외국환관리 시행규칙(Circular No. 06/2019/TT-NHNN, 이하 'Circular 06') 제10조는 주식/지분 양수도 대금의 지급과 아래와 같이 규정하고 있다:

김유환

관련 규정	세부 내용
제10조 제1항	a. 거래 양 당사자 모두가 베트남 비거주자이거나, 모두가 베트남 거주자인 경우, 직접투자자본계좌(Direct Investment Capital Account, 'DICA')를 통한 거래가 요구되지 않는다. b. 베트남 거주자와 베트남 비거주자 사이의 거래의 경우, DICA를 통한 거래가 요구된다.
제10조 제3항	a. 거래 양 당사자 모두가 베트남 비거주자인 경우, 외국 통화로 지급된다. b. 베트남 거주자와 베트남 비거주자 사이의 거래 또는 베트남 거주자들 사이의 거래의 경우, 베트남 동화(VND)로 지급된다.

위와 같은 Circular 06의 규정에 의하면, 매도인이 외국인 또는 외국에 설립된 기업이고 매수인도 외국인 또는 외국에 설립된 기업인 경우, 거래 양 당사자 모두가 베트남 비거주자로 분류되어 베트남의 금융기관 법에 따라 적법하게 설립되어 운영되고 있는 베트남 소재 은행에 개설된 DICA 계좌를 통해 본건 거래에 따른 매각 대금을 지급할 것이 요구되지 않고, 외국에 소재한 은행을 통해 외화(USD 등)로 지급될 수 있다. 이러한 경우, 베트남 관할 당국에서 외국인/외국기업 사이의 대금 지급에 관하여 지급되었다는 점 이외에 해당 자금의 조달 방식 및 조달처 등에 관한 세부 사항을 확인하지 않는 것으로 알려져 있다.

다만, 거래의 일방이 개인으로 베트남에서 거주해 왔으며, 베트남에서 개인소득세(Personal Income Tax, 'PIT')를 납부해 온 이력이 있는 경우에는 베트남 개인소득세법 시행규칙(Circular No. 111/2013/TT-BTC)에 규정된 아래와 같은 요건에 해당하게 되면 베트남 거주자로 분류되어 DICA를 통한 VND 거래가 요구된다.

　ⅰ) 최초 입국일로부터 1년이 되는 기간 이내에 베트남 내 체류 기간이 183일 이상인 외국인; 또는

　ⅱ) 베트남에 다음과 같은 거소가 있는 경우: 베트남 임시거주중에 등록된 주소지, 주거 목적으로 주택을 183일 이상 임대한 숙소.

따라서 거래 일방이 베트남 거주자로 분류되는 경우, Circular 06 제 10조의 규정에 따라 매수인은 거래 대상 회사 명의로 베트남에 개설된 DICA 계좌에 VND로 매수 대금을 지급하여야 한다. 이러한 경우, 거래 당사자들은 매각 대금이 매매 계약서 상 USD로 설정되어 있으면 해당 금액을 확정함과 동시에 대금 지급일에 적용될 환율에 대하여 합의가 필요하다.

4) 주식/지분 양수도 관련 세금

베트남에서 주식/지분 양수도에 대한 세금은 별도의 양도소득세로 규정되어 있지 않으며, 지분/주식의 양수도에 따른 수익은 기타 수익으로 간주되어 법인세(Corporate Income Tax, 'CIT': 양도인이 기업인 경우) 또는 개인소득세(Personal Income Tax, 'PIT': 양도인이 개인인 경우)로 처리되어 세금이 부과된다. 양도인이 기업인 경우 지분의 양수도에 따라 발생한 이익에 대하여 20%의 세율이 적용되며, 양도인이 개인인 경우 유한책임회사의 지분양수도에 따라 발생한 이익에 대하여는 20%의 세율이 적용되나, 주식회사(상장사 포함)의 주식양수도에 있어서는 양수도 가액을 기준으로 0.1%의 세율이 적용되는 것으로 규정되어 있다.74)

CIT의 신고에 있어 관할 당국의 지분양수도에 관한 승인 시점 또는 정부 승인이 요구되지 않는 경우에는 지분양수도 계약서 상 합의된 양수도일을 기준으로 10일 이내에 이루어지도록 규정되어 있으나, 베트남 세무 당국은 위 양수도일을 지분양수도 계약서 체결일을 기준으로 해석하는 경우가 많아 주의를 요한다.

CIT의 신고는 양도인이 신고하는 것이 원칙이나, 양도인인 기업이 외국 소재 기업인 경우에는 양수인이 양도인을 대신하여 CIT를 신고하고 거래대금에서 해당 세금을 공제하여 베트남 과세 당국에 납부하여야

---

74) 베트남 세법 시행규칙(Circular No. 78/2014/TT-BTC) 제14조 및 시행규칙(103/2014/TT-BTC) 제5조 및 제13조

한다. 또한, 양도인 양수인 모두 외국 소재 기업인 경우에는 베트남에 설립되어 있는 거래 대상 기업이 양도인을 대신하여 CIT를 신고/납부하여야 한다.

한편, 한-베트남 이중과세방지협정에 따라 부동산(또는 부동산 과다 법인의 지분)의 양수도의 경우 베트남에서만 과세가 가능하므로 한국에서 면세 신고가 이루어져야 하며, 그 외의 경우에는 양도인이 속하는 국가에서만 과세가 가능한 바, 양도인이 베트남 소재 기업이 아닌 경우 양도소득에 대한 CIT 면제를 베트남 세무 당국에 신청할 수 있다.[75]

---

75) 한-베트남 이중과세방지협정 제13조

제 4 장

청산 및 파산

이순성

● ● ○

제1절

법인청산

베트남에서 법인은 (i) 법인 정관에 명시된 운영 기간이 별도 연장 없이 만료되는 경우, (ii) 법인의 형태에 따라 각 법인의 최상위 의사결정기관(유한책임회사의 경우 기업의 소유주 또는 사원총회, 주식회사의 경우 주주총회 등)에서 청산을 결정하는 경우, (iii) 베트남 기업법에서 정한 최소 구성원/주주 요건을 충족하지 못함에도 법인 형태 전환을 진행하지 않는 경우, (iv) 기업등록증이 취소된 경우 각 청산된다.[1]

1. 법인청산 절차

1) 투자 프로젝트 운영 종료

법적으로 해산 사유에 해당되어 해산 결정을 한 뒤, 청산절차를 통해 법인등록이 말소되면 법적으로 법인이 사라지게 된다. 흔히 해산(解散)과 청산(淸算)을 같은 의미로 사용하나, 법인이 본래의 영업활동을 중단해야 하는 상태를 '해산'이라고 하고, 해산으로 인해 법적 권리와 의무를 정리하는 것을 '청산'이라고 한다.

해산한 회사는 청산을 위한 활동만을 할 수 있으며, 권리와 의무의

---

1) 기업법 제 207 조 제 1 항

주체인 법인격(法人格)은 아직 존속하는 상태이다. 자산을 정리하고 채무를 변제하는 등의 청산절차를 완료하고, 법인의 등록이 말소되어야 비로소 법인(격)이 사라지게 된다. 하지만, 임의로 회사를 청산할 수 있는 것이 아니라, 법적으로 인정되는 해산 사유가 발생하고 모든 채무를 변제한 후에 청산절차를 완료할 수 있다. 따라서, 청산절차의 시작 전에 계류 중인 소송은 없는지 확인하고, 회사 정관의 관련 내용도 검토할 필요가 있다.

기본적으로 청산절차를 완료하기 위해서 회사는 회사의 모든 부채를 상환해야 한다. 따라서, 해산 결의 이전에 자산이 부채보다 많은지 확인하고, 만약 회사의 자산이 부족하다면, 해산 결의 전에 투자자들이 정관자본금을 더 출자하여 회사의 자산이 부채상환에 충분하도록 만들어야 회사 청산이 가능하다는 점을 유의할 필요가 있다. 만약 이것이 불가능하다면 자발적 청산절차가 아닌, 법원의 결정을 통한 파산절차를 밟아야 한다.

1인 유한책임회사는 회사 소유주가, 2인 이상의 유한책임회사는 사원총회를 통해, 그리고 주식회사는 주주총회를 통해 해산을 각 결의한다. 해산 결의 후에는 자산을 임대하는 행위, 채권 또는 청구권을 줄이거나 포기하는 행위, 자산에 대해 담보를 설정하는 행위, 무담보채무를 회사자산을 담보로 하는 담보채무로 전환하는 행위 등은 금지된다. 또한, 청산 작업을 위해 필요한 계약 외에 신규 계약을 체결할 수도 없다.

해산 결의일로부터 7일 이내에 투자국, 세무서, 사회 보험 기관, 세관, 은행, 근로자, 그리고 모든 채권자에게 채무이행(債務履行) 계획을 포함하여 해산 결의를 통지하고, 단체협약이 있다면 회사 청산 관련 내용을 검토하고, 근로자의 급여를 모두 지급한 후 근로 계약을 해지하여야 한다. 특히, 미납한 사회보험료, 실업보험료, 의료보험료 등이 있다면 납부하고 담당 기관에 관련 근로 계약의 종료에 대해 통지하여야 하고, 외국인 근로자의 경우 노동허가, 비자 및 임시거주 담당 기관에 근로 계약의 종료를 통지하고 발급된 노동허가서와 임시거주증을 반납하여야 한다.

또한, 기계, 설비, 고정자산 등 자산의 처분에 대한 계획을 세우고,

사무실, 공장, 토지 계약서의 계약 종료 절차를 진행해야 하고, 이때 토지사용권 증서 반납 등 필요한 업무도 함께 진행하여야 한다.

특히 청산하고자 하는 법인은 부가가치세, 법인세, 소득세 등 납세와 기타 재정적인 의무를 모두 이행하여야 하고, 모든 세금을 납부한 후 담당 세무서에서 세금 완납 증명서를 발급받아야 한다. 만약 수출과 수입 활동으로 관련 수출입세가 발생했는데 미납액이 있는 경우에는 이를 완납하고 담당 세관에서 완납 증명서를 발급받아야 한다.

베트남에서의 납세의무를 모두 이행하고 본국에 과실을 송금하는 등 회사의 계좌를 사용해야 할 업무를 모두 완료한 후, 법인 명의의 은행 계좌를 해지하여야 한다. 이 경우 실무적으로 관할 공안(công an)에 법인인감 등록필증과 인감을 반납하고, 이에 대한 인감반납확인증을 받게 된다.

기본적으로 베트남 내 모든 채무이행을 완료하고 모든 세금을 납부한 후에야 남은 이익을 본국으로 송금할 수 있는 점을 유의할 필요가 있다. 실무적으로는 세무서에 이익에 대한 관련 통지를 하고, 은행 송금에 필요한 절차를 거쳐 송금을 하게 되는데, 일반적으로 관할 기관이 발급한 회사 청산 완료 통보서를 은행에 제공해야 은행을 통한 과실송금이 가능한 구조이기 때문이다.[2]

2) 법인청산

법인청산 절차는 아래와 같다. 아래 소요 기간은 법정 기간을 기준으로 하고 있으며, 실무상 소요 기간이 연장될 수 있다.

(1) 본격적인 청산 절차의 개시 전 부채 및 자산 정리, 모든 계약 해지 등 사전 절차 진행

회사의 채무 및 자산 상태를 사전에 간소화 해두지 않을 경우 해산/

---

[2] 국내 기업의 경우, 한국 외국환 규정에 따라 기존에 법인 설립 시 한국에서 신고한 해외직접투자 신고의 청산 절차도 업무수탁은행을 통하여 한국은행에 별도로 신고해야 한다.

청산 업무를 진행하기에 애로 사항이 많을 것으로 예상되므로, 가급적 아래 다.항 청산 결의 이전에 자산 관계를 최대한 정리해 두는 것이 필요하다.

(2) 투자 프로젝트 철회 결의

투자 프로젝트 철회 결의일로부터 15일 이내에, 베트남 법인의 투자 등록증(Investment Registration Certificate)과 투자 프로젝트 철회 결의안을 함께 관공서에 제출해야 한다.[3] 관공서 제출 직후 회사의 투자 프로젝트 철회 사실이 베트남 국가 기업 정보 공시 사이트에 등재되며, 그 후 본격적인 법인 해산/청산 절차 진행이 가능하다.[4]

(3) 청산 결의

회사가 영업을 중단하는 시점, 부채상환 계획 및 각종 계약관계 종료에 대한 일정, 납세 의무 이행, 사회보장보험 회사 지급분 정리, 근로계약 정리, 청산인 선임 등에 대한 내용을 포함한다.

(4) 청산 결의 사실의 통지 및 공고

위 청산결의일로부터 7영업일 이내 회의록, 결의안 등을 사업자등록사무소(Business Registration Office), 관할 세무서, 사내 근로자, 채권자 등에게 통지하고, 기업등록에 관한 국가 기업등록정보 포털에 게재하며, 본점, 지점, 대표사무소에 게시 및 공고해야 한다. 사업자등록사무소는 회사로부터 수령한 청산 결의 통지를 관할 세무국에 보내고, 관할 세무국에서는 해당 통지 수령일로부터 2영업일 이내에 이에 대한 개략적인 의견을 제공한다.[5]

---

3) 투자법 시행령(Decree 31/2021/ND-CP) 제 57 조 제 2 항(a)
4) 기업법 제 208 조 제 4 항
5) 기업법 제 208 조 제 3 항

(5) 자산처분 및 부채상환 등 청산 절차 이행

자산처분 및 부채상환 등 청산 절차는 위 청산결의일로부터 6개월
이내에 이루어져야 한다. 청산과정에서 가장 중요한 절차로, 미지급 임
금, 미지급 비용, 사회보장보험 회사 지급분, 법인세, 부가가치세, 관세
등 각종 세금, 미지급 채무 등 납부/변제 의무를 모두 이행해야 한다. 특
히 납세의무와 관련하여 세무서로부터 Tax finalization certificate을 받는
데 최소 3개월 이상 소요될 수 있으므로, Tax finalization 신청서 및 심
사에 필요한 각종 영수증 명세, 지출 명세, 대 정부 지출 비용, 세금계산
서 등 자료를 최대한 잘 구비해 두고 세무서와 원활한 업무 협조 관계를
구축하는 것이 중요하다[Tax Finalization 절차는 본 법무법인이 제공하지 않으
며, 회계법인을 통하여 Tax Finalization Report 준비 필요].

기업의 채무는 i) 체불임금 등 근로자에 대한 비용, ii) 미납 세금,
iii) 기타 채무 순으로 변제되어야 하며, 각 채무 및 기업해산 경비를 모
두 지불한 뒤, 남은 부분은 출자지분 또는 주식 소유 비율에 따라 각 주
주에게 분배된다.

청산 작업이 완료되면, 세무서/사회보험국/세관(해당 사항 있는 경우에
한함) 등으로부터 관련 납세 의무 등을 모두 이행했음을 확인하는 서류
를 받게 된다.

(6) 투자허가기관에 기업 청산 신청서 제출

모든 채무 변제일로부터 5영업일 이내 제출이 필요하다.[6]

(7) 청산 종료

사업자등록기관이 위 신청서를 수령한 날로부터 5영업일 이내에 이
루어진다. 베트남 국가 기업 정보 공시 사이트(National Business Registration
Portal, "NBRP")에 회사 정보 폐쇄 사실을 업데이트 한다.

---

6) 기업법 제 208 조 제 3 항

2. 법인청산 제출서류

표 1. 법인청산 서류 및 관할 기관

단계	서류	관할 기관
세금 확정	아래의 법인청산을 위한 세금 확정 서류 일체:[7] - 기업등록증 사본 - 세금등록코드등록증 사본 - 재무제표 - 납세 내역 - 세금계산서 및 결제 내역에 관한 보고서 - 세금계산서, 결제 및 재고 내역 파기에 관한 회의록 - 세금 완납 증명 서류 - 세금 환급 및/또는 공제 신청서(해당하는 경우)	세무 당국
국가 보험 정리	- 보험 해지 요청서 - 근로계약 해지 동의서	보험 당국
청산 서류 제출	- 투자 프로젝트 철회 결정문[8] - 투자자의 청산 결의문[9] - 투자등록증 및 개정 투자등록증(해당하는 경우) - 기업등록증 및 개정 기업등록증(해당하는 경우) - 법인 인감 - 법적대리인(Legal Representative)의 여권 또는 신분증 - 세금 확정 보고서 - 자산 청산 회의록(해당하는 경우, 청산되지 않은 자산 목록 첨부)[10] - 이미 납부된 세금 및 사회보험금을 포함하는 채권자, 부채 목록[11] - 납세 의무 완료를 입증하는 세무 당국의 세금 완납 증명서 및 세금 코드 폐쇄 증명서 - 사회보험 완납을 입증하는 보험 당국에서 발행한 사회보험 완납 증명서 - 수출입 관세 의무 완수를 입증하는 관세 당국의 확인서(해당하는 경우) - 청산 결의 사실 통지[12]	기획투자국 (DPI)

3. 법인청산 시 유의사항

1) 세금 확정

세금 확정 과정에서 세무 당국은 법인의 운영 기간 작성된 모든 세금 관련 자료를 제출하도록 요청한다. 법인은 세금 확정 기간 단축을 위해 세무 당국과 긴밀히 협력해야 한다.

2) 국가 보험 정리

법인은 사회보험료, 실업보험료 및 의료보험료 등 국가 보험의 완전한 해지 및 정리 완료 시점까지 사회보험 당국과 연락을 취할 근로자를 1명 이상 남겨 두어야 한다.

3) 은행 계좌 정리

법인은 거래 은행의 내부 방침에 따라 법인의 은행 계좌에서 잔금을 인출하고, 계좌 해지를 위해 법인청산 신청 사실을 거래 은행에 통지해야 한다.

4) 채무초과시 법인 파산 절차 진행 필요

참고로, 법인청산 시 법인이 부담하는 채무가 법인 보유 자산을 초과하는 경우, 청산이 아닌 파산절차를 진행해야 한다. 실무상 청산 직전 발

---

7) 재무부 시행규칙(Circular 151/2014/TT-BTC) 제16조 제3항(b)에서는 신청서류로 (i) 법인세(CIT) 신고서; (ii) 재무제표; 및 (iii) 관련 부가 서류(기업별)만을 요구하고 있으나, 실무상 여전히 각종 서류 제출이 요구됨.
8) 투자법 제57조 제2항(a)
9) 기업법 제208조 제3항
10) 기업법 제210조 제1항(b)
11) 기업법 제210조 제1항(b)
12) 투자법 제57조 제2항(a)

견된 조세 채무 등으로 인해 일시적으로 채무초과 상태에 있게 되는 경우, 신속한 청산 절차 진행을 도모하기 위하여, 투자자 측에서 채무초과분에 해당하는 금원을 조달하여 채무를 모두 변제한 후 청산절차를 진행하는 경우도 많다. 법인 파산 및 회생 제도는 다음 제2부에서 상술한다.

4. 관련 법률(규정) 및 서식

1) 관련 법률

ⅰ) 현행 기업법 및 신 기업법
ⅱ) 현행 투자법 및 신 투자법
ⅲ) 시행규칙(151/2014/TT-BTC)로 일부 개정된 세금관리법(Law on Tax Management)에 관한 시행규칙(156/2013/TT-BTC)
ⅳ) 세법을 일부 개정하는 법률(71/2014/QH13) 및 시행령(12/2015/ND-CP)에 관한 시행규칙(92/2015/TT-BTC)

2) 서식[부록 참조]

ⅰ) 투자 프로젝트 운영 철회 통지
ⅱ) 투자자의 투자 프로젝트 철회 결정문
ⅲ) 청산 결의 통지
ⅳ) 투자자의 청산 결의문

제2절

법인 파산 및 회생 제도

한국의 채무자회생 및 파산에 관한 법률("채무자회생법")에 따른 파산 절차와 기업회생절차가 신청 단계에서부터 별개의 절차로 진행되는 것과 달리, 베트남 파산법에는 별도의 회생절차개시신청을 통한 회생절차가 존재하지 않고, 채권자 등 이해관계자의의 파산신청에 따라 파산절차가 개시된 후에 일정한 요건에 따라 사후적으로 기업회생절차 진행 여부가 결정된다. 즉, 신청자가 파산/회생 절차를 선택하여 신청할 수 없으며, 파산절차가 개시된 이후 법원의 회생계획안 승인을 통하여 회생절차가 개시될 수 있다.

1. 법인 파산 절차

1) 법인 파산

베트남 파산법(Law on Bankruptcy) 제4조에 의하면, (i) 지급불능(insolvent) 채무자란 3개월 이상 지급불능 상태인 채무자를 의미하며, (ii) 파산(bankrupt) 채무자는 위 (i) 지급불능 채무자가 베트남 법원에서 파산선고를 받은 경우를 의미한다. 파산 신청은 파산 대상 법인은 물론 해당법인이 3개월 이상 채무를 연체한 경우에는 채권자도 신청 가능하다.

(1) 파산 신청

파산 절차를 신청하는 경우 접수 법원은 3영업일 이내에 담당 판사를 선정하고, 신청 수수료, 파산 비용을 통지한다. 신청자가 해당 수수료 및 비용을 선납하면, 담당 판사가 파산절차 개시 또는 기각 여부를 30일 내에 결정한다. 신청권자 또는 신청의무자는 법인의 대표자 및 주주, 근로자/노동조합, 무담보부 채권자 또는 부분담보부 채권자가 된다.[13]

(2) 자산관리인 지정, 채권자 목록 작성

법원은 자산관리인(개인 또는 회사, 우리나라 파산법상 파산관재인 유사)을 선임하여 채권자 목록을 작성하도록 하고 재산목록 및 채권자 목록 작성이 완료된 날로부터 20일 내에 채권자 집회를 소집한다. 채권자 집회는 총 채권액의 51%이상을 차지하는 채권자 및 자산관리인의 출석으로 유효하게 개최되고, 해당 요건 충족이 어려울 시 법원은 30일 이내의 기간 동안 집회를 연기할 수 있다.

(3) 회생 또는 파산 선고

채권자 집회에서 회생계획안이 채택되면, 판사는 해당 결의를 채택하고 회생절차를 개시한다. 파산 결의안이 채택되면, 판사는 15일 내 파산 선고를 내린다.

(4) 채무자 자산의 분배

집행기관이 선정한 집행관이 채무자의 자산을 집행기관의 계좌로 모두 이전하고, 자산관리인은 채무자 회사의 잔여 자산을 경매 또는 판매로 처분하여, 환가한 후, 처분 보고서를 작성하여 위 집행관에게 전달한다. 집행관은 위 처분 보고서를 수령한 이후, 채무자 회사의 잔여 재산을 각 채권자에게 분배한다.

---

13) 파산법 제 5 조

(5) 변제 순위

집행기관 담보채권자는 전체 채권자 중 최우선 순위로 변제를 받고 그 이후 아래와 같은 순서로 변제가 진행된다.[14] 다만, 피담보채권액이 담보물 가액을 상회하여 변제받지 못한 채권 부분에 대해서는 일반 채권자와 동일한 지위에서 변제를 받게 된다.

ⅰ) 파산비용
ⅱ) 미지급 임금, 퇴직금, 임직원 사회보험 및 의료보험, 기타 고용계약, 단체 협약에 따른 비용
ⅲ) 파산절차 개시 이후 발생한 채권 중 기업영업을 위해 필요한 비용
ⅳ) 정부가 가지는 채권, 무담보 채권 및 담보부 채권 중 담보자산 가치 부족으로 인하여 변제되지 못한 부분

한국 근로기준법이 담보권자에 대한 변제에 우선하는 최우선순위 채권(최종 3개월분의 임금, 재해보상금 등)을 별도로 규정하고 있는 것과 달리, 베트남의 경우 이러한 최우선순위 채권이 존재하지 않는다.

또한 한국과 달리, 베트남 법상 담보권자에 대한 변제에 우선하는 최우선순위 채권에 대한 별도 규정이 마련되어있지는 않으며, 베트남 민법과 파산법상 하나의 목적물에 수 개의 담보권이 설정된 경우, 변제순위는 다음과 같다[15]:

- 모든 담보권이 제3자에 대한 대항력을 갖춘 경우, 변제순위는 제3자에 대한 대항력을 취득한 순서(즉, 담보권 등록 또는 점유 이전 시)에 따름;
- 일부 담보권만이 제3자에 대한 대항력을 갖춘 경우, 대항력을 갖춘 담보권이 그렇지 않은 담보권보다 우선 변제 받음;
- 모든 담보권이 제3자에 대한 대항력을 갖추지 못한 경우, 변제순위는 담보권의 효력발생(즉, 담보권설정계약 체결 시) 순서에 따름.

---

14) 파산법 제 53 조, 제 54 조
15) 베트남 민법 제 307 조, 제 308 조

실무적으로는, 담보물의 이전을 필요로 하는 질권은 물론이고 저당권
의 경우에도 담보 설정 시 해당 목적물의 재산권을 표방하는 증서(예를
들어 부동산의 경우 LURC) 원본을 담보권자가 보관하는 경우가 많기 때문
에, 공동(후순위) 담보권자가 발생하는 경우가 많지 않다.

2) 자산 동결

파산법 제41조에 따라, 베트남 법원에 파산절차 개시 신청서가 접수
된 날로부터 5영업일 이내에 해당 부실기업이 담보로 제공한 자산에 대
한 모든 처분이 금지된다. 다만, (i) 특정 담보부 채권의 담보물이 훼손
또는 심각히 감가될 우려가 있고, (ii) 파산절차 개시 신청서 접수 이전에
이미 해당 담보물에 대한 처분이 개시되었을 경우, 해당 담보물로 담보
부 채권의 변제가 이루어질 수 있다(다만, 위 담보물의 가치가 해당 담보부 채
권을 변제하는 데 충분하지 않을 경우, 위 담보부 채권자는 파산절차에서 다른 일
반 채권자들과 함께 부족분에 대한 배당을 받게 된다).[16]

파산법 제42조 및 제53조에 따라 법원에 파산절차 개시 신청서가 접
수된 날로부터 30일 이내에, 법원은 위 신청을 인용 또는 기각하는 결정
을 내리며, 파산절차 개시 신청이 인용된 경우, 대상 부실기업의 담보물
에 대한 처분 중지 명령이 해제되고, 일시적으로 중지되었던 담보물에
대한 처분이 재개된다.

즉, "파산절차 개시 신청이 있은 날부터 파산절차가 실제 개시된 날"
사이의 기간 동안 채무자의 자산에 대한 처분이 일시 중지되는 외에, 베
트남 파산법 및 관련 법령상 담보권자의 담보물 처분이 금지되는 경우에
대한 규정이 달리 마련되어 있지는 않음. 오히려 파산법 제91.5조는 "회
생 계획이 담보자산 사용을 예정하고 있을 경우, 반드시 해당 담보부채
권 채권자의 동의가 있어야 한다"고 규정하고 있는바, 담보부채권의 채

---

16) 파산법 제 53 조

권자는 자신의 채권을 담보하는 자산을 파산절차 개시 후 회생절차에서
가용할지 여부에 대하여 재량에 따라 결정할 수 있는 것으로 이해된다.

2. 채권자 보호 절차

파산법 제18조 및 제19조에 따라 채권자는 파산 절차에 참여할 권리가
있으며, 특히 담보부채권(secured debt)의 채권자는, 무담보채권(unsecured debt)
또는 부분담보채권(partly-secured debt)의 채권자와 달리, 직접 담보권을 행사
하거나 회생계획에 해당 담보자산을 가용하는 것에 동의할 수 있다.[17]

1) 파산 절차 개시 요청

채권자는 파산법 제18조 및 제19조에 따라 파산 절차에 참여할 권리
가 있으며, 채무자의 채무 만기일로부터 3개월이 경과하면 파산 절차 개
시를 요청할 수 있는 권리를 갖게 된다.

2) 채권자 명부 등재 및 채권자집회 참석

채권자는 채권자 명부에 등재되며 채권자집회에 참석하여 투표할 수
있다. 채권자집회는 (i) 무담보채권 전체의 51% 이상을 대표하는 채권자
의 출석으로 개회되고, (ii) 무담보채권 전체의 65% 이상을 대표하고 출
석 채권자의 과반수 이상의 찬성으로 가결된다.[18]

3) 회생계획안 승인

채권자는 부실기업(채무자)의 회생계획안을 승인할 권리를 갖는다. 의
사정족수 및 의결정족수는 위 2)항의 기준과 동일하다.[19]

---

17) 파산법 제 91 조 제 5 항
18) 파산법 제 79 조 제 1 항 및 제 81 조 제 2 항
19) 파산법 제 90 조 제 1 항 및 제 91 조 제 5 항

4) 파산선고가 있는 경우

한편 대상 부실기업에 대하여 법원이 파산을 선고하는 경우, 무담보 채권의 채권자는 대상 부실기업이 (i) 파산 비용, (ii) 미지급 임금, 퇴직금, 사회 보험 및 근로자에 대한 건강 보험 및 근로 계약/단체협약에 따른 기타 금전적 혜택, (ii) 예금(파산선고된 부실기업이 금융기관인 경우), (iv) 베트남 정부에 대한 기타 재정적 의무를 모두 이행한 후 남은 자산을 기준으로 배당받게 된다.

5) 이자 지급

채무자에 대한 파산 절차 개시 결정이 내려진 이후의 이자 계산은 채무자와 채권자 사이의 대출계약에 따라 계속되지만, 이자 지급은 일시적으로 중단된다. 다만, 법원에서 (i) 지급불능 기업이 정상화되어 파산 절차를 중단하거나, (ii) 회생계획의 완료, 지급불능 기업의 회생계획 불이행을 선언 또는 지급불능 기업이 회생계획을 시행한 후에도 부채를 상환할 수 없는 경우로 인해 회생 절차를 중단하는 것으로 결정하게 되면 이자 지급은 재개된다.

한편, 담보부채권의 채권자의 경우, 채권자집회의 결의가 있은 후 해당 담보자산을 회생절차에서 사용하는 것에 동의할 수 있고, (i) 회생계획이 이행되지 않거나 담보자산을 회생계획 이행에 사용할 필요가 없게 된 경우 담보대출계약상 명시된 기한과 절차에 따라 담보권을 행사할 수 있으며, (ii) 피담보채권보다 담보물의 가치가 적은 경우, 해당 차액에 대해서는 파산절차에서 일반(무담보) 채권자들과 함께 배당 받을 수 있다(반대로 피담보채권보다 담보물의 가치가 큰 경우, 해당 초과분은 대상 부실기업의 자산으로 계상된다).

제4장 청산 및 파산   **75**

3. 법인 회생

대상 부실기업은 채권자집회에서 회생에 관한 결정이 있는 경우 해당 결정이 있은 날로부터 30일 이내에 회생계획안을 작성하여 채권자등 이해당사자에게 송부하여 확인을 구할 의무가 있다. 위 회생계획안은 채권자/제3자에 대한 주식매각을 포함한 채무변제 및 유동성 확보 방법, 기술 혁신 등 사업 재개를 위한 구체적인 해결책을 담고 있어야 한다.[20]

회생계획안의 이행 기한은 채권자집회의 결의로 정하는 것이 원칙이나, 채권자집회에서 기한을 정할 수 없는 경우에는 채권자집회가 회생계획안을 승인한 날로부터 3년 이내에 계획을 이행해야 한다.[21] 이때, 채권자는 회생계획안의 이행을 감독할 수 있으며, 대상 부실기업은 채권자에게 회생계획안의 이행에 대한 반기 보고서를 송부해야 한다.[22] 회생계획안 이행을 완료한 기업은 더 이상 부실기업이 아닌 것으로 간주되나, 부실기업이 회생계획안을 이행할 수 없거나 회생 기한이 지난 후에도 여전히 부실한 경우, 관할법원은 해당 기업에 대한 파산선고를 하게 된다.

4. 법인 회생 절차에 대한 외국인 참여 여부

베트남 파산법 제77조, 제78조에 따르면, 채권자 집회에 참여할 수 있는 자는 아래와 같으며, 달리 외국인에 대한 제한이 존재하지 아니한다.

ⅰ) 채권자 목록[23]에 기재된 채권자(채권자는 서면으로 권한을 부여한 대리인으로 하여금 채권자 집회에 참석하여 채권자의 권리와 의무를 행사

---

20) 파산법 제88조
21) 파산법 제89조
22) 파산법 제93조 제2항
23) 파산법 제66조 및 제67조에 따라 채권자는 법원이 파산절차를 개신한 날로부터 30일 이내에 채권신고서를 제출할 수 있으며, 채권자 목록은 위 채권신고 마감일로부터 15일 이내에 작성됨.

하도록 할 수 있음);
ii) 근로자 대표, 근로자들로부터 권한을 위임받은 노동조합 대표;
iii) 부실기업의 채무를 변제한 보증인 (이 경우, 해당 보증인은 무담보
채권자가 됨);
iv) 파산절차 개시 신청자, 부실기업의 소유주 또는 법적대표자.[24]

따라서 외국인 역시 상기 대상자에 해당할 경우, 채권자 집회에 참석
하여 회생계획안 작성 등에 참여 할 수 있으며, 필요시 대리인을 선임할
수도 있는 것으로 이해된다.

___

24) 다른 대상자와 달리, 파산절차 개시 신청자, 부실기업의 소유주 또는 법적대표자는 채
권자 집회에 반드시 참석해야하나, 1)의 경우와 마찬가지로 대리인 참석도 가능함.

제 5 장

부동산

홍성미

●●○

1. 베트남 부동산 법제의 기본 체계

1) 베트남 사회주의 공화국(영어: The Socialist Republic of Vietnam, 이하 "베트남")은 1975년 종전과 통일 이후 10여년에 가까운 계획 경제를 추진하고 있었으나 만성적인 적자, 거대한 암시장의 형성, 빈부 격차의 확대, 높은 인플레이션 등 산업 전반에서 여러 문제에 부딪혔고, 1986년 드디어 공산당 제6차 전당대회에서 경제 개혁을 위한 도이머이(베트남어: Đổi Mới, 쇄신) 정책 추진을 의결하였다.[1] 중국의 개혁 개방 개념을 참조하여 시장 경제를 도입하기로 한 베트남은, 사회주의를 기반으로 계획경제와 시장경제의 요소를 공통으로 내포한 혼합 경제를 도입하며 농업 개혁, 공업화, 대외 교역 개방 등의 경제 개발을 위한 제도적 기반을 구축하기 시작하였다.[2]

2) 1986년 채택된 도이머이 정책은 베트남 토지 정책에 일대 변화를 가져왔다. 1988년 1월 1차 토지법을 공포하여 토지의 소유를 국가에 두면서 장기사용권을 경제조직이나 개인에게 부여하였고, 토지에 투입한 노동의 결과를 향유할 권리를 인정하기 시작하였다.[3] 한편, 토지의 사용 권한을 매매, 양도할 권리는 1차 토지법에서는 허용되지 않았고, 토지사용권은 개별적인 권리가 아닌 공익에 가까운 것이었다. 토지사용권이 양도 가능한 개인의 재산권으로 이해되기 시작한 것은 1993년 7월 제2차

---

1) Tran Thi Que; To Xuan Phuc, Centre for Gender, Environment and Sustainable Development Studies, "The Doi Moi Policy and Its Impact on the Poor" 2003, National Reports, Vietnam.

2) 외교부, '베트남, Doi Moi (개혁개방) 정책 평가 (05.09), 2006/05/10), 한국은행 조사국 아태경제팀, '베트남 경제 개혁/개방정책의 주요 내용 및 성과' (국제경제리뷰, 제 2018-20 호), 2018/09/30

3) 최종권, '베트남 토지제도의 특징과 시사점', 주택도시금융연구 제 5 권 제 1 호, 2020/ 01/03

토지법이 개정 시행되면서부터 이고, 이때부터 토지 사용에 따른 토지사
용료 및 임대료의 납부 의무가 신설되었다.[4]

　　3) 베트남에서 토지는 국가 발전의 매우 중요한 부분을 차지하는 특
별한 자원이다. 베트남이 도이머이 정책으로 상당부분 시장경제체제를
받아들였으나, 토지 제도에 관해서는 여전히 사회적 계획경제 색채가 짙
게 남아 있고, 이러한 부분은 베트남 토지제도 및 부동산에 관련된 법
제도에 그대로 반영이 되어 있으며, 따라서 우리나라와는 여러가지 면에
서 매우 다른 구조와 내용을 가지고 있다. 베트남 헌법은 베트남의 경제
질서를 '사회주의 시장경제질서'로 정의하고, 일반 국민의 소유권을 보
장하는 규정을 두고 있다. 다만, 토지 및 이와 관련된 재산권에 관련하
여, 베트남 헌법 제53조[5])에서 '베트남 내 모든 토지는 전체 인민의 소유
이며 국가가 이를 대표하여 통일적으로 관리한다'고 규정하고 있으며,
헌법상의 토지제도를 명문화한 토지법(Law on Land) 제4조[6])에서도 토지
의 소유권은 전체 인민에 속하며, 토지의 소유권과 사용권이 분리되어 있
음을 명시하고 있다.

　　4) 토지법 이외에도 베트남 부동산에 관련한 기본적인 법령으로는 국
회가 제정하는 법률(Law)인 주택법(Law on Housing), 부동산사업법(Law on
Real Estate Business), 건설법(Law on Construction) 등이 있고, 이를 시행하기
위하여 정부가 제정하는 각종 시행령(Decree)이 있으며, 또 이를 구체화

---

4) 최종권, '베트남 토지제도의 특징과 시사점', 주택도시금융연구 제 5 권 제 1 호, 2020/
　 01/03

5) Article 53. The land, water resources, mineral resources, wealth lying under-
　 ground or coming from the sea and the air, other natural resources, and
　 property invested and managed by the State are public properties, coming under
　 ownership by the entire people represented and uniformly managed by the
　 State.

6) **Article 4 (Land Ownership)** Land belongs to the entire people with the State
　 acting as the owner's representative and uniformly managing land. The State
　 shall hand over land use rights to land users in accordance with this Law.

하기 위하여 각 부처(Ministry)가 제정하는 시행규칙(Circular) 등으로 이루어져 있다. 또한 기업법(Law on Enterprises)과 투자법(Law on Investment) 등에서도 부동산 사업과 투자 등에 관한 의미 있는 내용을 다루고 있으며, 부동산 및 기타 유체동산에 대한 담보권의 등록 및 실행에 관하여는 정부 시행령등에서 다루고 있다. 그 밖에도 국회의 결의(Resolution), 총리, 장관 및 각 인민위원회의 결정(Decision)이 수시로 공포되고, 각 행정기관의 유권해석(Official Letter)등 관련 규범이 산재해 있을 뿐 아니라 제, 개정이 빈번하고 이에 따라 각 규범이 상충되는 경우도 드물지 않다는 점은 유의할 필요가 있다.

5) 1987년에 제정된 제1차 토지법에 이어 수차례 개정을 거쳐 2014년 7월 1일자로 발효되어 현재까지 유효한 제4차 토지법7)은 토지사용권의 개념을 보다 명확히 하고자 재정리하였고, 국가가 토지사용자의 토지를 수용하는 절차 및 보상에 대한 새로운 규정을 마련하였으며, 또한 공정한 토지 가격에 대해서 정부에 대해 매년 5년마다 토지의 종별에 따른 평가액을 조사하도록 의무화함으로 투자환경을 개선하고 투자를 촉진하고자 하였다. 2015년 7월 발효된 개정 주택법에서는 외국인의 주택 소유 및 임대를 허용하고, 같은 시기에 발효된 개정 부동산 사업법에서는 외국인 투자자로 하여금 완공된 건물의 임차 후 전대 방식으로 부동산 임대업을 영위할 수 있도록 허용함으로 외국인의 베트남 부동산 시장에 대한 투자를 활발하게 하고자 하였다. 다만, 아직까지 베트남 부동산 시장에서 외국인의 투자 및 개발에 대한 제한은 여전히 존재하므로 베트남 부동산 시장에 관심있는 외국인 투자자는 이와 관련된 내용을 숙지할 필요가 있고, 이에 대해서는 아래에서 좀 더 자세히 다루도록 하겠다.

---

7) 2021년 9월 9일자 Decision No. 1732/QD-BTNMT 에 따라 자연환경부는 2021년 10월 제5차 토지법 개정안에 대해 국민 의견을 수렴하는 절차를 진행하고 2022년 상반기 국회에 상정하는 계획을 수립함.

2. 토지법 및 토지에 관한 권리

1) 토지의 사적 소유 불가

(1) 베트남에는 토지에 대한 사적 소유권 개념이 존재하지 아니하고, 사인(私人)이 보유할 수 있는 토지에 대한 권리는 '토지사용권(Land Use Right)'에 한정된다. 베트남 헌법에서 토지는 전체 인민의 소유이며 국가가 이를 대표하여 통일적으로 관리한다고 규정되어 있으며, 외국인은 물론이고 베트남 내국인이나 기업도 원칙적으로 토지를 소유할 수는 없다. 이러한 헌법상의 토지 제도는 베트남 토지법에도 명시되어 있다.

토지법 제4조 (토지의 소유)
토지는 전체 인민에게 속한다. 국가는 토지소유주를 대표하고 통일적으로 관리한다. 국가는 토지법에 따라 토지사용자에게 토지사용권을 부여한다.

(2) 토지사용권자는 토지법에 따라 국가로부터 토지를 할당 받거나 임대한다. 또한 토지법에서는 타인으로부터 토지사용권을 취득할 수 있다고 명시함으로 국가로부터 토지를 할당받거나 임대한 자의 토지사용권 양도를 허용하고 있다.

(3) 베트남 토지법에 따라 국가로부터 토지를 할당받거나 임대하거나 혹은 (국가로부터 토지를 할당받거나 임대한) 타인으로부터 토지사용권을 취득할 수 있는 대상을 아래와 같이 열거하고 있다(토지법 제5조).

(a) 국가기관, 인민군부대, 정치단체, 사회정치단체, 영리단체, 사회정치 전문 조직, 사회단체, 공공 비영리단체를 포함하는 국내 단체 및 기타 민법에서 정하는 단체

(b) 국내 가구 또는 개인

(c) 같은 마을 또는 같은 거주 지역에서 활동하는 베트남인 공동체 또는 동일한 관습이나 관행, 혈연관계에 있는 공동체를 대표하는

주민 공동체;

(d) 절, 교회, 예배당, 사원, 수도원, 종교 훈련 학교, 종교 단체의 주 사무실 및 그 밖의 기타 종교단체

(e) 외교 대표 사무소, 영사관, 기타 베트남 정부의 승인을 받은 외국 대표 기관, 유엔 산하 기구의 대표사무소, 정부간 기관/기구, 대표 사무실 등을 포함하는 외교 기능을 가진 외국 단체

(f) 국적법에서 정하는 해외거주 베트남인

(g) 투자법에 따른 100% 외국인투자기업, 합작기업, 외국인 투자자가 주식을 양수하거나 기업간 인수/합병으로 형성된 베트남 기업을 포함하는 외국인투자기업

한편, 외국인과 외국법인 등은 베트남에서 토지에 대한 사용권을 취득할 수 없기 때문에[8], 베트남내에서 토지사용권을 취득하기 위해서는 100% 외국인투자기업 혹은 합작법인을 설립하여야 한다. 외국인이 베트남기업의 지분을 취득함으로 간접적으로 토지사용권을 확보하는 경우, 외국인이 100% 지분을 가지거나 기업법상 지배주주인 경우, 외국인투자를 받은 베트남기업은 외국인투자기업에 적용되는 권리와 의무를 갖게 되는 반면, 외국인이 투자한 기업의 지배주주가 베트남 측인 경우는 베트남 영리단체에 적용되는 권리와 의무를 갖게 된다. (각각의 경우에 부여되는 권리와 의무에 관한 좀 더 자세한 내용은 아래 4항 참조.)

2) 국가의 토지 관리 책임과 권리

(1) 헌법과 토지법에서 베트남 내의 토지는 전체 인민의 소유라고 하고 있으나, 토지소유자인 전체 인민을 대표하는 자로서 국가가 가지는 권리는 토지사용계획을 수립하여, 사용목적 및 사용기간을 결정할 뿐만

---

8) 2014년 개정된 주택법에 따라 외국인이 베트남 내에 주택을 소유할 수 있는 권리가 예외적으로 인정된다.

아니라, 토지의 공시지가를 결정하고, 토지사용권자에게 토지사용권을
부여하거나 회수를 결정 하고, 토지사용권자의 권리 및 의무를 구체적으
로 정할 권리를 포함하는 등 방대하다.

(2) 토지법에서 국가가 토지소유자를 대표하는 자로서 가지는 권리에
대해 다음과 같이 열거하고 있으며(토지법 제13조), 국가의 토지 관리와
책임에 대해 상세히 규정하고 있다.

(a) 토지사용기본계획, 토지사용계획의 결정

(b) 토지사용목적의 결정

(c) 토지사용의 상항, 사용기간의 결정

(d) 토지회수의 결정

(e) 공시지가의 결정

(f) 토지사용자에게 토지사용권을 부여하는 결정

(g) 토지에 관한 예산 정책의 결정

(h) 토지사용권자의 권리 및 의무를 구체적으로 정함.

(3) 토지를 관리하기 위하여 국가는 토지의 사용 및 관리에 관한 법
령을 공포하고 그 시행을 총괄하며, 행정경계선 확정, 행정경계선 관련
문서의 관리 및 보관, 행정경계도 작성에 관한 책임과 권한이 있다. 나아
가, 토지 조사, 측량, 토지사용현황도 및 토지사용계획도 작성, 토지자원
의 탐색 및 평가, 공시지가 조사 등을 한다. 이러한 조사를 바탕으로 국
가는 10년, 5년 그리고 매년 토지사용기본계획을 수립하여 토지사용계획
의 관리를 하고, 토지할당, 토지임대, 토지사용목적 변경의 관리를 한다.
토지 회수 시의 보상과 지원, 이주민들의 재정착을 위한 관리에 대한 책
임도 있다.

(4) 토지를 관리하는 행정기관은 자연환경부(Ministry of Natural Resources
and Environment)이고, 각급 인민위원회(People's Committee)에서 토지법에
따라 정하는 권한에 따라 해당 지역의 토지를 관리하는 업무를 위임하여

수행하고 있다.

3) 토지사용권의 취득

베트남에서 토지사용권을 취득하는 방법으로는 국가로부터 직접 부
여 받는 방법과 국가로부터 토지사용권을 취득한 기 사용권자로부터 토
지사용권을 양도 및 승계받는 방법이 있다.

(1) 국가로부터 토지사용권을 취득하는 방법

국가로부터 토지사용권을 취득하는 방법으로는 임대(lease)와 할당
(allocation)이 있고, 아래에서 설명하는 바와 같이 취득 방법에 따라 법적
요건이나 절차가 다르며, 사용권의 범위에 있어서도 차이가 있다.

외국인투자법인의 경우에는 주로 국가로부터 토지를 임대하는 방법
으로 토지사용권을 취득하고, 주택을 건축하여 판매 또는 판매 및 임대
하는 투자계획을 시행하기 위한 경우에 제한적으로 국가로부터 토지를
유상으로 할당받는 것이 가능하다.

가. 토지사용권의 임대

토지사용권을 국가로부터 임대하는 경우, 국가와 토지사용계약을 체
결하여 토지사용권을 취득하게 되고, 임차인은 토지사용계약에 근거하여
국가에 토지 사용에 대한 임차료를 납부하여야 하는데, 임대차 기간 동안
매년 임차료를 납부할 수도 있고(연납 방식, annual payment) 또는 임대차 기
간 전체에 대한 임차료를 일시에 선납할 수도 있다(일시납 방식, lump sum
payment) (토지법 제56조).

국가로부터 토지를 임대할 수 있는 경우에 대해서 베트남 토지법은 베
트남 개인이나 가구가 사용할 수 있는 용도와, 외국인투자법인을 비롯한
영리단체가 사용할 수 있는 용도로 크게 구분하고 있다(토지법 제56조).[9]

---

9) 이외에도 자체재원으로 활동하는 공공비영리 단체가 비영리시설을 건축하기 위한 용
   도 및 외교 기능을 가진 외국 단체가 사무소를 설치하고자 하는 경우에 토지 임대가

A. 베트남 개인이나 가구

ⅰ) 농업, 임업, 양식업, 제염업을 위하여 토지를 사용하는 경우

ⅱ) 토지법 제129조에서 정한 토지 할당 상한을 초과하여 농경지를 사용할 필요가 있는 경우

ⅲ) 무역, 서비스업, 광산업, 건설자재 생산, 도기 생산, 기타 비농업 생산 시설 용지로 토지를 사용하려는 경우

ⅳ) 상업적 목적의 공공 건축을 위하여 토지를 사용하는 경우

B. 영리단체, 해외거주 베트남인, 외국인투자법인

ⅰ) 농업, 임업, 제염업, 수산업에 대한 투자 프로젝트 진행을 위해 토지를 사용하는 경우

ⅱ) 비농업적인 사업 및 제조업을 영위할 목적으로 토지를 사용하는 경우

ⅲ) 상업적 목적의 공공 시설 건축을 위해 토지를 사용하는 경우

ⅳ) 임대용 주택에 관한 투자 프로젝트 진행을 위해 토지를 사용하는 경우

ⅴ) 비영리시설을 건축하기 위하여 토지를 사용하는 경우

나. 토지사용권의 할당

할당이란 국가의 결정으로 토지사용권을 부여하는 것으로, 유상 할당과 무상 할당으로 구별되며, 토지법에 열거된 특정한 경우에만 할당이 가능하다.

A. 무상 할당이 가능한 경우

토지사용권을 무상으로 할당하는 경우는 아래와 같이 제한적이며 상업적 목적의 사용은 허용되지 않고, 외국투자법인의 사용권도 허용되지 않는다.

가능하고, 이때 외교 단체는 국가기관으로부터 받은 허가에 따라 토지 위에 시설물을 건축하고 소유할 권리가 있음.

토지법 제54조 (토지사용료를 부과하지 아니하는 토지 할당)

국가는 아래의 경우에 토지사용료를 부과하지 아니하면서 토지를 할당한다.

1. 농업, 임업, 양식업, 제염업에 직접 종사하는 가구, 개인에게 이 법 제 129 조에 규정된 상한 내에서 농경지를 할당하는 경우;
2. 보호용 삼림지, 특별용도 삼림지, 생산용 삼림지 중에 자연발생 삼림과 사무소 건축, 국방 과 안보 목적, 비상업적 공공 목적 또는 이 법 제 55 조 제 4 항에 포함되지 않는 공동묘지를 위하여 토지를 사용하는 경우;
3. 자체 재원으로 활동하지 않는 공공비영리 단체가 사무소 건축을 위하여 토지를 사용하는 경우;
4. 단체가 국가 프로젝트 시행으로 인한 재정착촌 건설을 위하여 토지를 사용하는 경우;
5. 주민공동체가 농경지를 사용하는 경우 및 종교단체가 이 법 제 159 조 제 1 항에서 정한 비농경지를 사용하는 경우.

B. 유상 할당이 가능한 경우

토지의 유상 할당이 가능한 경우에 대해서도 제한적으로 허용하고 있으며, 외국투자법인의 경우 판매 또는 판매와 임대 결합 방식의 주택 건설을 위한 프로젝트의 실행을 위한 경우에만 제한적으로 토지의 유상 할당이 가능하도록 하였다.

토지법 제55조 (토지사용료를 부과하는 토지 할당)

국가는 아래의 경우에 토지를 할당하면서 토지사용료를 징수한다.

1. 가구 또는 개인이 거주지를 할당받는 경우;
2. 영리단체가 판매 또는 임대와 판매 결합 방식의 주택 건설 프로젝트를 시행하기 위하여 토지를 할당받는 경우;
3. 해외거주 베트남인, 외국인투자기업이 판매 또는 임대와 판매 결합 방식의 주택 건설 프로젝트를 시행하기 위하여 토지를 할당받는 경우;
4. 영리단체가 기반시설과 토지사용권을 함께 양도할 목적으로 공동묘지, 매장지의 기반시설에 투자하는 프로젝트를 시행할 토지를 할당받는 경우.

(2) 타인으로부터 토지사용권을 양수 및 승계하는 경우

토지법에서는 명시적으로 타인으로부터 토지사용권을 취득할 수 있음을 허용하고 있다. 다만, 위에서 언급한 바와 같이, 베트남 영리단체, 가구 및 개인의 경우, 토지법상 제한되는 예외적인 경우를 제외하고 토지사용권의 양수를 통하여 토지사용권을 취득할 수 있는 것과 달리, 외국인투자기업의 경우 타인으로부터 양수를 통하여 토지사용권 자체를 취득하는 것을 명시적으로 허용하지는 않고, 토지사용권의 가치가 포함된 자본을 취득하는 것은 가능하다고 명시하고 있다(토지법 제169조).

위에서 언급한 바와 같이, 외국인이 베트남기업의 지분을 취득함으로 간접적으로 토지사용권을 확보하는 경우, 외국인이 100% 지분을 가지거나 기업법상 지배주주가 되는 경우, 외국인투자를 받은 베트남기업은, 베트남 영리단체에 적용되는 권리와 의무가 아닌, 토지법상 외국인투자기업에 적용되는 제한된 권리와 의무를 갖게 되고, 외국인이 투자한 기업의 지배주주가 베트남측인 경우에만 베트남 영리단체에 적용되는 권리와 의무를 갖게 된다(토지법 제183조 제4항).

외국인투자기업의 경우, 타인으로부터 토지사용권만을 매수하는 것은 제한되나, 토지사용권이 포함된 투자프로젝트를 타인으로부터 양수하는 방법으로 토지사용권을 취득하는 것은 가능하다. 다만 이때에는 프로젝트 양수에 관한 인허가 절차 이외에 토지사용권증서 개정 절차를 거쳐야 하고, 국가와 토지 사용에 관한 임대차계약을 새롭게 체결하게 된다.

4) 토지사용권

(1) 토지사용권자의 기본 권리

토지를 국가로부터 임대하거나 할당 받는 경우, 아래와 같은 기본적인 권리를 갖게 된다(토지법 제166조).

(c) 토지사용권증서 및 토지부착자산에 대한 소유권 증서를 발급받을

권리

(d) 토지에 대한 노동력과 자본을 투자한 결과를 향유할 권리

(e) 농경지를 보호, 개선할 목적으로 국가가 건축한 시설에서 나오는 이익을 누릴 권리

(f) 농경지의 개선과 비옥화를 위하여 국가의 지원과 보조를 받을 권리

(g) 토지에 대한 자신의 권리와 이익을 타인이 침해하는 것으로부터 국가의 보호를 받을 권리

(h) 국가가 토지법에 따라 토지를 회수하는 경우 보상받을 권리

(i) 토지사용권을 침해하거나 기타 토지법을 위반하는 행위에 관하여 행정불복, 행정고발등을 제기할 수 있는 권리

(2) 토지사용권의 유상 할당 혹은 일시납부형 임대

베트남 기업 등 영리단체, 해외거주 베트남인 또는 외국인투자기업이 토지사용료를 납부하고 토지를 할당받거나 임대료를 일시에 선납하고 국가로부터 토지를 임차하는 경우, 아래와 같은 추가적인 권리를 갖게 되므로(토지법 제174조 및 제183조), 사실상 소유권에 준하는 권리가 인정된다.

(a) 토지사용권과 토지에 부착된 자산을 양도할 수 있는 권리

(b) 토지사용료를 납부하고 국가로부터 토지를 할당 받은 경우에는 토지사용권과 자신이 소유하는 토지부착자산을 임대할 수 있는 권리, 전체 임대료를 일시불로 선급하고 국가로부터 임차한 경우에는 토지사용권과 자신이 소유하는 토지부착자산을 전대할 수 있는 권리

(c) (베트남 영리단체가 토지를 유상 할당받거나 일시납부형식으로 임대하는 경우 및 해외거주 베트남인이 유상 할당받는 경우) 법률에 따라 토지사용권을 공동체 공동의 이익을 위한 시설을 건축하는 목적으로 국가와 주민 공동체에 증여하고 토지에 부착된 보호시설을 증여할 수 있는 권리[10]

(d) 베트남에서 허가 받아 운영하는 신용 기관에 토지사용권과 자신
    이 소유하는 토지부착자산을 담보로 제공할 수 있는 권리
(e) 토지사용권과 자신이 소유하는 토지부착자산을 제조 및 영업에
    협력하기 위하여 출자할 수 있는 권리

(3) 토지사용료의 연납형 임대

베트남 기업 등 영리단체, 해외거주 베트남인 또는 외국인투자기업이
매년 임대료를 지급하고 국가로부터 토지를 임차하는 경우 다음과 같은
권리를 갖는다(토지법 제175조 및 제183조 제2항).
(a) 임차지부착자산을 부동산사업법상의 요건을 충족하여 임대할 수
    있는 권리
(b) 임차지부착자산을 베트남에서 사업허가를 받은 신용 기관에 담보
    로 제공할 수 있는 권리
(c) 임차지부착자산을 출자할 수 있는 권리(출자 받은 자는 남아 있는 임
    대기간 동안 이미 정하여진 사용목적에 따라 국가로부터 계속 토지를 임차
    할 수 있다.)
(d) 토지법 제189조에서 정한 요건을 충족하여 임차지부착자산을 매
    도할 수 있는 권리(매수인은 이미 결정되어 있는 토지사용목적에 따라
    국가로부터 계속 토지를 임차할 수 있다)
(e) 산업단지, 복합산업단지, 수출가공지구, 첨단기술산업지대 내지
    경제특구에서 기반시설을 건설 하고 상업적으로 운영하기로 투자
    허가를 받은 자의 경우, 매년 임대료를 지불하는 형식으로 이미
    완공된 기반시설을 토지사용권과 함께 전대할 수 있는 권리
(f) (외국투자기업의 경우) 주택 건축 또는 거래 사업에 관한 투자 허가

---

10) 베트남 영리단체가 토지를 유상 할당 받거나 일시납부형식으로 임대하는 경우 및 해
    외거주 베트남인이 유상 할당 받는 경우에만 적용되고, 해외거주베트남인이 임대하는
    경우 혹은 외국인투자기업이 할당 받아 임대하는 경우에는 해당되지 않음.

를 받은 경우, 주택을 임차할 수 있는 권리

(4) 토지사용권의 무상 할당

국가로부터 토지사용료 부과 없이 토지를 할당받은 단체는 토지사용권을 교환, 양도, 증여, 임대, 담보제공, 출자할 수 없으며, 국가가 토지 회수 시 국가로부터 보상받지 아니한다(토지법 제173조 제2항).

(5) 산업단지, 복합산업단지, 수출가공지대, 첨단기술산업지대 또는 경제특구

(a) 국가는, 산업단지, 복합산업단지 및 수출가공지대의 기반시설을 건설하고 상업적으로 운영하는데 투자하는 영리단체, 해외거주 베트남인 또는 외국인투자기업에게 토지를 임대하고, 이때 각 임대인은 아래와 같은 권리를 확보하게 된다.

- 매년 임대료를 지급하고 토시사용권을 임대하는 경우, 임차인은 해당 토지를 매년 전대료를 지급받고 전대할 수 있고,
- 전체 임대료를 일시불로 선급하는 경우, 임차인은 전체 전대료를 일시불로 선급받거나 매년 전대료를 지급받는 방식으로 해당 토지를 전대할 수 있다.

(b) 산업단지, 복합산업단지 또는 수출가공지대 및 경제특구에서 토지사용권을 임대하는 경우, 통상적으로 이용하는 기반시설을 건설하는데 사용하는 토지에 관하여 임대료지급을 면제받는 방법이 가능하다. 무엇보다 산업단지, 복합산업단지, 수출가공지대, 첨단기술산업지대 내지 경제특구에 입주하는 기업에 대해서는 베트남 기업법 및 세법에서 제공하는 다양한 투자 인센티브가 적용되고 있다.

(c) 산업단지, 복합산업단지 또는 수출가공지대 내에서 제조업 및 상업에 투자하는 영리단체, 가구, 개인, 해외거주 베트남인 및 외국인투자기업은, 기반시설의 건설 및 상업적 운영에 투자한 다른 영

리단체, 해외거주 베트남인 또는 외국인투자기업으로부터 기반
시설과 함께 토지를 전차할 수 있으며, 아래와 같은 권리와 의무
를 가진다.

- 전대 기간 전체에 대한 임대료를 일시불로 선급한 경우, 위 4.
  나.항에서 설명한 바와 같은 사실상 소유권에 준하는 권리
- 매년 임대료를 지급하는 경우, 위 4.다.항에서 설명한 권리

(d) 영리단체, 가구, 개인 또는 해외거주 베트남인이 산업단지, 복합
산업단지 또는 수출가공지대에서 제조업 및 영업에 투자하여 국
가로부터 토지를 할당 받거나, 토지법 시행일 이전에 산업단지,
복합산업단지, 수출가공지대의 기반시설을 건설하고 상업적으로
운영하는데 투자하였던 다른 영리단체 또는 해외거주 베트남인으
로부터 기반시설과 함께 토지사용권을 인수한 경우에는, 기존 임
대차관계를 변경할 필요 없이 남아 있는 프로젝트 기간 동안 그
토지를 계속 사용할 수 있다. 한편, 외국인투자법인의 경우, 국가
와 새로 임대차 계약을 체결하는 절차를 거쳐야 한다.

5) 토지 재정 및 토지 가격

(1) 토지에서 발생하는 재정수입 및 토지사용료등의 산정

국가는 토지사용권을 부여하고 재정을 마련하게 되는데, 토지로 인한
재정수입에는 토지사용료(할당의 경우), 토지임대료(임대의 경우) 및 토지사
용세와 토지사용권 이전에 대한 소득세 등이 포함된다.

(2) 토지사용료 및 토지임대료의 산정

(a) 토지를 할당하는 경우 징수하는 토지사용료는 할당된 토지의 면
적과 토지사용 목적을 기초로 산정된다.

(b) 토지를 임대하는 경우 징수하는 토지임대료는 임대 토지의 면적,
토지임대기간, 토지임대 단가(토지임차권 경매의 경우에 토지 임대료는

경매 낙찰 단가), 및 임대료를 매년 납부하는지 혹은 전체 임대기간
의 임대료를 선납하는 형식의 토지임대인지를 기초로 산정된다.

(3) 토지 평가 및 토지기준가격

(a) 위 5.나.에서 언급한 요소들을 기초로 토지 평가를 하되, 토지의
평가는 동일한 토지사용 목적으로 이전된 토지의 통상 시장가격,
혹은 토지사용권 경매가 진행되는 경우의 경매 낙찰가 또는 토지
사용으로 얻는 수익에 합당해야 하고, 토지사용 목적, 수익성, 토
지사용으로 인해 발생한 소득이 같은 인근 토지구획들은 각 같은
가격으로 평가되어야 한다.

(b) 토지사용료 및 임대료 산정의 근거가 되는 토지기준가격은 다음
과 같이 3가지로 나뉜다.

① **Price Bracket**(khung giá đất): 베트남 정부가 승인하여 매 5년마다 공시
하는 토지 가격을 의미한다. 토지사용목적, 경제지역, 도시지역 여부
등에 따라 토지를 수개의 등급으로 분류하여 정해진 Price Bracket은
성(province)급 자연환경국(DONRE)과 인민위원회가 아래 (2)항에서 설
명하는 표준공시지가(Frame Price)를 산정하는 기준 가격이 된다.

② **Frame Price**(bảng giá đất): 자연환경국에서 결정하고 성급 인민위원회가
승인하여 매 5년마다 공시하는 토지 가격을 의미한다.[11] Frame Price는
Price Bracket을 근거로 토지사용목적 및 지역 특성에 따라 정해지며,
(정부의 할당 기준에 의하여 토지가 개인에게 할당된 경우의) 토지 사용
료, 토지세, 토지 관리비, 토지 관련 과태료, 토지 보상금, 토지사용권
가치 산정 등에 사용된다.

③ **Specific Price**(giá đất cụ thể): 특정 토지 구획에 대한 가격으로, 주변
토지와의 비교, 토지로 인한 매출과 이익을 비롯하여 다양한 변수를
고려하여 계산된다. Specific Price는 특히 (정부의 할당 기준을 초과하
여 개인에게 할당된 경우의) 토지 사용료, 정부가 토지사용권에 대하

---

11) Decree 44/2014/ND-CP 제 5 조

여 (경매가 아닌 방법으로) 토지를 임대한 경우의 임대료 계산 및 토
지를 할당받은 국영기업이 민영화된 이후 해당 토지에 대한 가치 산
정에 있어서 사용되며, 실제 부동산 프로젝트에 직접적으로 적용된다.

6) 토지사용권의 경매

(1) 경매를 통한 토지의 할당 및 임대

토지법상 토지사용료를 부과하지 않고 토지를 할당하거나 토지사용
료 및 임대료가 면제되는 경우 등 예외적인 경우를 제외하고, 국가는 원
칙적으로 아래의 경우 경매를 통하여 토지를 할당하거나 임대하고, 토지
사용권의 경매는 공개성, 연속성, 공정성, 진실성, 평등성의 원칙 및 관
련 당사자의 적법한 권리와 이익을 보호하는 원칙에 따라 진행되어야 한
다(토지법 제117조 및 제118조).

(a) 분양, 임대, lease-purchase의 목적으로 주택을 건설하기 위하여
    투자하는 경우;
(b) 기반시설을 건설하여 양도 혹은 임대할 목적으로 투자하는 경우;
(c) 기반시설 건설에 필요한 자본을 조성하기 위하여 토지 재단을 사
    용하는 경우;
(d) 무역, 서비스 및 비농업 분야 생산시설에 토지를 사용하는 경우;
(e) 농업, 임업, 수산업 또는 제염업을 위한 공공 목적으로 농경지 재
    단의 일부를 이루는 토지를 임대하는 경우;
(f) 국가가 국유 토지부착자산에 속하는 사무소, 비영업시설, 생산 혹
    은 영업시설을 재배치하는 과정에서 회수한 토지를 할당하거나
    임대하는 경우;
(g) 가구 또는 개인에게 도시 또는 농촌의 거주 용지를 할당하는 경우;
(h) 토지를 할당 혹은 임대할 때 토지사용료 혹은 임대료를 감경할
    수 있는 경우

(2) 경매가격

경매절차에서 토지사용권에 대한 경매가는 다음과 같이 산정된다.

(a) 토지사용료를 연납(annual payment)하는 경우

　① 성급 인민위원회가 공시하는 Frame Price를 기준으로 함

　② 경매 시작가 = (Frame Price) x (지가 조정 계수*; land price adjustment coefficient) x (성급 인민위원회가 정한 토지 임대료 단가 결정 비율; percentage rate to determine the unite price of land rent prescribed by provincial People's Committee)[12]

이와 관련 관할 재무국(Department of Finance)은 해당 구역의 토지사용 목적 및 지역 사회, 경제, 시장에 적합한 지가 조정 계수를 산정하고, 매년 관할 인민위원회에 제출한다.[13]

(b) 토지사용료를 일시납(lump-sum payment)하는 경우에는 Specific Price 가 경매 시작가로 설정된다.[14]

(3) 경매절차에서의 가치평가

(c) 위 계산 기준을 바탕으로, 실제 경매 시작가 산정에 있어서는 흔히 전문 가치평가기관이 개입되는 것으로 보이나, 가치평가기관의 토지에 대한 가치평가가 법상 강제되지는 아니하며, 최종적인 경매 시작가 결정권은 재무국 및 DONRE에 있다.[15] 전문 가치평가기관의 토지가격 평가를 포함한 대상 토지사용권의 경매 시작가 결정을 위한 사전 절차가 완료된 후, DONRE는 관할 인민위원회에 해당 경매 시작가에 대한 승인을 구하고, 인민위원회의 승인이 있은 이후 실제 해당 시작가를 기준으로 경매가 개시된다.[16](인민위원회가 시작가 비공개 결정을 하는 등 특별한 사

---

12) Circular 77/2014/TT-BTC 제 3.3 조 a 항
13) Circular 77/2014/TT-BTC 제 3.1 조 d 항
14) Decree 45/2014/ND-CP 제 3.3 조 b, c 항 및 제 15.2 조
15) 토지법 제 15 조 a 항
16) Joint Circular 14/2015/TTLT-BTNMT-BTP 제 9.1 조

정이 없는 한, 일반적으로 토지 경매 시작가는 경매 전 공개되며, 비공개 결정이 있
더라도 실제 경매가 개시된 이후에는 가격이 공개된다.[17])

  (d) Price Bracket, Frame Price 및 Specific Price 모두 토지 용도를 반
영하여 산정되므로, 토지 용도는 토지사용권 가격에 차이가 발생하는 데
직접적인 영향을 미친다. 예를 들어, 동일한 지역 내에서도 주거 지역의
Price Bracket 및 Frame Price가 농지나 기타 용도의 토지보다 높은 경향
이 있으며, 특히 Specific Price는 토지로 인한 매출과 이익을 반영하여
산정되므로, 토지 용도와 밀접한 관련이 있다.

7) 토지사용권의 존속기간

  (1) 예외적인 경우를 제외하고 토지사용권자는 토지사용권증서(Certi-
ficate of land use rights and ownership of houses and other land-attached assets,
LURC)를 취득한 시점부터 토지사용권을 행사할 수 있고, 일반적인 토지
사용권의 존속기간은 50년이며, 일부 예외적인 경우 70까지 인정됨. 다
만, 보호림 지역, 베트남 개인 또는 가구의 농경지, 거주지, 공공시설용
지, 안보 목적의 토지 등 일부 토지는 사용기간의 정함이 없이 안정적인
장기 사용(long and stable term)이 가능하다.

  (2) 위 존속기간이 만료되면 기존 토지사용권자는 갱신 절차를 통하
여 국가로부터 토지사용권을 다시 부여받아야 한다.

8) 토지사용권의 회수

  (1) 토지법에서는 국가가 토지사용권을 회수할 수 있는 경우 및 관련
절차를 규정하고 있는데, 국가가 토지를 회수하는 경우는 아래와 같다(토
지법 제16조):

  (a) 국방, 안보 목적

---

17) Decision 216/2005/QD-TTg 제 11.3 조 b 항

(b) 국가 이익, 공익 차원의 사회경제 발전 목적

(c) 토지법을 위반하는 경우

(d) 법에 따른 토지사용기간이 만료되거나, 자발적으로 토지를 국가
　　에 반납하거나, 인명을 위협하는 위험이 있는 경우

(2) 군 기지 건설, 국가 방어시설 건설 및 기타 국방 안보 등과 관련
한 목적 이외에, 국가 이익 및 공익 차원의 사회경제 발전을 목적으로
토지사용권을 회수하는 경우에 대해서도 폭넓게 허용되고 있으며, 원칙
적으로 국회가 승인하는 국가 중요 프로젝트와, 총리가 승인 및 결정하
는 프로젝트 시행 목적 및 성급 인민위원회가 승인하는 프로젝트의 시행
목적으로 토지 회수가 가능하다(토지법 제61조 및 제62조). 또한, 이때에는
토지법에 따른 보상, 지원 및 재정착 지원을 받는다.

(a) 총리가 승인, 결정하는 프로젝트로는 (a) 산업단지, 수출가공지대,
첨단기술산업지대, 경제특구, 신도심 건설프로젝트 및 공적개발원
조로 재원을 조달한 개발 프로젝트, (b) 국가기관, 중앙정치 및
사회정치 조직의 사무소, 외교기능을 가진 외국단체의 사무소, 등
록된 역사, 문화 유적지와 명승지, 공원, 광장, 기념탑, 동상, 공공
비영리 시설을 건축하는 프로젝트 및 (c) 교통, 수로, 급수, 하수
처리, 전기, 통신 시설을 포함한 국가 단위의 사회기반시설의 건
축을 위한 프로젝트, 기름 및 송유관, 석유저장고, 국가 단위 보관
시설, 폐기물 관리·처리 시설 건설 프로젝트 등 사회기반시설 및
외교, 문화재 시설을 건축하는 프로젝트가 주로 포함된다(토지법
제62조).

(b) 성(province)급 인민위원회가 승인하는 아래 프로젝트의 시행을 위
하여 토지 회수가 반드시 필요한 경우에도 국가는 토지를 회수한
다(토지법 제62조).

① 정치 단체, 사회정치 단체와 국가 기관 사무실의 건축 프로젝트, 등록

된 역사, 문화 유산과 명승지, 공원, 광장, 기념탑, 동상, 지역의 공공
비영리 시설 프로젝트

② 교통, 수로, 급수, 하수처리, 전력, 통신, 도시 조명을 포함한 지방의 기
술적 기반시설과 폐기물수집과 처리를 위한 시설의 건축에 대한 프로
젝트

③ 주민공동체의 생활 서비스 시설 건설 프로젝트, 재정착, 학생기숙사,
사회보장 주택, 공무주택의 건설 프로젝트, 종교 단체의 시설 건설 프
로젝트, 공중 문화, 체육, 놀이종합시설 건설의 프로젝트, 장, 묘지, 공
동 매장지, 장례식장, 화장터 건설의 프로젝트

④ 신도심 개발, 농촌 거주지 건설 프로젝트, 도시, 농촌 거주지 개발 프
로젝트, 산업단지, 농업, 임업, 양식 및 해산물의 생산, 처리를 위한 집
중 구역, 보호용 삼림지, 특별 용도 삼림지의 개발 프로젝트

⑤ 권한 있는 기관의 면허를 받은 광산 프로젝트

(3) 국가로부터 기간의 정함이 있는 토지 할당 또는 임대를 받고 해당
기간이 종료하였으나 연장이 허락되지 않은 경우, 국가는 토지를 회수하
고, 이때에는 토지 회수에 대한 보상이 이루어지지 않는다(토지법 제82조
제3항 및 제65조 제1항 d호). 다만, 아래에서 설명하는 바와 같이, 베트남 정
부는 토지사용기간 갱신에 대하여 상당히 넓은 재량권을 가지고 있다.

9) 토지사용기간 만료 후 사용권 연장 가능성 및 리스크

(1) 베트남 정부는 토지사용기간 갱신에 대하여 상당히 넓은 재량권
을 가지고 있으며, 토지사용기간 연장/갱신을 위한 주요 요건은 아래와
같다.

(a) 토지사용권자가 (토지를 임대/할당 받을 당시의) 토지사용목적 및 기
타 토지법상 요건을 준수하여 토지를 사용하고 있으며, 투자 프로
젝트 부지로 사용되는 토지의 경우, 토지사용권자가 다음의 개정
투자법상 요건을 충족하여야 한다(투자법 제44조):

① 연장된 토지사용기간은 투자 프로젝트의 최대 기간[18]을 초과하지. 아
　니할 것,

② 다만, 구식 기술로 환경 오염을 유발할 가능성이 있거나 자원 집약적
　인 프로젝트 및/또는 투자자가 정부에 보상없이 자산을 이전해야 하
　는 투자 프로젝트의 경우 기간 연장이 불가하다.

③ 분쟁의 대상이 된 토지는 국가가 결정한 목적 외로 사용하지 아니할 것.

④ 토지사용기간 만료일 6개월 전에 토지사용권자는 기간 연장 신청서류
　를 제출할 것.

(b) 토지의 종류 등에 따라 개별 토지사용권자가 제출해야 하는 서류
　에 차이가 발생할 수 있으나, 투자 프로젝트 부지로 사용된 토지
　의 경우, 일반적으로 하기 서류를 제출해야 한다:

① 토지 및 지상건물 변경 등록 신청서(written form of registration for
　changes in land and property on land in the form);

② 토지사용권증서 원본(original copy of the LURC);

③ 투자등록증 사본 또는 관할 기관이 발행한 토지사용기간 연장 사전
　승인서(copy of the IRC or in-principle approval for extension of land
　use period issued by the competent authority);

④ 재정적 의무 이행에 대한 증빙서류(evidence for completion of financial
　obligation)

(c) 또한, 토지사용기간 연장이 투자 프로젝트 변경 등록을 수반하는
　경우에는 프로젝트 변경 등록과 동시에 DONRE의 토지 사용 수
　요 평가(appraisal of the land use demand) 절차를 진행하여야 한다.

(d) 상기 요건을 모두 구비할 경우, 이론적으로는 토지사용기간 연장
　이 가능할 것이나, 앞서 언급한 바와 같이, 베트남 정부는 토지
　사용권 및 기간 갱신 이슈와 관련하여 광범위한 재량을 가지고
　있는바, 관련 리스크를 일률적으로 판단하기는 어려울 것으로 보

---

18) 경제 구역 내 투자 프로젝트 기간은 70년을 초과할 수 없고, 그 외의 투자 프로젝트
　　기간은 50년을 초과할 수 없으며, 열악한 지역의 프로젝트 또는 자본 회수율이 느린
　　대규모 프로젝트의 기간은 70년을 초과할 수 없음.

홍성미

인다. 결국 개별 토지의 성질, 위치, 경제적 활용도, 정부의 토지 관련 정책 동향 등 다양한 변수를 고려하여 각 사안에 대한 개별적, 구체적 검토가 필요할 것으로 보이며, 만약 토지사용기간이 갱신되지 못하는 경우, 토지법 제65.1조 d항에 따라 토지사용권이 철회될 수도 있다.

(2) 나아가, 토지를 사용하는 투자 프로젝트의 기간이 연장되지 아니하여 토지사용기간이 갱신되지 못한 경우, 토지법 및 토지법 시행령 (01/2017/ND-CP) 제15조 b항에 따라 아래와 같은 절차에 따르게 된다.

(a) 정부로부터 할당받은 토지 또는 토지사용료를 일시납한 토지

① 투자자는 투자 프로젝트 종료일로부터 24개월까지 해당 부지를 계속 사용할 수 있다.

② 투자자는 투자 프로젝트 종료일로부터 24개월 이내에, 관련 법률 규정에 따라 제3의 투자자에게 토지사용권을 양도하고 지상 건물을 매각할 수 있다.

③ 투자자가 위 기간 동안 제3의 투자자에게 토지사용권 양도 및 지상 건물 매각을 하지 못한 경우, 정부는 해당 토지사용권 철회 절차를 진행한다.

(b) 토지사용료를 연납한 토지의 경우

① 투자자는 투자 프로젝트 종료일로부터 24개월까지 해당 부지를 계속 사용할 수 있다.

② 투자자는 투자 프로젝트 종료일로부터 24개월 이내에, 관련 법률 규정에 따라 제3의 투자자에게 지상 건물을 매각할 수 있다(정부는 해당 투자자 또는 해당 지상 건물 매도인의 토지사용권을 철회하고, 제3의 투자자 또는 지상 건물 매수인에게 동일한 토지를 임대한다).

③ 투자자가 위 기간 동안 제3의 투자자에게 지상 건물을 매각하지 못한 경우, 정부는 해당 토지사용권 철회 절차를 진행한다.

3. 건물에 대한 권리

지상 건물은 토지와 달리 사인의 소유권이 인정되나, 원칙적으로 토지사용권과 건물소유권은 동일인에게 귀속되고 함께 거래 되어야 하며, 건물 소유자의 토지 사용 기간이 만료된 경우, 토지사용권을 갱신해야 하고, 갱신이 불가능할 경우에는 신규 토지사용권 취득자에게 건물을 처분해야 할 것으로 보인다.

4. 등기제도

1) 한국의 토지, 건물 등기부에 대응하는 개념으로, 베트남에는 "토지사용권 및 토지 부속물 소유권 증서(베트남어: Giấy Chứng Nhận Quyền Sử Dụng Đất Quyền Sở Hữu Nhà Ở Và Tài Sản Khác Gắn Liền Với Đất)"가 존재하고 실무상 LURC(Land Use Right Certificate)라고 지칭한다. 토지사용권, 건물 소유권 등 부동산 관련 권리의 취득은 위 LURC상 명의 이전이 완료된 시점을 기준으로 한다. 위 LURC는 한국의 공동주택 등기부처럼 현행 법률상 하나의 문서에 토지와 그 지상 건물의 정보가 같이 기재되고, 해당 부동산 권리에 대한 담보 설정 내용도 함께 기재된다.

2) 베트남 법상 제3자의 LURC 열람을 제한하는 별도 규정은 없으나, LURC의 원본은 1부만 존재하며 실무상 그 LURC 원본은 토지사용권자 또는 담보권자(주로 베트남에서 허가 받아 운영하는 은행)가 보관하고 있는바, 실제 원본열람을 하기 위해서는 위 LURC 보관자에게 개별적으로 열람 요청을 해야 한다. 한편 채권의 매수인은 매도인에게 해당 채권에 관한 정보를 요청할 권한이 있으므로 특히 부동산 담보부 채권을 매수하려는 자의 LURC 열람 요청은 비교적 쉽게 받아들여질 것으로 보이나, 이해관계가 없는 제3자가 단순히 대상 LURC의 현황 파악을 위하여 열람을 요청하는 경우, 실무적으로는 LURC 보관자와 보다 충분한 사전

협의가 필요하다

5. 베트남 담보권 제도

1) 담보권의 종류

(a) 베트남 민법 및 관련 법령에서는 의무 이행 확보를 위하여 설정할 수 있는 담보의 종류로서 (1) 질권, (2) 저당권, (3) 보증금, (3) 예치금, (4) 공탁, (5) 소유권 유보, (6) 보증, (7) 유치 등을 열거하고 있으며, 이중 부동산과 관련한 담보로는 질권(Pledge of property)과 저당권(Mortgage of property)이 실무상 가장 널리 사용되고 있다(민법 제292조).

(b) 한국 담보법제와 달리, 베트남 법상 저당권과 질권은 오직 "담보물이 담보권자에게 이전하는지 여부"만을 기준으로 판단하며, 그 구체적인 차이는 아래와 같다.

① **저당권(Mortgage):** 담보 목적물이 담보권자에게 이전되지 않고 채권의 담보로서 사용되는 경우이다. 저당권을 등록한 때부터 제3자에 대한 대항이 가능하다.

② **질권(Pledge):** 담보 목적물이 담보권자에게 이전되어 채권의 담보로서 사용되는 경우를 의미하고, 일반적으로 목적물이 담보권자의 점유, 관리 하로 넘어온 때부터 제3자에 대한 대항이 가능하다.

2) 담보권의 등록

베트남 내 담보권 등록은 담보 거래에 대한 정부 시행령(Decree 163/2006/ND-CP, 이후 Decree 11/2012/ND-CP로 일부 개정된 것, 이하 "담보거래 시행령")에 의하여 그 절차가 대체로 일원화 되어 있고, 크게 구별하면, (1) 토지 및 토지부착자산(건물) 등 부동산 자산에 대한 담보와 (2) 기타 유체동산, 채권 등에 대한 담보 등록 절차로 구별이 가능하다.

(1) 부동산 자산에 대한 담보 설정

(a) 토지 사용권 및 부속 자산에 대한 담보 설정에 대한 법무부(MOJ) 와 자연자원환경부(MONRE)의 공동 시행규칙(Joint Circular 09/2016/ TTLT-BTP-BTNMT) 제5조에 따라, 토지 등록 사무소(Land Registry Office)가 부동산 자산에 대한 담보 설정 등록을 담당한다.

(b) 담보 설정을 위한 제출서류로는 담보등록신청서, 담보설정계약서, LURC, 담보설정자의 토지사용근거 계약서 등이 있고, 담보 내용 이 LURC에 등록 기재된다(위 공동 시행규칙 제19조). 담보 설정 부 분은 LURC 마지막 면에 기재되는데, 설정 담보 내역이 많은 경우 간인을 통한 추가 별지가 존재할 수도 있다.

(c) 한국과 같이 인터넷 등기소를 통한 부동산 권리 확인 시스템은 현 재 베트남에 존재하지 않고, 관할 토지 등록 사무소를 방문하여, 특정 부동산에 대한 담보 설정 내역을 확인해 볼 수 있다. 다만, 실무상 이해관계자가 아닌 제3자에 대한 LURC 열람에 등록 사무 소가 협조하지 않았던 사례가 존재한다.

(d) 특히 부동산 담보와 관련하여, 위에서 설명한 바와 같이, 담보 설 정이 가능한 경우가 제한된다.

  ① 토지사용권 및 토지부착자산에 담보를 설정할 수 있는 경우는 토지사 용권이 유상으로 할당되거나 토지사용료를 일시에 선납하는 경우에만 가능하고, 이때에도 베트남에서 허가 받아 운영하는 신용 기관에만 담보로 제공할 수 있다.

  ② 토지사용료를 연납으로 하는 토지 임대의 경우에는, 토지사용권에 대 해서는 담보 제공이 불가하고, 임차지부착자산에 대해서만 베트남에 서 사업허가를 받은 신용 기관에 담보로 제공할 수 있다.

(e) 베트남 기업이나 베트남에 설립된 외국인투자기업이 외국 은행으 로부터 차입을 하는 역외 금융이 베트남 법률상 가능하고, 또 나 아가서 베트남 시중은행들에 비해 낮은 이자율, 높은 수준의 서비

스와 월등한 자금 조달 능력 등 해외차입을 선호 할 요소는 많이
있지만, 부동산을 담보로 financing을 하는 경우에는 베트남 내의
은행과 공동으로 신디케이트 대출을 하거나, 현지 은행을 담보대
리인으로 활용하여야 한다.

2) 기타 유체동산 채권 등 자산에 대한 담보 설정

(f) 토지 및 건물 등 부동산 자산 이외에도 자동차, 오토바이 등 운송
수단, 기계류, 장비, 원자재, 주식, 채권 등 유가증권, 저작권 등
기타 경제적 권리 및 법인 출자 자본금에 대한 재산권 등에 담보
설정이 가능하고, 비부동산 자산의 경우, 모두 베트남 국립담보
거래등기소(National Registration Agency for Secured Transaction, 이하
"NRAST")에 담보 등록을 실시한다.

(g) 비부동산자산의 담보등록을 위해서는 (담보권설정자 또는 담보권설정
자 및 담보권자 공동 서명한) 담보등록 신청서를 제출하면 된다.

(h) NRAST에 담보등록을 하면, 등록 증명서(베트남어: Giấy chứng nhận
đăng ký giao dịch bảo đảm, Hợp đồng, Thông báo việc kê biên tài sản thi
hành án)를 교부하는데, 여기에는 등록번호, 채권자, 채무자, pin
code 등이 기재되고, NRAST의 웹사이트에서 담보 등록 검색 서
비스를 제공하고 있다.

3) 담보권의 실행

(1) 담보거래에 관한 시행령 제59조에 따르면 담보권 실행은 담보목
적물 매각(임의 판매, 경매), 담보권자의 담보목적물 취득은 물론 각 당사
자가 합의한 기타 다른 방법으로도 매각이 가능함. 다만, 베트남에서는
한국과 같은 정도의 예측 가능성을 보장하는 경매 진행 절차와 관련 기
관의 업무 지원이 이루어지는 것을 기대하기 어렵기 때문에, 실무적으로
는 당사자 간 담보권 설정 시에 구체적인 담보 실행 방법도 사전에 합의

하여, 합의된 내용에 따라 담보물을 매각할 수 있도록 할 필요가 있다.

(2) 한편, 담보권자가 담보권을 실행하려는 경우, 담보권 설정자와 다른 담보권자들에게 상당한 기간 내에 통지를 해야 하며,[19] 구체적인 담보권 실행 방법은 아래와 같다.

No.		베트남 법상 담보권 실행 방법
1	경매	경매법[20]에 따라서, 담보목적물은 공매를 통한 환가 처분이 가능하다. 이때 경매는 (a) 법무부 산하의 자산 경매 서비스 센터 또는 (b) 기업법에 따른 민간 경매 회사에 의하여 진행될 수 있다. 경매 절차는 보통 아래와 같이 진행되며, 정상적으로 진행되는 경우 1개월 가량의 기간이 소요되나, 실무상 여러 가지 사유의 발생으로 인하여 수개월 및 수년 이상 경매가 지연되는 경우도 있다. 경매 진행 기관과 경매 용역 계약 체결 → 경매 기관의 경매 규칙 발급 → 자산 경매 공고 → 경매 대상 자산 조사 → 경매 참가 등록 → 경매 예치금 납입 → 경매 개시 → 경매 종료 → 목적물에 대한 판매계약 체결, 환가 진행
2	담보목적물 매각	한국과 같이 다수의 매수 희망자 참여를 통해 진행되는 안정적인 경매 시스템이 구축되어 있지 않기 때문에, 실무적으로는 담보권자가 적절한 매수 희망자를 물색하여, 직접적으로 담보 목적물을 매각하는 방법이 많이 사용된다.
3	담보권자의 담보목적물 취득	담보권자가 피담보채권 지급에 갈음하여 담보목적물을 직접 취득하는 것도 가능하다.

(3) 베트남 법상[21], 담보채권자가 담보권을 실행하기 위해서는 상당한 기간 내에[22] 채무자/피담보권자 및 다른 담보채권자에게 통지를 해야

19) 민법 제300조, 담보거래시행령 제61.1조
20) Law on Property Auction, 01/2016/QH14
21) 베트남 민법 제300조, Decree 163/2006/ND-CP 제61조, 제62조
22) 원칙적으로 채권자(담보권자)는 담보계약상 당사자 간 합의한 통지 기간을 준수해야 하며, 담보계약상 통지 기간이 명시되어있지 않은 경우, 부동산에 대해서는 최소 15

하고, 통지 의무 불이행으로 인하여 피담보권자 및 다른 담보채권자에게 손해가 발생할 경우 그러한 손해에 대한 배상 책임을 부담한다.

(4) 한편, 상대방의 주거불명 등의 경우 공시송달과 같은 통지 의무에 대한 예외가 적용되는 한국과 달리, 베트남 법상 채권자의 통지 의무 완화를 위한 예외 규정이 마련되어 있지는 않다.

(5) 실무상, 채권자가 과실 없이 채무자/담보권 설정자의 소재를 알 수 없는 경우, (i) 담보계약상 기재된 채무자/담보권 설정자의 소재지에 배달 증명 우편(secured or certified post mail)23)을 송부하여 서면으로 담보권 실행을 통지하고, (ii) 법원 집행관(Bailiff; thừa phát lại)24)을 고용하여, 채권자가 통지 의무를 이행하고자 최대한 노력한 사실 및 채무자/담보권 설정자의 통지 수령이 불가능한 사실을 서면으로 기록하도록 하여, 현실적으로 가능한 범위 내에서 채무자/담보권 설정자에게 통지를 하는 동시에 관련 증거를 확보해 둠으로써 다툼을 미연에 방지하는 방안을 고려할 수 있다.

4) 베트남 부동산 담보 설정 관련 유의점

(1) 외국인/외국법인의 담보 설정 제한

위에서 언급한 바와 같이 외국인/외국법인의 경우 직접 베트남 내 토지 및 건물과 같은 부동산 자산을 소유할 수 없고, 법인인 채무자의 부동산 자산에 대해서는 원칙적으로 베트남내에서 허가 받아 운영하는 금융기관만이 담보권자가 될 수 있다.25) 한편, 부동산을 제외한 나머지 유

일 전, 동산에 대해서는 최소 7 일 전, 적법한 통지가 있어야 비로소 담보권 실행이 가능함.

23) 베트남 법상 한국과 같은 내용증명 제도가 있지는 아니하나, 우편 송달 사실을 확인할 수 있는 우체국의 배달 증명 우편(한국의 등기우편과 유사)을 활용할 수 있을 것으로 보임.

24) 베트남 법무부 소속 공무원으로 법률상 증인이 될 자격이 있는 자를 의미하며, 증인으로서 집행관이 기록한 내용은 법원에서 증거로 채택될 수 있음.

25) 토지법 제 5 조, 제 174.2 조 d 항, 주택법 제 144 조

체동산, 채권, 지분권 등 NRAST의 등록 대상인 담보목적물에 대하여 담보권자로서 담보권설정 계약을 체결하고, 이를 등록하는 것은 외국인, 외국법인, 외국인 투자법인 모두 가능하다.

(2) 토지사용권에 대한 저당권 설정 가능 여부

토지사용권에 대한 담보 설정은 토지사용료를 일시에 선납하는 방법으로 토지를 임대하거나 유상으로 할당을 받은 토지사용권자에게만 허용되고, 사용료를 연납하는 방식의 임대의 경우, 토지사용권에 대하여 저당권을 포함한 모든 담보 설정이 불가능하다.

(3) 건물에 대한 저당권 설정 가능 여부

토지법 제175조는 연납(annual payment) 토지사용권자의 경우, 토지에 부착된 건물 등 자산에 대해서만 담보설정, 양도, 현물출자 등의 행위를 할 수 있다고 규정하고 있는바, 건물에 대한 저당권 설정은 토지사용료의 연납/일시납 여부를 불문하고 가능하다.

(4) 토지사용료 미납 시 담보권 제약 가능성

국가와의 임대차계약에 따라 토지사용료를 납부할 의무가 있음에도

Law on Land Article 174
2. Economic organizations that are allocated land with land use levy or leased land with full one-off rental payment for the entire lease period by the State have the following rights:
 d/ To mortgage with land use rights and land-attached assets under their ownership **at credit institutions** which are licensed to operate in Vietnam;

Law on Residential Housing Article 144 Mortgagor and mortgagee of residential house
1. The owner of a residential house being an organization may mortgage the residential house at credit institutions currently operating in Vietnam.
2. The owner of a residential house being an individual may mortgage the residential house at credit institutions and economic organizations currently operating in Vietnam or with individuals in accordance with law.

해당 토지사용료를 체납한 경우, 토지사용료 관련 시행령(Decree 46/2014/ ND-CP) 제24.3조에 따라 조세 채무와 동일한 방식으로 미납분에 대한 미납기간 동안의 연체료(미납분에 대하여 0.03%/일) 지급의무가 발생한다. 나아가, 토지법 제64조 1항 및 동법 시행령(Decree 43/2014/ND-CP 제15조)에 따라 토지 사용권자가 토지사용료 납부 의무 등 제반 의무를 불이행하여 행정제재를 받았음에도 시정조치를 하지 않는 경우, 관할관청은 해당 토지사용권을 회수할 수 있다. 다만, 이때 해당 토지상의 건물에 대한 별도의 보상 규정은 마련되어 있지 않은 바, 토지사용권이 회수되더라도 건물에 대한 보상은 이루어지지 않는 것으로 해석된다.26) 따라서 토지사용료가 미납된 토지의 사용권에 대하여 저당권을 설정할 경우 실무상 저당권자의 권리가 제한될 수 있다.

5) 베트남 부동산 저당권 실행 관련 유의점

(1) 저당권 실행으로 인한 건물 양수인 자격 제한

담보권 실행 시 담보목적물 양수인에 대한 조건을 제한하는 규정은 없으나, 외국인/외국법인은 베트남 부동산 관련 권리를 직접 취득할 수 없으므로, 부동산 담보권 실행에 따른 목적물 양수인이 될 수 없고, 베트남에 부동산에 관한 권리를 확보할 수 있는 적법한 법인을 설립하여야 한다.

(2) 저당권 실행에 따른 부동산 소유권 변경 절차

저당권을 실행하여 제3취득자가 담보목적물을 매수하는 경우, 토지법 제95.4조에 따라서 토지사용권 및 건물소유권자 변경에 따른 LURC 변경 발급 절차를 거쳐야 하며, 임의 처분에 따른 LURC 변경 절차는 일반적으로 아래와 같이 진행된다. (다만, 구체적인 상황에 따라서 하기 순서 일부가 변경되거나 생략될 수도 있다.)

---

26) 토지법 제82.3조, 제64조

(a) 건물 및 토지사용권 이전 계약 체결

(b) 관할 자연자원환경국(DONRE)으로부터 기존 소유자 토지 회수 결정 및 신규 양수인 토지 사용 결정 수령

(c) 관할 자연자원환경국과 토지사용계약 체결

(d) 토지 등록 사무소에 LURC 변경 신청

(e) 매도인은 부동산 거래로 인한 세금(CIT 또는 PIT)을 납부하고 그 증빙을 토지 등록 사무소에 제출

(f) 변경 LURC 발급

(3) 토지사용권과 건물소유권에 대한 저당권 일괄 실행 가능성

베트남에서 토지사용권과 지상 건물은 하나의 LURC에 기재되고 일괄 매각되는 것이 원칙이다. 다만, 민법 제325조와 제326조가 토지사용권 및 건물 소유권 중 하나의 부동산 권리에만 담보권이 설정된 경우에 "당사자 간 다른 합의가 있다면" 담보권이 설정된 목적물에 대해서만 담보권을 실행할 수 있는 가능성을 열어두고 있는 등, 일괄 매각이 법적으로 반드시 강제되는 것은 아닌 것으로 해석 되기도 한다. 그러나 한국과 같이 토지의 "소유권"이 인정되지 않는 베트남 토지법제에서 토지사용권과 건물에 설정된 담보권이 실행되는 경우, 토지사용권만을 분리해서 취득하려는 요인이 크지 않으므로, 실제로 건물과 토지사용권이 분리 처분되는 사례는 찾기 매우 어려운 것으로 보인다.

(4) 건물에 대한 저당권 실행 시 토지사용권 이전 가능 여부

건물과 토지사용권은 동일인에게 귀속되어 있으나, 건물에만 담보권이 설정된 경우, 민법 제326.1조에 따라서 건물에 대한 담보권 실행 시 (당사자간 다른 합의가 없는 한) 해당 토지사용권도 건물과 함께 이전이 되며, 담보권 실행으로 인하여 건물소유권을 취득한 양수인은 국가와 새로운 토지사용 계약을 체결한 후, 토지사용권을 취득하게 된다.

6) 외국인, 외국인 투자법인에 대한 부동산 관련 권리의 제한

(1) 외국인은 부동산 직접 보유가 불가능하고, 외국인 투자법인을 통한 간접 보유만 가능

이미 언급한 바와 같이 외국인, 외국법인이 그 명의로 직접 베트남 토지사용권 또는 건물 소유권을 취득하는 것은 불가능하다. 다만, 건물 또는 토지를 이용하여 베트남에서 진행할 프로젝트(부동산 임대업, 호텔업 등)에 대한 승인을 받은 후, 해당 프로젝트 실행을 위한 외국인 투자법인 (외국인 투자자가 지분을 보유하며, 베트남 법에 따라 설립된 법인)을 베트남에 설립한 후, 해당 외국인 투자법인 명의로 토지, 건물에 대한 권리를 간접 적으로 보유하는 것은 가능하다. 이때, 베트남에서 투자 프로젝트라 함 은 특정 기간 동안 특정 지역에서 발생하는 사업 투자 활동 수행을 위한 중기 또는 장기적 자금 투입 제안을 의미하고, 투자국(DPI)으로부터 승인 을 받은 투자 프로트에 대해서는 투자등록증(IRC)이 발급된다. 외국인투 자법인의 토지사용권과 건물 소유권 보유 기간은 위 투자등록증상 승인 받은 프로젝트 실행 기간(보통 50~70년)을 초과할 수 없고, 기간이 만료되 는 경우, 프로젝트 실행 기간에 대한 연장을 신청하여야 한다.

(2) 외국인 투자자의 부동산 보유를 위한 투자 프로젝트 취득 방법

외국인 투자자가 베트남에서 부동산에 관한 권리를 확보하기 위한 방법은 아래와 같다.

(a) **신규 프로젝트를 승인 받는 방법**. 투자국으로부터 신규 투자 프로 젝트에 대한 승인을 받아, 투자등록증을 발급받은 후, 이를 기초 로 외국인 투자법인을 설립하여, 해당 법인 명의로 토지 및 건물 에 대한 권리를 확보하는 방법이 있다. 위에서 설명한 바와 같이, 주택을 건설하여 판매 혹은 임대와 판매가 결합된 방식의 사업을 진행하고자 하는 경우에는 유상으로 토지를 할당 받는 것이 가능

하고, 그 이외의 프로젝트를 진행하고자 하는 경우에는 국가로부
터 토지를 임대하여 사용권을 확보하게 된다. 한편, 산업단지 개
발, 골프장 개발, 호텔이나 오피스용 빌딩 건설 및 임대 등 부동
산업법에 따른 부동산법인을 설립하여 부동산 프로젝트를 실행하
는 경우, 복잡하고 상당한 시간이 소요되는 절차를 거쳐야 하고,
아래에서 설명하는 바와 같이, 외국인투자법인에 허용되는 부동
산사업의 범위에는 제한이 있다.

베트남에서 부동산개발 프로젝트를 신규로 진행하기 위한 인허가 절차를
간략히 정리하면 아래와 같다. (참고로 부동산개발 프로젝트 중 베트남에
서 산업단지 개발프로젝트 진행을 위한 절차와 관련한 상세한 내용은 별
첨 1 참조.).

① Step 1: 베트남 국가 마스터플랜에 포함되어 있음을 전제로, 성급 인
민위원회로부터 1/2000 세부 마스터플랜 준비 및 작성에 관한 승인
취득, 1/2000 세부 마스터 플랜 수립 및 1/2000 세부 마스터플랜에 대
한 승인 취득

② Step 2: 성급인민위원회로부터 1/500 세부 마스터플랜 준비 및 작성
승인 취득 후, 1/500 세부 마스터플랜 수립 및 1/500 세부 마스터플랜
에 대한 승인 취득

③ Step 3: 관련 인허가 기관 (각 관할 투자국 혹은 산업단지 등의 개발
의 경우, 각 관할 Management Board of Industrial Zone 등) 프로젝트
법인의 투자등록증(Investment Registration Certificate) 신청 및 취득

④ Step 4: (각 프로젝트의 규모 및 사업내용 등에 따라 적용되는 경우)
관련부처의 의견 수렴 절차를 거쳐, 총리 및 관련 허가기관으로 프로
젝트에 관한 사전 승인 (In-principal Decision 취득

⑤ Step 5: 투자국으로부터 기업등록증(Enterprise Registration Certificate)
취득

⑥ Step 6: 토지 정리 및 보상 이후 토지사용권(LURC) 취득 및 프로젝트
실행 (한편, 토지정리 및 보상 절차는 상당한 시간이 소요되는 바,
IRC/ERC 취득 이전부터 각 성급인민위원회와 거주민들을 상대로 관
련 토지 보상 절차에 관한 논의가 진행되어야 함) (참고로 토지정리와

보상에 관한 상세한 내용은 별첨 2 참조.).

(b) **기존 부동산 보유 법인의 지분을 양수하는 방법**. 베트남 토지법을 비롯하여 관련 법령에서 외국인투자법인이 토지사용권을 보유한 베트남 기업의 지분을 인수하는 것을 허용하고 있어, 목적 부동산을 보유하면서, 이미 관련 사업을 진행하고 있는 기존 법인의 지분을 직접 양수하는 방법도 가능하다.

특히 토지와 관련된 법제가 특이하고, 외국인이나 외국인투자법인에게는 베트남 개인이나 단체에 상응하는 권리가 보장되지 않고, 나아가 신규 프로젝트의 인허가 절차가 매우 복잡하고 상당한 시일이 소요되는 점을 감안할 때, 토지사용권을 포함하는 기존 부동산프로젝트를 보유한 베트남 기업의 지분을 인수하는 방법이 관련 절차 및 기간을 단축할 수 있는 대안이 되고 있다. 외국인투자법인에 허용되는 부동산 업종 중 외국인 투자법인이 직접 건물을 "건축"하여 임대하는 것은 가능하나, 새로운 외국인투자법인이 이미 건설이 완료된 건물을 "양수"하여 임대업을 하는 것은 현 부동산사업법 상 허용되지 않는다. 다만, 실무적으로는 이미 건설이 완료된 건물을 보유한 베트남기업의 지분을 인수하는 우회적인 방법이 사용되고 있으며, 베트남기업이 해당 건물 이외에 다른 사업 및 자산을 보유하는 경우, 물적 분할로 대상 건물만을 보유하는 신규 자회사를 설립하고, 외국인투자자가 해당 자회사의 지분을 인수하게 된다. 다만, 이와 같은 지분 취득 형태의 적법성에 대하여 베트남 관련 기관이 아직 분명한 입장을 정하지 않은 것으로 보여 유의할 필요가 있다.

(c) **프로젝트 양수**(Project Transfer). 특정 부동산 프로젝트의 양수를 희망하는 외국인 투자자의 경우, 베트남 내 외국인 투자법인을 설립하여 취득 희망 프로젝트를 보유하고 있는 다른 베트남 법인으로부터 해당 프로젝트 자체를 양수하는 것도 가능하다.

6. 주택법

1) 부동산 관련 법률로서 토지법 이외에 2014년 11월 25일 제정된 주택법(Law on Housing)등이 있다. 개정 전 주택법에 따르면, "베트남 개인 및 단체"를 제외한 "해외에 거주하는 베트남인"과 "외국인 개인" 및 "외국 단체"는 베트남 주택의 구입 및 소유에 제한을 받았으나, 개정 주택법에서 주택 소유 범위가 아래와 같은 대상으로 확대되었다.

(a) 베트남 단체(organizations), 가구(households) 또는 개인(individuals)

(b) 해외에 거주하는 베트남인; 및

(c) 외국인 단체, 외국인 개인 및 외국인 투자자

2) 외국인 단체, 외국인 개인 및 외국인 투자자의 주택 소유 허용과 관련, 개정 전 주택법에 따르면 베트남에서 아파트를 구입할 수 있는 외국인 단체는 외국인 투자법인(foreign invested companies)으로 제한된 반면, 2015년 발효된 개정 주택법은 이를 아래와 같이 확대하였다:

(a) "외국인 단체"의 범위를 외국인 투자법인 이외에도 외국 회사의 지점(branches) 및 대표사무소(representative offices), 외국 투자 펀드 (foreign investment funds), 외국은행의 현지 지점(foreign bank branches) 도 포함하고,

(b) 주택을 소유할 수 있는 외국인 개인은 "베트남에 출입이 허용된 사람(foreign individuals who are allowed to enter Vietnam)"으로 규정하였다.

3) 베트남 내의 주택 소유를 위한 외국인의 요건은 아래와 같다(주택법 제160조).

(a) 베트남에서 주택 건설 프로젝트에 참여하는 외국인의 경우 적법한 절차에 따라 투자등록증 및 기업등록증을 취득하고 주택법 및

관련 법령에 의거한 프로젝트에 따라 주택을 건설하는 경우 가능
하다.

(b) 외국인 단체(외국인 투자법인, 지점, 대표사무소, 외국 투자 펀드, 외국은
행 지점)의 경우, 베트남에서의 운영을 증빙할 수 있는 관할 기관
으로부터 발급받은 투자등록증과 기업등록증, 기타 단체 설립 인
허가가 필요하다.

(c) 외국인 개인의 경우 베트남에 적법하게 입국할 수 있음을 보여주
는 허가서가 있어야 하고, 외교적 면책특권이 없어야 한다.

4) 외국인의 베트남내 주택 소유와 관련 소유 한도 및 소유 기간에
다음과 같은 제한이 있다(주택법 제161조).

 ⅰ) 외국인이 소유할 수 있는 주택은 아파트의 경우 1개 동의 30%,
기타 주택의 경우 해당 Ward(洞) 내 250채로 제한된다.

 ⅱ) 외국인 개인 중 베트남에 출입이 허용된 사람은 50년동안 소유가
가능하고, 베트남인과 결혼한 사람은 기간에 제한이 없다.

 ⅲ) 외국인 단체는 해당 단체의 인허가 기간 동안 소유할 수 있다. 내
국인에 대해서는 소유 기간의 제한이 없는 반면, 외국인에 대해서
는 소유 기간을 제한 하고 있으므로 유의할 필요가 있다.

5) 외국인의 주택 임대와 관련한 제한도 있다(주택법 제162조)

(a) 외국인 개인 중 베트남에 출입이 허용된 사람의 경우 임대가 가
능하나 사전에 관할 기관에 통지하고 세금을 납부해야 한다. 외국
인 개인 중 베트남인과 결혼한 사람은 내국인과 동일하게 임대가
가능하다.

(b) 외국인 단체는 매입한 주택을 직원 숙소로만 사용 가능하고 임대
및 사무실 용도로 주택을 사용할 수 없다.

(c) 외국인 단체의 임대 금지는 완공된 건물(주택)을 매수하여 임대하

는 경우를 전제로 하는 것이어서, 직접 주택 건설을 시행한 뒤 이를 분양(매각 또는 임대)하고자 하는 부동산사업자의 경우 자신이 개발한 주택을 임대하는 것은 허용된다.

7. 부동산사업법

부동산개발이 수반된 투자활동을 하기 위해서는 토지법, 주택법 이외에 부동산사업법(Law on Real Estate Business)을 이해할 필요가 있다.

1) 2014년 토지법, 주택법, 건축법 등 관련 법령이 개정됨에 따라 관련 내용을 반영하고 외국인 부동산사업자의 활동 범위를 확대하는 취지에서 개정 부동산사업법(Law on Real Estate Business)이 2014년 11월 25일 국회를 통과하고 2015년 7월 1일부터 발효되었다.

(2) 부동산사업법은 매매나 임대를 목적으로 하는 부동산 개발 투자, 부동산중개업, 부동산 감정, 부동산컨설팅, 부동산 경매, 부동산에 관한 광고, 부동산의 운용 등을 규제하고 있고, 기본 내용은 아래와 같다.

(a) 부동산사업법은 베트남에서 부동산 사업활동, 부동산 사업활동을 하는 단체, 개인의 합법적인 권리 및 의무를 포함하고, 부동산 사업에 관련이 있는 부동산 거래에 적용됨.

(b) 부동산 사업법은 선급, 할부, 연불 형식에 따른 부동산 매매 및 양도를 인정하고, 주택, 건설 투자, 매매, 임대, 임차 후 매입에 대하여 규정함.

(c) 토지사용권의 인프라투자, 양도, 임대에 대하여 규정하고, 부동산 서비스업에 대해서 규정함.

(d) 부동산사업활동은 (i) 임대, 재임대, 또는 임차 후 매입을 목적으로 부동산 건축 및 매입에 투자자본을 투입하는 것과 (ii) 부동산 중개소 서비스(real estate trading floor service) 및 부동산 자문 또는

관리 서비스(real estate counseling services or real estate management)를
포함함.

(3) 외국인 및 외국인투자기업의 부동산사업에 대한 제한

내국인과 외국인(외국인투자법인)에게 허용되는 부동산사업활동의 범
위에는 차이가 있고, 내국인과 외국인투자법인에게 모두 허용되는 부동
산사업활동은 아래와 같음:

(a) 국가로부터 할당 받은 토지상에 주택을 건설하여, (토지사용권과 주
택을) 양도 및 임대

(b) 국가로부터 임대 받은 토지상에 주택 및 기타 건축물을 건설하여,
주택 및 건축물을 양도 및 임대 (토지사용료를 일시납으로 선납하는
경우, 토지사용권의 양도 및 임대 포함)

(c) 산업공단, 복합산업단지, 수출가공공단, 하이테크공단 등으로부터
토지를 임차하여 기반시설을 건설하여, 양도 및 임대(토지사용료를
일시납으로 선납하는 경우, 토지사용권의 양도 및 임대 포함/ 토지사용료를
연납하는 경우, 매년 임대료를 지불하는 방식으로 토지사용권 및 완성된 기
반시설을 재임대)

(d) 양도 또는 임대용 건물을 건축하는 프로젝트의 양수

(e) 이미 완공된 건물을 임차 후, 재임대

한편, 이미 완공된 건물을 매수하여, 양도 및 임대하는 행위는 내국
인/기업에게는 허용되지만 외국인 또는 외국인투자법인에게는 허용되지
않는다. 개정 전의 부동산사업법은 외국인 투자자가 직접 개발(시행)한
건물의 분양(매도, 임대)만 허용하였으나, 2015년 개정 부동산사업법은 이
미 완공된 건물의 임차 후 전대하는 것도 허용함으로써 외국 투자자의
활동 범위를 확대하였다.

8. 별첨

1) 산업단지 개발 프로젝트 진행 및 인허가 절차

단계		내용	관할 기관	법정 소요 기간
1단계	1/2000 Master Plan에 관한 승인	베트남 국가 산업단지계획에 포함되어 있음을 전제로 함. 1/2000 Master Plan 준비 및 작성에 관한 승인을 득한 후 1/2000 Master Plan을 작성하고 이에 관한 승인을 취득함.	성급 인민위원회 (PC)	30 영업일
2단계	1/500 Master Plan 준비 및 작성에 관한 승인	1/500 Master Plan의 준비 및 작성에 관한 승인 취득	성급 PC	
3단계	1/500 Master Plan에 관한 승인	- 관할 성급 DOC Administrative Center에 신청서류 제출 - 관할 성급 DOC에서 기본 검토 후 관할 성급 PC로 서류 송부 및 검토의견 요청 - 관할 성급 PC에서 최종 검토 후 승인 - 완료 후 관련 정보는 관할 성급 DOC 웹싸이트에서 확인 가능	관할 성급 건설국 (Department of Construction/ DOC)/ 관할 성급 PC	45 일
4단계	프로젝트 법인의 투자등록증(IRC) 및 투자정책 결정 (IPD) 취득	- 관할공단관리위원회에 IRC 취득을 위한 신청서류 제출 - 관할공단관리위원회는 신청서류 수령일로부터 3 영업일 내 신청서류를 MPI 및 기타 관련부처에 송부하여 검토의견 요청 - 재무부, 건설부 등 관련부처는 신청서류 수령일로부터 15 일 내 검토의견을 관할공단관리위원회 및 MPI에 전달 - 관할공단관리위원회는 검토의견 수령일로부터 25 영업일 내 관할 성급 PC가 MPI에 제안 의견을 제출할 수 있도록 관할 성급 PC에 검토의견을 보고 - MPI는 제안 의견 수령일로부터 15 일 내 투자정책결정(IPD) 취득을 위해 PM에 보고 - PM은 MPI의 보고 수령일로부터 7 영업일 내 IPD를 발급하고, 이를 MPI, 관할 성급 PC 및 관할공단관리위원회에 송부	관할공단관리위원회(Management Board of Industrial Zone); 기획투자부 (MPI); 베트남 총리실 (PM)	70 영업일

단계		내용	관할 기관	법정 소요 기간
5 단계	기업등록증(ERC) 취득	- 관할공단관리위원회는 IPD 수령일로부터 5 영업일 내 IRC 발급		
		프로젝트 법인에 대한 기업등록증 신청 및 발급	관할 성급 기획투자국 (DPI)	3 영업일
6 단계	산업단지 개발에 관한 결정서 취득	- 관할공단관리위원회는 IPD 및 IRC 발급일로부터 5 영업일 내 관할 성급 PC 에 산업단지 확장 개발에 관한 자료 제출 - 관할 성급 PC 는 자료 제출일로부터 5 영업일 내 해당 산업단지 개발에 관한 결정서 발급 - 해당 결정서는 산업단지 명칭, 토지구역, 위치, 투자자, 총 투자금액, 프로젝트 운영기간 등의 내용 기재	관할 성급 PC	10 영업일
7 단계	부지 정리/보상, 토지사용권증서 (LURC) 취득 및 프로젝트 실행	- 투자자는 관할 성급 PC 및 거주민들과 부지 정리 및 보상에 관해 협의하고, 절차 완료 후 토지 사용권증서 (LURC)를 발급 받음 - IRC/ERC 취득 이전부터 토지 보상 절차 관련 관할 성급 PC 및 대상 토지 거주민들과의 논의 진행 필요	관할 성급 자연자원환경국 (DONRE) 및 관할 성급 PC	총 240 일 (부지 정리 및 보상: 210 일 / LURC 취득: 30 영업일)

NOTE: 위 명시된 법정 소요기간은 법률상 명시된 기간을 의미하고, 실제로 진행이 되는 경우는 법정 소요기간보다 상당히 지연되는 경우가 많으므로 유의할 필요 있음.

2) 토지 보상 및 정리 절차

주요 내용:

(1) 보상금, 지원금 지급 및 이주대책 수립

토지보상위원회 또는 토지개발기금이 토지 보상금, 지원금 지급 및 이주대책 수립의 주체임. 투자자(산단 개발자)는 토지보상계획에 승인된 바에 따라 자발적으로 토지 사용자들에 대한 토지 보상금, 지원금 및 이주비를 미리 지급할 수 있음. 관련 시행령에 따르면, 투자자가 토지 보상금, 지원금, 이주비를 선지급하는 경우, 해당 투자자는 향후 (투자자가 정부에 지불하게 될) 토지사용료(land lease fee)에서 공제를 통해 선지급된 토지보상금을 환급받게 됨. 공제금액은 토지사용료를 초과할 수 없으며, 공제 후 잔여금액은 프로젝트 총투자금의 일부로 반영됨.

(2) 토지 보상 절차 관련 주요 정부기관
- 보상 계획 및 실행: 토지보상위원회
- 공식 결정문 및 승인: 성급 또는 군급 인민위원회 (프로젝트 종류에 따라)
- 토지 사용자들과의 협상 및 설득: 보지보상위원회/토지보상기금/조국전선위원회

(3) 보상 정책
보상금, 지원금, 이주비는 시행령47(2014/ND-CP)의 세부 규정에 근거하여 토지사용목적(농지/거주지), 토지사용권 현황(임대/무상임대/기타), 잔여 토지사용기간, 지상물 등을 기준으로 산정.

* 용어의 정의
- Compensation Plan: Kế hoạch bồi thường, hỗ trợ và tái định cư - 토지보상계획;
- Compensation Council: Hội đồng bồi thường, hỗ trợ và tái định cư - 토지보상위원회;
- Fatherland Front: Ủy ban Mặt trận Tổ quốc Việt Nam - 조국전선위원회;
- Land Development Fund: Trung tâm phát triển quỹ đất - 토지개발기금;
- Land Recovery Decision: Quyết định thu hồi đất - 토지보상 및 회수에 관한 결정문;
- Land Recovery Notice: Thông báo thu hồi đất - 토지보상 및 회수에 관한 통지;
- PC/People's Committee: Ủy ban nhân dân - 인민위원회.

단계	절차	관할 기관	법정 소요 기간
1.	**토지보상 및 회수에 관한 계획(Land Recovery Plan) 수립**		
1.1.	**토지 사용자에 대한 토지보상 및 회수에 관한 통지27)** 토지보상 및 회수에 관한 관할 기관은 토지보상 및 회수에 관한 결정문(Land Recovery Decision)의 발급에 앞서 토지 사용자에 대한 통지(Land Recovery Notice)를 하여야 함. 토지보상 및 회수에 관한 통지(Land Recovery Notice)는 회수되는 토지의 각 토지 사용자에게 직접 송달되어야 함.	성/군/읍면 단위 인민위원회 (PC)28)	농지: Land Recovery Plan 의 발효 최소 90 일 이전 통보 비농지: Land Recovery Plan 의 발효 최소 180 일 이전 통보
1.2.	**투자자와 토지보상위원회/토지개발기금 간의 계약 체결** 투자자의 베트남 내 자회사가 IRC 및 ERC 를 취득한 후, 투자자/해당 자회사는 토지보상위원회/토지개발기금과 협력하며, 토지보상 및 회수에 관한 계획 수행을 위한 계약서에 서명함. 계약 금액은 해당 프로젝트의 보상, 지원 및 이주를 위한 토지보상금 전체금액의 2%를 초과할 수 없음. 다만, 사회경제적으로 낙후한 지역에서 시행되는 프로젝트의 경우 2% 제한이 적용되지 않을 수 있음. 토지보상 및 회수에 관한 계획을 승인하는 관할 기관에서 해당 보상건에 관한 예산을 결정.29)	투자자, 토지보상위원회/토지보상기금	가능한 최단 기간 내
1.3.	**토지 및 그 지상물에 대한 감정 평가30)**		
a)	토지보상위원회/토지보상기금은 보상계획 수립을 위해 토지 및 그 지상물에 대한 조사 및 감정 평가를 수행.	토지보상위원회/토지보상기금	N/A
b)	토지 사용자가 감정 평가 절차에 협조하지 않는 경우, 읍면 단위 인민위원회, 토지보상위원회/ 토지개발기금은 강제 조사 및 평가 작업을 수행.	읍면 단위 인민위원회, 토지보상위원회/토지보상기금	토지 사용자들의 협력을 요청하는 협상 후 10 일

---

27) Article 69.1(a) and Article 67 of the Land Law
28) Article 66 of the Land Law
29) Article 31.2 of Decree 47
30) Article 69.1(b)(c)(d) of the Land Law

단계	절차	관할 기관	법정 소요 기간
1.4.	**토지보상, 지원 계획 및 이주 대책 준비(보상계획)**[31]		
a)	보상, 지원 및 이주 계획 초안 작성.	토지보상위원회/ 토지보상기금	
b)	토지 사용자와 공청회를 진행하고 토지 사용자의 의견을 수렴. 토지 사용자의 의견 수렴은 서면 방식으로 하고, 읍면 단위 인민위원회, 조국전선위원회 및 토지 사용자 대표들의 인증을 받아야 함.	읍면 단위 인민위원회, 조국전선위원회, 토지보상위원회/토지보상기금	공청회 진행
c)	보상, 지원 및 이주에 대한 세부 계획 확정.	토지보상위원회/ 토지보상기금	
2.	**토지보상 및 회수에 관한 결정문**[32]		
2.1.	관할 기관은 (i) 토지보상 결정문 및 (ii) 토지회수 결정문을 발급.	성급/군급 인민위원회	
2.2.	승인된 토지보상 및 회수 계획은 읍면 단위 인민위원회 및 주거 지역에 게시되어야 하며, 각 토지 사용자에게 송달되어야 함.	읍면 단위 인민위원회, 토지보상위원회/토지보상기금	
3.	**결정문에 따른 집행**[33]		
3.1.	토지보상 및 회수에 관한 계획에 따라 보상금 지급, 지원 제공 및 이주 절차 진행.[34]	모든 당사자 및 관할 기관	
3.2.	토지보상 및 회수 절차 진행에 비협조적인 토지 사용자에 대한 설득 및 협상.[35]	읍면 단위 인민위원회, 조국전선위원회	
3.3.	강제집행[36]: 토지 사용자에 대한 설득 및 협상 진행이 용이하지 않은 경우, 군급 인민위원회는 토지회수 결정의 강제집행에 관한 결정문을 발급하고, 강제집행절차를 이행.	군급 인민위원회	

31) Article 69.2 of the Land Law
32) Article 69.3(a)(b) of the Land Law
33) Article 69.3(a)(b) of the Land Law
34) Article 69.3(c) of the Land Law
35) Article 69.3(d) of the Land Law

단계	절차	관할 기관	법정 소요 기간
3.4.	**토지 사용자에 대한 토지보상금 지급, 지원 제공 및 이주 절차 진행:** 투자자는 토지보상계획에 승인된 바에 따라 자발적으로 토지 사용자들에 대한 토지 보상금, 지원금 및 이주비를 미리 지급할 수 있음. 시행령 제 30.4(b)조 및 제 31.2 조에 따르면, 투자자가 토지보상금, 지원금, 이주비를 선지급하는 경우, 해당 투자자는 향후 (투자자가 정부에 지불하게 될) 토지사용료(land lease fee)에서 공제를 통해 선지급된 토지보상금을 환급 받게 됨. 공제금액은 토지사용료를 초과할 수 없으며, 공제 후 잔여 금액은 프로젝트 총투자금의 일부로 반영됨.	투자자, 토지보상위원회/토지보상기금	토지보상 및 회수 결정일로부터 30 일 내[37]
4.	투자자에 대한 토지 제공		
4.1.	토지 보상 및 정리 절차가 완료되면 관할 기관(성급/군급 인민위원회)은 투자자에 해당 토지 제공[38]	성급/군급 인민위원회	토지 보상 및 정리 완료일로부터 20 일 내[39]

NOTE: 위 명시된 법정 소요기간은 법률상 명시된 기간을 의미하고, 실제로 진행이 되는 경우는 법정 소요기간보다 상당히 지연되는 경우가 많으므로 유의할 필요 있음.

---

36) Article 69.3(d) of the Land Law
37) Article 93 of the Land Law
38) Article 68.2 of the Land Law and Article 61.1 (a) of Decree 43/2014/ND-CP dated 15 April 2014 as amended by Decree 01/2017/ND-CP dated 6 January 2017 detailing the implementation of the Land Law ("Decree 43")
39) Article 61.1(a) of Decree 43

제 6 장

노동법

이재국

1. 현행노동법 개정경과 및 향후 일정

금년(2021.1.) 시행된 현행노동법은 2019년 4. 28 노동법 개정안이 발표되었다. 5월에 국회에 제출되어 의견수렴 및 국회 논의를 거쳐 11.20. 의결(12.17 발표)되었다. 구 노동법이 7년여 만에 개정된 만큼, 일부현장에서는 여전히 노동법개정안으로 오해하거나 과거 법령만 인지하는 경우가 종종 있데 금년1월부터 이미 시행되었다는 점을 강조하고 싶다. 베트남 정부 관계자에 따르면 금년 하반기까지는 노동법 개정과 관련된 법령이 모두 개정이 완료될 예정이다. 현행노동법 전체 베어 원문, 한글번역본, 영문번역본은 대사관 홈페이지 공지사항(2020.6.10.) 등을 통해 확인할 수 있다.

2. 현행노동법 주요내용

1) 근로계약

(1) 근로계약의 형식과 유형

우선 근로계약 형식의 인정범위가 확대된다. 구 노동법은 서면으로 작성되어야 한다는 규정 외에 상세규정이 없으나, 현행노동법은 "양 당사자가 근로계약의 명칭은 아니지만 임금을 지급 받는 근로, 임금, 사용자의 관리와 감독의 내용을 포함하는 문서로 합의한다면, 그러한 문서는 근로계약으로 간주(제13조제1항)"되고, "전자거래법에 따라, 데이터 메시지 형태로 전자적 수단을 통해 체결된 근로계약도 서면 근로계약과 동일한 효력을 지닌다(제14조제1항)." 또한 임시직에 대한 구두계약은 기존 3개월 미만에서 1개월 미만의 근로로 강화되었다(제14조제2항).

현행노동법상 근로계약의 종류는 구 노동법상의 "12개월 미만의 계절적 작업 또는 특정 작업에 대한 근로계약"이 제외되어 기간의 정함이 있는 근로계약과 12개월에서 36개월 이내의 기간의 정함이 있는 근로계약 2가지 종류로 축소(제20조제1항)된다.

구분	현행노동법(2019 년)	구 노동법(2012 년)
근로계약 형식	**제 14 조 근로계약의 형식** 1. 동조 제 2 항의 경우를 제외하고는 근로계약은 서면으로 체결하여야 하며, 각 2 부씩 작성하여 사용자와 근로자가 각 1 부씩 보관한다. 전자거래법에 따라, 데이터 메시지 형태로 전자적 수단을 통해 체결된 근로계약도 서면 근로계약과 동일한 효력을 지닌다. 2. 양 당사자는 동법 제 18 조제 2 항, 제 145 조제 1 항 a, 제 162 조제 1 항의 경우를 제외하고 1 개월 미만의 근로에 대해서는 구두로 근로계약을 체결할 수 있다.	**제 16 조 근로계약의 형식** 1. 근로계약은 서면으로 체결하여야 하며, 아래 제 2 항의 경우를 제외하고는 각 2 부씩 작성하여 사용자와 근로자가 각 1 부씩 보관한다. 2. 3 개월 이내의 일시적인 근로에 대해서는 구두로 근로계약을 체결할 수 있다.
근로계약 유형	**제 20 조 근로계약의 종류** 1. 근로계약은 다음 중 하나의 형식으로 체결되어야 한다. (a) 기한의 정함이 없는 근로계약은 양 당사자들이 계약기간 및 계약 만료일을 정하지 않은 계약이다. (b) 기한의 정함이 있는 근로계약은 계약의 효력이 발생하는 시점으로부터 36 개월 이내의 기간 내에서 양 당사자가 계약의 효력을 종료하는 기간과 시점을 확정한 계약이다.	**제 22 조 근로계약의 종류** 1. 근로계약은 다음 중 하나의 형식으로 체결되어야 한다. (a) 기한 없는 근로계약 기한 없는 근로계약은 양 당사자가 근로기간을 확정하지 않거나, 종료일을 특정하지 않은 계약이다. (b) 기한 있는 근로계약 기한 있는 근로계약은 양 당사자가 12 개월~36 개월 이내로 근로기간 및 계약의 유효일을 특정한 계약이다. (c) 12 개월 이내의 계절적 또는 특정업무에 대한 근로계약

(2) 근로계약의 해지

현행노동법은 구 노동법 체제에서 문제가 되었던 결근근로자, 근로계약 정지 기간 만료 후 미출근 근로자 등 소위 불성실 근로자에 대한 사용자의 일방적 근로계약 해지(해고)를 가능하게 하면서도 근로계약의 해지에 있어 근로자의 권리를 대폭 강화했다는 점에 특색이 있다.

먼저 사용자의 일방적 근로계약을 살펴보면, 근로계약 이행정지 기간 만료 후에도 규정된 기간(15일)이 도과 후에도 출근하지 않거나 자의적으로 정당한 이유없이 5영업일 이상 연속하여 출근하지 아니한 근로자를 사전통지 없이 해고할 수 있게 되었다. 또한 퇴직연령의 도달, 근로자의 채용에 영향을 줄 수 있는 충실하지 않은 정보제공의 경우에도 해고할 수 있으나 이 경우에는 사전통지 기간(무기직 최소 45일, 기간제 최소 30일)을 준수하여야 한다(제36조).

근로자의 경우, 구 노동법 체제에서는 기간제 근로자의 경우, 임금 미지급, 성희롱 등의 일정 사유에서만 일방적인 근로계약의 해지가 가능하였으나, 현행노동법을 통해 무기직 근로자와 동일하게 사전 통지만하면 사유 없이도 근로계약 해지가 가능하다. 다만 무기직 근로자는 최소 45일, 12개월~36개월 기간제 근로자는 최소 30일, 12개월 이하 기간제 근로자는 최소 3일 전까지 사전통지를 하여야 한다. 이와 함께, 다음과 같은 경우, 근로자는 사전통지 없이도 일방적으로 근로계약을 해지할 수 있다. 첫째, 근로계약에서 기재된 업무나 근무장소에 배치되지 않거나 합의된 근로조건이 보장되지 않은 경우, 둘째, 임금 전액이 지급되지 않거나 약정 기일에 지급되지 아니하니 경우, 셋째, 사용자로부터 학대, 폭행, 폭언, 건강·인품·명예에 영향을 미치는 행동 및 강제근로를 당한 경우, 넷째, 근무지에서 성희롱을 당한 경우, 다섯째, 임신한 여성근로자가 동법 제138조제1항(근무가 태아에 부정적 영향) 규정에 따라 근로를 중단하여야 하는 경우, 여섯째, 양당사자의 합의가 있는 경우를 제외하고,

일곱째, 퇴직연령에 도달한 경우, 사용자가 충실하지 아니한 정보를 제
공하여 노동계약 이행에 영향을 미치는 경우이다.

구분	현행노동법(2019년)	구 노동법(2012년)
사용자의 일방적 근로계약 해지	제36조 사용자의 일방적인 근로계약 해지의 경우 1. 사용자는 다음의 경우에 근로계약을 일방적으로 해지할 수 있다. 　(d) 동법 제31조(근로계약 이행정지 기간 만료)에 규정된 기간이 도과한 후 근로자가 출근하지 않은 경우 　(đ) 양당사자의 합의가 있는 경우를 제외하고, 동법 제169조 규정에 따라 근로자가 퇴직연령에 도달한 경우 　(e) 근로자가 자의적으로 정당한 이유없이 5영업일 이상 연속하여 출근하지 아니한 경우 　(g) 근로계약 체결 시, 동법 제16조 제2항 규정에 따라 근로자가 충실하지 아니한 정보를 제공하여 근로자 채용에 영향을 준 경우 2. 동조 제1항의 제a호, 제b호, 제c호, 제dd호와 제g호의 규정된 사항의 경우, 사용자가 근로계약을 일방적으로 해지할 때에는 다음과 같이 근로자에게 사전 통지하여야 한다. 　(a) 기한의 정함이 없는 근로계약의 경우 45일 전 　(b) 12개월 이상 36개월 이하의 기한의 정함이 있는 근로계약의 경우 30일 전	제38조 사용자의 일방적인 근로계약 해지의 경우 1. 사용자는 다음의 경우에 근로계약을 일방적으로 해지할 수 있다. 　(d) 이 법 제33조(근로계약 이행정지 기간 만료)에 규정된 기간이 도과한 후까지 근로자가 출근하지 않은 경우 2. 사용자는 근로계약을 일방적으로 해지할 경우 다음의 기간 전에 근로자에게 사전 통지하여야 한다. 　(a) 기한의 정함이 없는 근로계약의 경우 45일 전 　(b) 기한의 정함이 있는 근로계약의 경우 30일 전 　(c) 이 조 제1항 제b호에 규정된 경우 및 계절적 작업 또는

구분	현행노동법(2019 년)	구 노동법(2012 년)
	(c) 12 개월 미만의 기한의 정함이 있는 근로계약으로 제 1 조 제 b 호의 규정된 경우 30 일 전 3. 동조 제 1 항의 제 d 호 및 제 e 호의 규정된 사항의 경우, 사용자는 근로자에게 사전통지 없이 근로계약을 일방적으로 해지할 수 있다.	12 개월 미만의 특정 직역에 대한 근로계약의 경우 3 일 전
근로자의 일방적 근로계약 해지	**제 35 조 근로자의 일방적인 근로계약 해지의 경우** 1. 근로자는 일방적으로 근로계약을 해지할 수 있으나 다음과 같이 사용자에게 사전 통보해야 한다. (a) 기한이 정해지지 않은 근로계약은 최소 45 일 (b) 12 개월 이상 36 개월 이하의 기한이 정해진 근로계약은 최소 30 일 (c) 12 개월 미만의 기한이 정해진 근로계약은 최소 3 일 (d) 특정 직업, 직종의 계약해지 통보기한은 정부 규정에 따른다. 2. 근로자는 다음의 경우 사전통보 없이 일방적으로 근로계약을 해지할 수 있다. (a) 근로계약에서 기재된 업무나 근무장소에 배치되지 않거나 합의된 근로조건이 보장되지 않은 경우. 다만, 동법 제 29 조에 규정된 경우를 제외한다. (b) 임금 전액이 지급되지 않거나 약정 기일에 지급되지 아니하니 경우. 다만 동법 제 97 조 4 항에 규정된 경우를 제외한다.	**제 37 조 근로자의 일방적인 근로계약 해지의 경우** 1. 기한의 정함이 있는 근로계약 하에 근로하는 근로자 또는 계절적 및 12 개월 미만의 특정 작업에서 근로하는 자는 다음 경우의 기간이 만료되기 전에 근로계약을 일방적으로 해지할 권리가 있다. (a) 근로자가 올바른 직업이나 근무지에 배치되지 않거나, 근로계약 상 합의한 근로조건이 보장되지 않는 경우 (b) 근로자가 근로계약 상 합의한 임금지급 기간에 임금을 지급받지 못하거나 전액을 지급받지 못한 경우 (c) 부당노동행위, 성희롱 또는 강제근로를 당한 경우 (d) 근로자가 자신 또는 가족의 어려움으로 인해 근로계약 이행을 계속할 수 없는 경우 (dd) 민선기관의 전임 근로자로 선출된 경우 또는 국가기관의 직위에 임명된 경우 (e) 여성 근로자가 임신한 경우 및 권한 있는 의료시설 혹은 치

구분	현행노동법(2019 년)	구 노동법(2012 년)
	(c) 사용자로부터 학대, 폭행, 폭언, 건강·인품·명예에 영향을 미치는 행동 및 강제근로를 당한 경우 (d) 근무지에서 성희롱을 당한 경우 (dd) 임신한 여성근로자가 동법 제 138 조제 1 항 규정에 따라 근로를 중단하여야 하는 경우 (e) 양당사자의 합의가 있는 경우를 제외하고, 동법 제 169 조 규정에 따라 퇴직연령에 도달한 경우 (g) 동법 제 16 조제 1 항 규정에 따라 사용자가 충실하지 아니한 정보를 제공하여 노동계약 이행에 영향을 미치는 경우	료기관에서 근로를 중단하여야 한다는 권고를 받은 경우 (g) 근로자가 병에 걸리거나 상해를 입은 경우에 기한의 정함이 있는 근로자의 경우 90 일 연속, 계절적 작업이나 12 개월 미만의 특정직업 근로자의 경우 그 기간의 4 분의 1 을 치료 받았음에도 여전히 근로불능 상태인 경우 2. 이 조 제 1 항에 따라 일방적으로 근로계약을 해지하는 경우, 근로자는 다음의 기간 전에 사용자에게 사전통지 하여야 한다. (a) 이 조 제 1 항 제 a 호, 제 b 호, 제 c 호 및 제 g 호에 규정된 경우에는 3 영업일 전 (b) 이 조 제 1 항 제 d 호 및 제 dd 호에 규정된 경우 기한의 정함이 있는 근로계약의 경우 30 일 전, 12 개월 미만의 계절적 작업 또는 특정 직역 근로계약의 경우 3 영업일 전 (c) 이 조 제 1 항 제 e 호에 규정된 경우에는 동법 제 156 조에 따라 사용자에게 통지하여야 한다. 3. 기한의 정함이 없는 근로계약에 따라 근무하는 근로자는 근로계약을 일방적으로 해지할 수 있으나 사용자에게 적어도 45 일 전에 사전통지 하여야 한다. 다만 이 법 제 156 조에 규정된 경우를 제외한다.

(3) 수습 계약

구 노동법은 근로계약 내에 수습내용을 기재할 수 있는 지에 대하여 법문상 불명확하여 그간 현장에서는 수습근무를 위한 별도의 수습계약을 체결하는 게 일반적이었다. 그러나 현행노동법은 근로계약서 내에 합의된 수습내용을 기재하거나 또는 별도의 수습계약을 체결할 수 있음을 명확히 규정(제24조제1항) 함으로써 향후 하나의 근로계약으로 수습내용을 포함하는 것이 일반화 될 것으로 보인다.

한편, 기업 관리직무에 대한 수습근무기간이 신설되었다. 베트남에서도 헤드헌팅 등 고위관리직에 대한 인사영입이 점차 확산되면서 기업 고위직에 대한 능력검증·인사관리차원의 필요성에 의하여 제도가 도입되었다고 한다. 구체적으로 기업법 및 국영관리기업법에서 규정한 관리직무는 수습기간이 (최대)180일까지 가능하게 되었다. 이때, 기업법상 관리자란 "사기업 소유주, 무한책임사원, 사원총회 의장, 사원총회 구성원, 회장, 이사회 의장, 이사회 구성원, 법인장 및 기타 회사정관에 따른 기타 관리직 종사자"이며, 국영기업법상 관리자란 "사원총회 의장 및 구성원, 회장, 법인장, 부법인장, 회계장"으로 규정된다. 국가가 100%지분을 보유한 국영기업은 국영기업법이 적용되고, 국가가 지분 일부만을 보유한 기업은 앞의 기업법이 적용된다.

구분	현행노동법(2019 년)	구 노동법(2012 년)
수습 계약	제 24 조 수습 1. 사용자와 근로자는 근로계약에 기재된 수습 내용에 대해 합의하거나 수습계약 체결을 통해 수습 근무에 대해 합의할 수 있다.	제 26 조 수습 1. 사용자와 근로자는 수습업무 및 그 기간 동안 각 당사자의 권리, 의무를 계약으로 합의할 수 있다. 수습업무가 합의된 경우 각 당사자는 수습계약을 체결할 수 있다.
수습 기간	제 25 조 수습 기간 양 당사자의 합의에 의한 수습 기간은 업무의 성질 및 복잡성에 따라	제 27 조 수습 기간 수습 기간은 업무의 성질 및 복잡성에 따라 상이하나, 하나의 업무에

구분	현행노동법(2019 년)	구 노동법(2012 년)
	상이하나, 하나의 업무에 1 회만 가능하고, 다음의 조건을 충족하여야 한다. 1. 기업법 및 국영기업관리법에서 규정한 관리직무는 180 일을 초과할 수 없다. 2. 구 노동법 제 1 항과 동일 3. 구 노동법 제 2 항과 동일 4. 구 노동법 제 3 항과 동일	1 회만 가능하고, 다음의 조건을 충족하여야 한다. 1. 3 년제 전문대학 이상의 전문 지식 또는 기술 숙련을 요구하는 직무는 60 일을 초과할 수 없다. 2. 2 년제 전문대학, 중급기술자, 중급전문가 수준의 전문 지식 또는 기술 숙련을 요구하는 직무는 30 일을 넘을 수 없다. 3. 그 밖의 직무는 6 일을 넘을 수 없다.

2) 임금

(1) 임금표 등 정부기준의 폐지 및 기업의 자율성 확대

임금표 등의 정부제출 의무가 폐지되고 그 설정에 있어 기업의 자율이 확대되었다. 구 노동법상 '정부가 정한 기준'에 따라 임금표, 임금등급 및 노동기준을 수립하여 '현급 국가노동관서에 제출'하여야 하였다. 예컨대, 직위가 2단계 차이가 날 경우 두 근로자 간 임금의 차이는 5% 여야 하였다. 그러나, 현행노동법에 따르면, 기업이 자율적으로 기준을 설정하여 국가노동관서에 제출할 필요없이 사업장에 공개적으로 공표하면 된다(현행노동법 제93조). 베트남 노동부 고위관계자에 따르면, 임금표 등 정부기준은 1986년 도이머이(개방) 정책 도입 이후, 외국 FDI기업 진출 등에 따라 당시 열악한 베트남 노동조합을 대신하여 정부가 근로자 권리보호를 위하여 임금표, 임금기준 등을 규정하였는데, 베트남 노동조합의 성장, 동일기업 내 상하위 근로자간 임금격차 확대, 기업의 자율경영 요구 등 내외적 환경변화에 따라 이를 삭제하였다고 한다.

구분	현행노동법(2019 년)	구 노동법(2012 년)
임금 기준 등	**제 93 조 임금등급, 임금표 및 노동기준의 수립** 1. 사용자는 근로자를 채용·사용하고 근로계약서에 명시된 업무 또는 직책에 따른 급여 수준을 합의하며 근로자에게 급여를 지급하기 위하여 임금등급, 임금표 및 노동수준을 설정해야 한다. 2. 사용자는 임금등급, 임금표 및 노동기준을 수립할 때, 단위 근로자대표단체가 있는 사업장은 단위 근로자대표단체의 의견을 참고하여야 한다. 임금등급, 임금표 및 노동기준은 시행하기 전에 사업장에 공개적으로 공표되어야 한다.	**제 93 조 임금등급, 임금표 및 노동기준의 수립** 1. 사용자는 정부가 정한 임금의 폭, 임금등급 및 근로등급에 관한 원칙을 기초로 하여 근로자의 모집 및 채용, 근로계약서에 기재될 임금의 합의, 근로자의 임금지급에 관한 기준이 될 임금의 폭, 임금등급 및 근로등급을 수립할 책임이 있다. 2. 사용자는 임금의 폭, 임금등급 및 근로등급을 수립할 때 단위 근로자집단 대표 조직의 의견을 청취하여야 하고, 이를 시행하기 전에 사업장에 공개적으로 공표하여야 하며, 사용자의 생산시설 및 사업장이 위치한 군·현급 국가 노동관서에 제출하여야 한다.

(2) 임금지급

근로자의 위임을 받은 자가 임금을 대리수령하는 것이 가능해졌으며, 근로자에게 상품과 서비스를 구매·이용하도록 강요할 수 없도록 하는 내용이 신설되었다(제94조). 또한 과거에는 시간급, 생산량 또는 업무완성도 등 임금지급방식에 대하여 사용자가 일방적으로 정하였다면 현행노동법은 사용자와 근로자가 합의하도록 하고, 개인 은행계좌로 지급 시 일체의 비용을 사용자가 부담하도록 변경하였다(제96조). 한편, 기존 노동법 내 '상여금'에서 '상여제도'로 수정되어 사용자는 근로자에게 금전 외에 다른 자산 등으로 지급이 가능해졌다(제104조).

134 이재국

구분	현행노동법(2019 년)	구 노동법(2012 년)
대리수령	제 94 조 임금지급의 원칙 1. 사용자는 근로자에게 적시에 전액의 임금을 직접 지급하여야 한다. 근로자가 직접 급여를 수령받지 못하는 경우, 사용자는 근로자에 의해 합법적으로 위임받은 자에게 급여를 지급할 수 있다. 2. 사용자는 근로자의 임금소비의 자기결정권을 제한하거나 간섭하여서는 아니된다. 사용자는 근로자에게 사용자 혹은 사용자가 지정한 곳의 상품과 서비스를 구매·이용하도록 강요해서는 아니된다.	제 96 조 임금지급의 원칙 근로자는 그의 임금을 직접, 전액, 적시에 지급받을 수 있다.
지급방식	제 96 조 임금의 지급방식 1. 사용자와 근로자는 시간급, 생산량 또는 업무 완성도에 따른 지급방식에 대해 합의한다. 2. 임금은 현금 또는 근로자가 개설한 개인 은행계좌로 지급되어야 한다. 개설된 개인 은행계좌로 지급하는 경우, 사용자는 은행계좌 개설과 송금에 일체의 관련 비용을 지불하여야 한다.	제 94 조 임금의 지급방식 1. 사용자는 시간급, 생산량 또는 업무 완성도에 따른 지급 방식을 선택할 권리가 있다. 선택된 임금지급 방법은 특정기간 동안 유지되어야 하며, 만약 방식이 변경될 경우, 사용자는 근로자에게 최소 10 일 전에 이를 사전통지 하여야 한다. 2. 임금은 현금으로 지급되거나 근로자가 개설한 개인계좌로 입금되어야 한다. 은행계좌로 입금하는 방식을 택할 경우, 사용자는 계좌를 개설·유지하는 데에 필요한 수수료에 대해 합의하여야 한다.
상여제도	제 104 조 상여제도 1. "상여"란 생산 및 경영의 성과, 근로자의 작업 완성도에 기초하여 사용자가 근로자에게 지급하는 금원, 자산 그 밖의 형태의 수단을 의미한다.	제 103 조 상여금 1. "상여금"이란 근로자가 자신의 직무를 마쳤을 때 경영결과나 수준, 연 생산량에 기초하여 사용자가 근로자에게 부여하는 금원의 전부를 의미한다.

(3) 최저임금 제도의 개선

최저임금 제도가 개선된다. 국가임금위원회 내에 전문가가 추가되고 (제92조), 최저임금 조정 시, 경제성장, 노동생산성, 실업률, 기업 지급능력 등 사회경제 전반적 요소를 고려하도록 하였다(현행노동법 제91조). '국가임금위원회 설치에 관한 결정(449/QĐ-TTg, 2021년 3월 26일)'에 따르면 전문가는 노동부·사용자단체·노동총연맹에 포함되지 않은 독립위원 2명이 추가된다. 최저임금 설정에 있어 전문성을 보완하고 신중성을 기하려는 취지이다. 다만 베트남 노동부 고위 관계자에 따르면 그간 최저임금이 노(5명)·사(5명)·정(5명)으로 구성된 국가임금위원회를 통해 정치적으로 결정되어 2008년부터 2018년까지 매년 두자리수로 최저임금이 급격히 상승하다보니, FDI기업 유치의 애로 및 베트남 내 기업 경쟁력 약화를 초래된다는 대외적 권고에 따라 개선되었다고 한다. 한편, 실제 현장에서는 작동하지 않은 산업별 최저임금은 이번 노동법을 통해 삭제되었다.

구분	현행노동법(2019 년)	구 노동법(2012 년)
국가 임금 위원 회 구성	**제 92 조 국가임금위원회** 1. 국가임금위원회는 근로자의 최저임금과 임금정책에 관한 정부 자문기관이다. 2. 국무총리는 노동보훈사회부, 베트남노동총연맹, 중앙수준의 사용자대표조직의 대표와 다수의 전문가로 구성된 국가임금위원회를 설립하여야 한다.	**제 92 조 국가임금위원회** 1. 국가임금위원회는 정부 자문기관으로서 노동부, 전쟁보훈사회국, 베트남노동총연맹, 사용자대표조직의 핵심대표들로 구성된다.
최저 임금	**제 91 조 최저임금** 1. 최저임금이란 사회-경제적 조건을 충실히 고려한 가운데, 근로자와 그 가족의 최저생계를 보	**제 91 조 최저임금** 1. 최저임금이란 일반적인 근로 환경에서 가장 기본적 업무를 수행하는 근로자들에게 지급하는

구분	현행노동법(2019년)	구 노동법(2012년)
	장하기 위해 일반적인 근로환경에서 가장 기본적인 업무를 수행하는 근로자들에게 지급하는 최저임금의 수준이다. 2. 최저임금은 월·시간 기준으로, 지역별로 결정된다. 3. 최저임금은 근로자와 그 가족의 최저 생계수준, 최저임금과 노동시장의 임금률의 비교, 소비자물가, 경제성장, 노동 공급 및 수요, 고용률 및 실업률, 노동생산성, 기업들의 지출가능성 등에 근거하여 조정되어야 한다.	최저수준의 임금이다. 또한 이는 반드시 근로자와 그 가족의 최저생계를 보장하여야 한다. 2. 근로자와 가족의 최고한의 생활수준과 사회경제적 상황 그리고 노동시장의 임금을 고려하여 정부는 국가임금위원회의 권고에 따라 지역별 최저임금을 공표한다. 3. 일부 산업분야의 최저임금은 산업별 단체협약에 의해 결정되고 산업별 단체협약에 의해 기록된다. 그러나 이는 정부가 공표한 지역별 최소임금보다 낮아서는 안 된다.

3) 근로시간, 공휴일, 휴가

(1) 월 초과근무시간 확대

구 노동법과 비교할 때, 정규근로시간과 일 및 연간 초과근무시간 제한은 동일하고, 월 초과근무시간만 확대된다. 즉 1일 8시간, 1주 48시간이라는 정규근로시간과, 1일 12시간 및 년 200(섬유·봉제 등 예외 300)시간이라는 초과근무시간 제한은 동일하고, 월 초과근무시간만 40시간으로 확대된다(현행노동법 제107조제2항). 또한 정규근로시간과 관련하여 현행노동법 제105조제2항은 "국가는 사용자가 근로자에 대해 1주 40시간 근무를 시행하는 것을 권장한다."라고 규정하고 있다. 현행노동법 개정안이 베트남 국회 심의 시, 초과근무시간을 확대하려는 정부측과 정규근로시간을 44시간으로 축소하려는 국회측과의 팽팽한 힘겨루기 끝에, 타협의 산물로서 월 초과근무시간만 30시간에서 40시간으로 확대되고, 법

규정에 "1주 40시간 근로시간 권장"이 추가되었다. 이번에 진통이 많았던 만큼, 다음번에 노동법이 개정된다면, 우리 대한민국의 경험처럼 정규근로시간이 1주 44시간 정도로 되지 않을까 예측이 된다.

구분	현행노동법(2019 년)	구 노동법(2012 년)
초과 근무	제 107 조 초과근무 2. (b) 초과근무시간은 1 일 정규 근로시간의 50%를 초과하지 않고, 주 단위로 근무하는 근로자의 경우 정규 근로시간과 초과근무시간을 합한 시간이 1 일 12 시간을 초과하지 않아야 한다. 초과근무시간은 1 개월에 40 시간을 초과하지 않아야 한다. (c) 동조 제 3 항에 규정된 경우를 제외하고 초과근무시간은 1 년에 200 시간을 초과하지 않아야 한다. 3. 사용자는 다음과 같은 산업, 작업, 상황에 대해 1 년에 300 시간을 초과하지 않게 초과근무를 요청할 수 있다.(이하 생략)	제 106 조 초과근무 2. (b) 초과근무시간은 1 일 정규 근로시간의 50%를 초과하지 않고, 주 단위로 근무하는 근로자의 경우 정규 근로시간과 초과근무시간을 합한 시간이 1 일 12 시간을 초과하지 않아야 한다. 초과근무시간은 1 개월에 30 시간을 초과할 수 없고 1 년에 200 시간을 초과하지 않아야 한다. 다만, 정부가 규정하는 특별한 경우에는 이를 초과할 수 있으나, 그 경우에도 1 년에 300 시간을 초과하지 않아야 한다.

(2) 공휴일과 명절: 휴일 1일 추가

9.2 건국기념일(독립일) 전후로 휴일 1일이 추가(현행노동법 제112조제1항)되어 베트남 근로자의 공휴일과 명절이 총 11일로 증가한다. 다만 "매년, 실제 상황을 토대로 하여, 국무총리는 구체적인 휴일을 결정(현행노동법 제112조제3항)"하도록 하여 건국기념일 전날에 쉴 지 아니면 다음날 쉬게 될지는 매년 상이할 수 있다. 참고로 베트남에서 근무하는 외국인 근로자는 "베트남의 공휴일과 명절 외에 자국의 전통 설날 1일과 국가공휴일 1일의 휴가를 가지게 되어(현행노동법 제112조제2항)" 베트남 현행노동

법에 따른 외국인 근로자의 공휴일과 명절은 총 12일이 되는 것이다.

구분	현행노동법(2019 년)	구 노동법(2012 년)
공 휴 일	제 112 조 공휴일과 명절 1. 근로자는 다음과 같은 공휴일과 명절에 유급휴가를 가진다. 　(a) 신정(양력): 1 일 (양력 1 월 1 일) 　(b) 구정(음력): 5 일 　(c) 전승기념일: 1 일 (양력 4 월 30 일) 　(d) 국제 노동절: 1 일 (양력 5 월 1 일) 　(dd) 건국 기념일: 2 일 (양력 9 월 2 일과 전후 연계일 1 일) 　(e) 흥왕 기념일: 1 일 (음력 3 월 10 일) 2. 베트남에서 근무하는 외국인 근로자는 동조 제 1 항에 규정된 공휴일과 명절 외에 자국의 전통 설날 1 일과 국가공휴일 1 일의 휴가를 가진다. 3. 매년, 실제 상황을 토대로 하여, 국무총리는 동조제 1 항 제 b 호와 제 d 호의 규정된 구체적인 휴일을 결정한다.	제 115 조 공휴일과 명절 1. 근로자는 다음과 같은 공휴일과 신년에 유급휴가를 가진다. 　(a) 신정(양력): 1 일 (양력 1 월 1 일) 　(b) 구정(음력): 5 일 　(c) 전쟁승리기념일: 1 일 (양력 4 월 30 일) 　(d) 국제 노동의 날: 1 일 (양력 5 월 1 일) 　(dd) 건국 기념일: 1 일 (양력 9 월 2 일) 　(e) 흥왕 기념일: 1 일 (음력 3 월 10 일) 2. 베트남에서 근무하는 외국인 근로자는 이 조 제 1 항에 규정된 공휴일과 명절 외에 자국의 전통 명절과 국가 공휴일 1 일의 휴가를 가진다.

(3) 유급휴가: 양부모·양자녀 추가

　베트남 가족제도 및 인식의 변화에 따라, 유급 경조휴가 조항에 양부모, 양자녀를 추가하여, 근로자는 양자녀의 결혼 및 양자녀·양부모의 사망 시에도 경조휴가를 누릴 권리를 보장받게 되었다.

구분	현행노동법(2019 년)	구 노동법(2012 년)
유급 휴가	제 115 조 경조휴가 및 무급휴가 1. 근로자는 다음의 경우 유급 경조 　휴가를 가질 수 있고, 이를 사용 　자에게 통보하여야 한다. 　(a) 혼인: 3 일 　(b) 친자녀·양자녀의 결혼: 1 일 　(c) 친부모·양부모, 배우자의 친 　　부모·양부모, 배우자 또는 　　친자녀·양자녀의 사망: 3 일	제 116 조 경조휴가 및 무급휴가 1. 근로자는 다음의 경우 유급 경조 　휴가를 가질 수 있다. 　(a) 혼인: 3 일 　(b) 자녀의 결혼: 1 일 　(c) 친부모(배우자의 친부모를 포 　　함한다), 배우자 또는 자녀의 　　사망: 3 일

(4) 기업단위의 사실상 복수 노동조합 허용

베트남의 CPTPP 가입, EU-베트남 FTA, ILO 협약 비준과 관련하여, 기업단위의 사실상 복수노조가 허용되었다. 그간 베트남은 노동조합법상 하나의 기업에는 하나의 노동조합만 인정되나 이번 노동법을 통해 베트남에서는 노동조합이라는 명칭은 사용하지는 않지만 사실상 기업단위의 복수노조가 허용된다. 따라서 기업 내 근로자단체는 베트남노동총연맹에 가입되어 있는 노동조합법 규정이 적용되는 노동조합과, 현행노동법에 근거하여 설립되는 근로자 대표단체로 구성되며, 노동조합이 아닌 근로자 대표단체도 노동조합과 마찬가지로 쟁의행위 등 노사관계에서 근로자의 합법적이고 정당한 권리와 이익을 대표하고 보호함에 있어 동등한 권리와 의무를 가진다(현행노동법 제170조 및 제172조). 복수 근로자 대표단체로 인한 현장혼란을 방지하기 위한 우리나라의 기업 내 복수노조의 창구단일화 같은 구체적 사항은 현재 개정중인 노동조합법 및 하위 법령에 의해 구체화될 것으로 보인다.

구분	현행노동법(2019 년)	구 노동법(2012 년)
복수 노조	제 3 조 용어의 정의 3. "단위 근로자 대표단체"는 단체 교섭이나 노동 관련 법률 규정에 따른 그 밖의 형식을 통해 근로 관계에서 근로자의 합법적이고 정당한 권리와 이익을 보호하기 위해 근로자가 자발적으로 설립한 내부 조직을 말한다. 근로자 대표단체는 단위 노동조합과 기업 내 근로자 단체를 포함한다. 제 170 조 단위 근로자 대표단체의 설립, 가입, 활동참여의 권리 1. 근로자는 노동조합법에 따라 노동조합을 설립·가입하고 조합활동에 참가할 권리가 있다. 2. 기업 내 근로자는 동법 제 172 조, 제 173 조 및 제 174 조의 규정(노동조합이 아닌 단위 근로자 대표단체)에 따라 기업 내 근로자 대표단체를 설립·가입하고 활동에 참가할 권리가 있다.	제 3 조 용어의 정의 3. "근로자 단체"란 단일 사용자 또는 사용자의 조직구조 내 단일 부서에서 근무하는 근로자들이 조직한 단체이다. 4. "단위 근로자 대표단체"란 단위 노동조합 조직 또는 (단위 노동조합이 설립되지 않은 경우) 직속 상위 노동조합 조직이다.

(5) 외국인근로자 관련 규정의 신설·변경: 근로계약 및 노동허가

이번 노동법에서는 외국인 근로자의 고용상황이 전반적으로 악화되었다. 먼저, 외국인 근로자 근로계약 해지사유가 추가되고 근로계약의 횟수에 대한 특례가 신설되었다. 구체적으로 살펴보면, "베트남에서 일하는 외국인 근로자가 법적 효력을 가진 법원의 판결·결정 및 관할 국가기관의 결정에 따라 추방되는 경우(제34조제5항) 및 노동허가의 효력이 종료(제34조제12항)" 시 근로계약이 종료되고, "베트남에 근무하는 외국인 근로자를 사용할 경우, 양 당사자는 복수의 기한 있는 근로계약의 체결

에 대해 합의할 수 있다(제151조제2항)." 따라서 외국인 근로자의 경우 베트남 근로자와 달리 횟수에 제한 없이 기간의 정함이 있는 근로계약을 체결할 수 있으며 외국인 근로자에 대한 정규직 전환 의무도 없게 된다.

　둘째, 외국인 근로자에 대한 노동허가의 연장이 1회만 허용된다. 구 노동법은 노동허가 연장에 대한 횟수제한이 없으나 현행노동법에 따라 앞으로는 연장은 1회만 허용되어, 해당 신규노동허가의 효력은 최대 4년(최초 2년+연장 2년)이다(현행노동법 제155조). 다만 베트남 노동보훈사회부 고위관계자에 따르면, 신규노동허가의 유효기간인 최대 4년 후에는 외국인 근로자가 베트남에 더 이상 체류할 수 없어 귀국하라는 의미가 아니라, 다시 신규노동허가를 받으라는 의미라며, 베트남 근로자에 대한 고용을 강조하는 취지라고 한다.

구분	현행노동법(2019 년)	구 노동법(2012 년)
계약 해지	**제 34 조 근로계약의 종료** 5. 근로자가 베트남에서 일하는 외국인 근로자로, 법적 효력을 가진 법원의 판결·결정 및 관할 국가기관의 결정에 따라 추방되는 경우 12. 동법 제 156 조 규정에 따라 베트남에서 일하는 외국인 근로자에 대한 노동허가의 효력이 종료된 경우 **제 151 조 베트남에서 근무하는 외국인근로자의 조건** 2. 베트남에서 근무하는 외국인근로자에 대한 근로계약의 기한은 노동허가서의 기한을 초과할 수 없다. 베트남에 근무하는 외국인근로자를 사용할 경우, 양 당사자는 복수의 기한 있는 근로계약의 체결에 대해 합의할 수 있다.	<u>규정없음</u>

구분	현행노동법(2019 년)	구 노동법(2012 년)
노동 허가 연장	제 155 조 노동허가증의 유효기간 노동허가증의 유효기간은 최대 2 년을 초과하지 못한다. 연장의 경우, 최대 2 년으로 1 회만 연장될 수 있다.	제 173 조 근로 허가서의 유효기간 근로 허가서의 유효기간은 최대 2 년 을 초과하지 못한다.
노동 허가 면제	제 154 조 노동허가증이 필요하지 않 은 **외국인근로자** 8. 베트남인과 결혼하여 베트남 영토 　 에 사는 외국인	**규정없음**

(6) 기타: 노동법 적용대상 확대, 정년 연장, 양성평등 강화

가. 노동법 적용 대상 확대

이번 노동법엔 '고용관계가 없는 근로자'가 노동법 적용 대상으로 확대되었다. 따라서 근로계약의 명칭과 관계없이, 특정 업무를 수행하고 임금을 받으면 사용자의 감독을 받는 경우 노동법상의 근로자로 포섭된다는 것이며, 이에 따라 법인장, 부법인장 등 관리자도 근로자에 포함된다.

구분	현행노동법(2019 년)	구 노동법(2012 년)
적용 대상 확대	제 2 조 적용 대상 1. 베트남 근로자, 직업훈련생, 견습생, 　 고용관계가 없는 근로자	제 2 조 적용 대상 1. 베트남 근로자, 직업훈련생, 견습생 　 및 기타 이 법에 규정된 근로자

나. 퇴직연령 상향 조정

남성 60세, 여성 55세의 근로자 퇴직 연령, 즉 정년이 남성 62세, 여성은 60세로 상향 조정되었다. 구체적으로 살펴보면 2021년부터 시작하여 매년 남성 3개월, 여성 4개월씩 점진적으로 상향 조정하여 남성은 2028년에 62세, 여성은 2035년에 60세로 정부 로드맵에 따라 조정된다(현행노동법 제169조제2항).

구분	현행노동법(2019 년)	구 노동법(2012 년)
퇴직 연령	제 169 조 퇴직 연령 2. 통상적인 근로조건에서 근로자의 퇴직연령은 남성근로자는 62 세에 도달하는 2028 년까지, 여성근로자는 60 세에 도달하는 2035 년까지 로드맵에 따라 조정된다. 2021 년부터 시작하여, 통상적인 근로조건에서 근로자의 퇴직연령은 남성근로자의 경우 60 년 3 개월이, 여성근로자의 경우 55 년 4 개월이 되며, 그후 매년 남성근로자는 3 개월씩, 여성근로자는 4 개월씩 증가한다.	제 187 조 퇴직 연령 1. 사회보험법에 규정된 사회보험료 혜택과 납입의 조건을 만족한 근로자는 남성의 경우 60 세에, 여성의 경우 55 세에 연금을 수령할 권리가 있다.

다. 양성평등 강화

　대내외 환경변화에 따라 현행노동법에는 양성평등 관련 조항이 대폭 추가·보완되었다. 우선 제10장의 표제가 "여성근로자에 관한 특별규정"에서 '여성근로자에 관한 특별규정 및 양성평등 보장"으로 변경되었고, 그간 '직장 내 성희롱(sexual harassment)'은 징계, 근로자의 일방적 근로계약 해지사유 등 다수 조항에 존재하였지만 이번 제3조 "용어의 정의" 규정에 '직장 내 성희롱'이 추가되었다. 현행노동법에는 임신기능 및 육아에 부정적 영향을 미칠 수 있는 업무에 여성근로자 사용이 금지되나, 현행노동법에는 남성 및 여성의 구분 없이 노동보훈사회부가 임신기능 및 육아에 부정적인 영향을 미칠 수 있는 직무·업무 리스트를 공표하고, 근로자에게 충분한 정보제공 및 노동안전위생의 조건을 보장하도록 하였다(제142조). 또한 보육·육아시설 설치 또는 보육비 일부 지원도 여성근로자만이 아니라 근로자 전체로 확대되었다. 이와 함께 배우자가 아이를 낳거나 및 6개월 미만의 입양된 자녀를 양육하는 남성근로자도 사회보험법 규정에 따라 사회보험 혜택을 받는 배우자출산휴가를 가질 수 있

도록 하였다(제139조). 한편, 기존의 특히 과중한 업무를 하는 여성근로자
에 대한 임신7개월부터의 가벼운 업무 배치 또는 임금 삭감없는 1시간
근로시간 단축은, 과중·유해·위험 또는 특히 과중·유해·위험한 업무
·직무를 하거나 임신·양육에 부정적 영향이 있는 업무·직무를 하는
여성근로자에 대한 임신 전기간부터 12개월 미만 자녀 양육 시까지 가벼
운 업무 배치 또는 임금 삭감없는 1시간 근로시간 단축으로 강화되었다.

구분	현행노동법(2019 년)	구 노동법(2012 년)
직장 내 성희롱 정의	제3조 용어의 정의 9. "직장 내 성희롱"이란 직장 내에서 피해자들이 수용하거나 기대할 수 없는 타인에 대한 일방의 성적 본성에 따른 행동이다. 여기서 "직장"이란 근로계약 또는 고용주의 업무부과에 따라 근로자들이 일하는 실제적인 장소이다.	규정없음
	제142조 임신기능 및 육아에 부정적 영향을 미칠 수 있는 직무·업무 1. 노동보훈사회부는 임신기능 및 육아에 부정적인 영향을 미칠 수 있는 직무·업무 리스트를 공표하여야 한다.	제160조 여성근로자 사용이 금지된 직무 1. 노동보훈사회부가 보건부와 협의하여 고시하는 임신기능 및 육아에 악영향을 미칠 수 있는 직무 2. 정기적 수중잠수의 직무 3. 정기적 지하에서의 직무
	제136조 사용자의 책임 4. 근로자를 위하여 보육시설, 유치원을 설치하거나 보육비 일부를 보조·지원한다.	제154조 여성근로자를 위한 사용자의 책임 4. 여성근로자를 위하여 보육시설, 유치원을 설치하거나 보육비 일부를 보조, 지원한다.
	제137조 출산보호 2. 과중·유해·위험 또는 특히 과중·유해·위험한 업무·직무를 하거나 임신·양육에 부정적 영향이 있는 업무·직무를 하는 여성	제155조 출산 보호 2. 특히 과중한 업무를 하는 여성근로자는 임신 7 개월부터 가벼운 업무로 배치하거나 근로시간을

구분	현행노동법(2019 년)	구 노동법(2012 년)
	근로자가 임신을 하고 이를 사용자에게 통보하면, 사용자는 보다 가볍고 안전한 업무로 배치하거나 12 개월 미만의 자녀를 양육하는 시간이 끝날 때까지 임금·권리·이익의 삭감없이 근로시간을 매일 1 시간씩 단축하여야 한다.	매일 1 시간 단축하고, 임금은 전액 지급한다.
배 우 자 출 산 휴 가	제 139 조 출산휴가 5. 배우자가 아이를 낳은 남성근로자, 6 개월 미만의 입양된 자녀를 양육하는 근로자, 대리모 여성근로자 또는 대리출산을 의뢰한 여성근로자가 출산휴가를 가질 때, 사회보험법 규정에 따라 출산제도를 누릴 수 있다.	규정없음

제 7 장

분쟁제도

이순성

● ● ○

제1절

베트남 분쟁 해결의 법적 근거

1987년 제정되어 1996년 개정되어 시행중인 외국인 투자법(Law on Foreign Investment in Vietnam)은 외국인 투자와 관련한 분쟁 해결에 대한 법적 틀을 제공하고 있다. 베트남에서의 분쟁 해결은 일반적으로 우리나라와 동일하게 법원에서의 소송 절차를 통해 이루지고 있으며, 일부 분쟁에 대해서는 분쟁 당사자 사이의 사전 또는 사후 중재합의를 바탕으로 베트남국제중재센터(Vietnam International Arbitration Center, "VIAC")에서의 중재 절차를 통해 처리되고 있다.

한편, 2020년 개정된 베트남 투자법(Law on Investment) 제14조는 투자와 관련된 분쟁 해결을 위한 보다 명확한 원칙을 규정하고 있다. 해당 조항에서는 국제 투자 협정에 따른 베트남의 협약과 마찬가지로 '단계적 분쟁해결조항(Multi-Tiered Dispute Resolution Clause)'에 따른 원칙을 규정하고 있다. 이에 따라 분쟁은 첫 단계로 당사자 사이의 협의와 조정을 통해 해결되어야 하며, 본 단계에서 합의가 이루어지지 않을 경우 분쟁 당사자는 i) 베트남 법원; ii) 베트남 중재기구; iii) 외국 중재기구; iv) 국제 중재기구; 또는 v) 당사자 사이의 합의에 따라 설립된 비상설중재판정부 (ad-hoc arbitration)에서 분쟁 해결 절차를 진행할 수 있다.[1]

아래에서 베트남의 소송제도 및 중재제도로 나누어 설명한다.

---

1) 투자법 제 14 조

제2절

베트남 소송 제도

1. 베트남 민사소송법

베트남 내 민사 분쟁과 관련하여, 당사자간 협의와 조정을 통해 분쟁을 해결하지 못하고, 중재합의에 대한 당사자 사이의 합의가 없는 경우, 해당 분쟁은 베트남 민사 법원에서 해결되어야 하며, 3심제인 한국과 달리 2심제를 따른다.

투자와 관련된 분쟁의 해결 절차는 베트남 민사소송법의 일반 조항에 따른다. 하지만, 민사소송법은 국내 법원이 국제 투자 분쟁을 처리하기 위한 구체적인 규정을 제시하고 있지 않으며, 베트남 최고인민법원 및 기타 정부 기관 또한 관련된 공식 지침을 제공하지 않고 있다. 베트남 분쟁 절차 실무상 베트남 법원은 실질적인 분쟁 해결 보다는1958년 외국 중재 판정의 승인 및 집행에 관한 뉴욕 협약(The New York Convention)에 따라 베트남 및 외국 중재 판정을 승인하고 집행하는데 주도적인 역할을 수행하고 있다.

베트남 민사 소송 절차상 분쟁 당사자가 법원에 상대방을 상대로 소송을 제기할 경우 제소기간을 고려해야 하며, 계약과 관련된 분쟁 해결을 위한 소송의 경우 당사자가 자신의 적법한 권리와 이익이 침해되었음을 인지하였거나 인지한 날로부터 3년이고, 상속인의 재산분할청구권과 관련한 소송은 부동산 30년, 동산은 10년으로 규정되어 있다.

2. 소송 절차

민사소송법에 따른 일반적인 소송 절차는 다음과 같다:

1) 원고의 소장 제출[2]

원고는 법원에 관련 서류 및 증거와 함께 소장을 제출한다. 원고는 다음 각 방법에 따라 소장을 접수할 수 있다: i) 법원에 직접 제출; ii) 우편으로 법원에 송부; iii) 법원 전자포털을 통한 전송.

2) 법원의 소장 접수 및 심사[3]

소장이 접수된 날로부터 3영업일 이내에 해당 법원의 법원장은 소장을 검토할 1명의 담당판사를 지정한다. 담당판사는 지정된 날로부터 5영업일 이내에 해당 소장을 심사하여 이를 접수 또는 원고에게 반환하거나 보정 명령을 결정한다. 소장이 접수되고 해당 사건이 해당 법원의 관할권에 속하는 것으로 판단될 경우, 법원은 청구인에게 법원 소송비용을 납부하도록 통지한다. 신청인은 법원으로부터 소송비용 납부 통지를 받은 날로부터 7일 이내에 해당 소송비용을 납부해야 하며, 소송비용 납부가 확인되면 해당 민사 사건이 정식으로 접수된다. 제1심 법원의 소송비용은 상사분쟁 사건의 경우 아래와 같다:

소가	소송비용
6,000만 동 미만	300만 동
6,000만 동 초과~4억 동 미만	소가의 5%

2) 민사소송법 제 190 조
3) 민사소송법 제 191 조

소가	소송비용
4억 동 초과~8억 동 미만	2,000만 동+4억 동 초과분의 4%
8억 동 초과~20억 동 미만	3,600만 동+8억 동 초과분의 3%
20억 동 초과~40억 동 미만	7,200동+20억 동 초과분의 2%
40억 동 초과	1억 1,200만+40억 동 초과분의 0.1%

항소심 법원 수수료는 상사분쟁사건의 경우 200만 동으로 규정하고 있다. 소 제기 시 법원 수수료의 50%를 납부해야 한다.

관할법원은 소를 받아들이기로 결정한 때로부터 영업일 3일 이내에 피고에게 소가 제기됐음을 통지하게 되며, 같은 기간 내에 법원장은 주심 판사를 지정한다. 피고는 소 제기 통지를 받은 날로부터 15일 이내에 법원에 답변서와 증거를 제출한다. 답변서 제출 기한은 15일 이내의 범위에서 연장될 수 있다. 피고가 반소를 원하는 경우 위 기간 내에 반소를 제기해야 한다.

법원은 실질 심리를 개시하기 전에 증거 제출, 열람 및 확인과 당사자 사이의 조정을 위한 소송준비절차를 진행한다.4) 조정절차를 통해 담당판사는 당사자 사이의 합의 또는 합의하지 않은 사항들을 확인하고 결론을 내리며, 조정성립 합의문이 작성된 날로부터 7일 이내에 당사자가 해당 내용에 대해 이의를 제기하지 않을 경우, 담당판사는 각 당사자 사이의 합의 내용을 확인하는 조정성립 승인결정문을 작성하여 5영업일 이내에 당사자에게 발송한다. 조정성립 승인결정문은 발행일로부터 확정판결과 같은 효력을 가지며 항소할 수 없으나, 상위 검찰청장 또는 상위 법원장이 해당 승인결정문에 하자가 있다고 판단하는 경우에는 감독심 절차에 들어가도록 할 수 있다.

---

4) 민사소송법 제 208 조 내지 210 조

3) 법원의 소송 절차 중지 또는 일시정지 결정 및 판결을 위한 실질 심리 개시5)

조정이 이루어지지 않는 경우, 법원은 심리 개시 결정을 내리게 된다. 심리 개시 결정일로부터 1개월 이내에 변론기일이 열리게 된다. 합당한 사유가 있을 경우 1개월까지 연장될 수 있다.

4) 재판 진행

법원이 사건을 접수한 날로부터 2~4개월 내 변론기일이 개시된다.6) 법원은 판사 1인과 배심원 2인으로 구성된 판결위원회를 조직하여 다음의 절차를 포함하는 내용의 심리를 진행한다: i) 개시 절차; ii) 당사자 사이의 질의응답; iii) 판결위원회의 신문; iv) 각 당사자의 주장 전달; 및 v) 재판부의 심리와 판결 선고

상기 절차에 따른 제1심 판결에 불복하는 경우, 당사자는 해당 판결에 대해 2심을 위해 항소 법원에 항소할 수 있으며, 항소 절차는 다음과 같다:

(1) 항소

당사자는 제1심 판결 선고일로부터 15일 이내(당사자가 법원에 출석하지 않은 경우, 판결문 수령일로부터 15일 이내) 항소할 수 있다. 한편, 항소기한이 지난 항소에 대한 처리는 상급 법원의 재량에 따른다.

(2) 항소장 접수 및 심사

제1심 법원은 항소장을 접수하여 항소법원에 송부한다. 제1심 법원은 항소가 확인되면, 항소인에게 항소 절차를 위한 법원의 소송비용을 청구한다. 항소인은 법원으로부터 지불 통지를 받은 날로부터 10일 이내에 이를 납부해야 한다.7) 항소인은 제1심 법원에 소송비용 납부 영수증을

---

5) 민사소송법 제 214 조, 제 217 조 및 제 220 조
6) 민사소송법 제 203 조 제 1 항

제출하고, 제1심 법원은 항소장 및 서류 일체를 항소 법원에 송부한다.

(3) 항소심 준비

항소심 준비 기한은 항소 신청서를 접수한 날로부터 2개월을 초과할 수 없으나, 복잡한 사건의 경우 1개월이 연장될 수 있다.[8] 항소 법원은 항소 사건을 등록하여 판사로 구성된 항소 심리위원회를 구성하여 다음 중 한가지 결정을 내린다: i) 항소 절차 중지; i) 항소 절차 일시 정지; 또는 iii) 항소심 개시.

(4) 항소심 재판 진행

항소심의 변론기일은 항소심 개시 결정일로부터 2개월 이내에 진행된다.[9] 항소심의 협의회는 다음 중 한가지 내용의 항소 판결을 내린다: i) 제1심 판결 파기자판; ii) 제1심 판결 파기환송; iii) 1심 판결을 파기하고 해당 사건 절차 중지; 또는 iv) 제1심 판결 인용. 제1심 판결이 인용되면, 해당 판결은 확정되어 집행권원이 된다.

(5) 재고절차

제1심 또는 항소심에서 확정된 판결이라도 판결에 법률위반이 있거나 새로운 증거의 발견이 있는 경우에는 대한민국의 재심과 유사한 재고절차가 있어 확정판결에 대하여 다시 판단을 받을 수 있는 기회가 있다.

3. 각급 인민법원의 역할

1) 최고인민법원

베트남 최고인민법원은 베트남 법원 조직 상 최상위에 위치하는 법

---

7) 민사소송법 제 276 조 제 2 항
8) 민사소송법 제 286 조 제 1 항
9) 민사소송법 제 286 조 제 2 항

제7장 분쟁제도   **155**

원으로 각급 법원의 균일한 법률적용을 지도하고, 재판 실무에 관한 정보 수집 및 각급 인민법원의 재판을 감독하는 역할을 수행한다. 또한, 국회 및 국회상무위원회에 법안을 제출할 권한을 가지고 있으며, 확정판결에 대한 재고권을 갖는다. 아울러, 시성 인민법원이 제1심 법원인 경우 항소법원이 된다.

2) 시성 인민법원

베트남 민사소송법에 따라 전속관할에 속하는 사건의 1심 법원이 되며, 지방 인민법원의 제1심 판결에 대한 항소법원이 되며 판결이 확정된 지방 인민법원의 판결에 대한 재고권을 갖는다. 시성 인민법원은 형사법원, 민사법원, 경제법원, 노동법원 및 행정법원으로 구성되어 있으며, 각 인민법원은 각 전속관할 사건의 제1심 법원이 되며, 지방 인민법원의 제1심 판결에 대한 항소법원이 된다. 또한, 파산 사건은 경제법원의 관할이며, 파업관련 사건은 노동법원에서 관할한다.

3) 지방인민법원 및 군사법원

지방인민법원은 민사소송법에 따라 전속관할에 속하는 사건의 제1심 법원이 되며, 군사법원은 베트남 인민군대 내부에 설치되어 군인이 피고인이 되는 사건과 기타 법률에 규정된 사건을 관할한다. 군사법원은 세부적으로 중앙군사법원, 군사지역법원 및 지방군사법원으로 구분되어 있다.

4. 보전(임시)처분

1) 보전(임시)처분 신청인

분쟁절차가 진행되는 동안 관련 당사자 또는 법적대리인 또는 법적 절차를 개시하는 모든 기관, 단체 또는 개인은 i) 자신의 생명, 건강, 자산을 보호하고, ii) 증거를 수집하고 이를 보전할 목적으로, 또한 iii) 회복할 수 없는 손실 및 손해를 방지하기 위한 현상을 유지 하거나 집행을 담보하기 위해 아래 3)의 표에 기재된 하나 이상의 보전처분이 내려지도록 관할 법원에 신청할 수 있다.

또한, 즉시 증거를 보호해야 하거나 중대한 결과의 발생을 방지해야 하는 긴급 상황인 경우 해당 기관, 단체 또는 개인은 소 제기와 동시에 관할 법원에 보전처분을 신청할 수 있다.[10]

2) 보전(임시)처분 결정

재판 개시 전인 경우 담당판사는 보전처분의 인용, 변경 또는 취소를 고려하여 결정하고, 재판 중인 경우에는 보전처분의 적용, 변경 또는 취소는 판결위원회에서 심리하여 결정한다.[11]

3) 보전(임시)처분의 종류[12]

No.	보전처분의 종류
1	채무 일부의 사전 이행
2	생명이나 건강에 대한 위해로 발생한 손실이나 손해에 대한 배상 의무의 사전 이행.
3	분쟁 중인 자산에 대한 처분 금지 가처분
4	분쟁 중인 자산에 대한 가압류
5	보조작물 또는 기타 제품/상품의 수확 및 판매 허용
6	은행, 기타 금융기관의 계좌 동결; 임치 장소에서 재산을 동결. 임치 자산의 동결
7	채무자의 자산 동결

---

10) 민사소송법 제 111 조
11) 민사소송법 제 112 조
12) 민사소송법 제 114 조

No.	보전처분의 종류
8	당사자에 대한 작위 또는 부작위 의무 부과
9	채무자에 대한 출국 금지.
10	기타 법률에 규정된 임시처분

상기 보전처분 외에도 법원은 다른 법률에서 규정된 기타 보전처분의 적용에 대한신청을 처리해야 한다.[13]

5. 집행

1) 민사판결집행기관(Civil judgment enforcement agency)[14]

집행 기관	집행 대상
구 단위 (District-level) 민사판결집행기관	관할 지방인민법원의 1심 판결 및 결정
	관할 지방인민법원의 1심 판결 및 결정에 대한 성급 인민법원의 항소심 판결 및 결정
	타지방 구 단위 민사판결집행기관, 성급 또는 군사법원에서 위임한 판결 또는 결정
성급 (Provincial-level) 민사 판결집행기관	시성 인민법원의 1심 판결 및 결정
	최고인민법원의 판결 및 결정
	최고인민법원이 성급 민사판결집행기관으로 이송한 판결 및 결정
	베트남 법원에서 승인한 외국 법원의 판결 또는 외국 중재 기관의 판정
	상사 중재 판정
	경쟁사건처리위원회에서 내린 경쟁사건 처리에 관한 결정
	타지방 민사 집행 기관 또는 군법원 판결집행기관에서 위임한 판결 및 결정

---

13) 민사소송법 제 132 조
14) 민사집행법 제 35 조

집행 기관	집행 대상
군사 지역 (Military zone-level) 판결집행기관	벌금, 자산 몰수, 불법적인 소득 및 자산의 소급적 몰수, 물적 증거 및 자산의 처리, 군사 지역(military zone) 법원의 형사 판결 및 결정에 대한 법원 수수료 및 민사 결정 등에 관한 결정
	벌금, 자산 몰수, 불법적인 소득 및 자산의 소급적 몰수, 물적 증거 및 자산의 처리, 지역 단위 군사법원의 형사 판결 및 결정에 대한 법원 수수료 및 민사 결정 등에 관한 결정
	벌금, 자산 몰수, 불법적인 소득 및 자산의 소급적 몰수, 물적 증거 및 자산의 처리, 지역 단위 군사법원의 형사 판결 및 결정에 대한 법원 수수료 및 민사 결정 등에 관한 결정으로 중앙군사법원에서 군사 지역 집행 기관으로 이송된 결정
	최고인민법원이 민사 판결 및 결정을 군사 집행 기관으로 이송, 구 단위 또는 성급 민사판결집행기관에서 위임한 판결 및 결정

2) 집행절차

판결 또는 결정을 내린 법원은 해당 판결 또는 결정이 법적으로 집행 가능한 날로부터 15일에서 1개월 사이에 민사 판결 집행을 위해 관할 기관에 해당 판결 또는 결정을 전달해야 한다.15)

판결 또는 결정의 발효일로부터 5년 이내에 집행 채권자와 집행 채무자는 관할 민사판결집행기관에 판결 집행 결정을 신청할 수 있다. 판결 또는 결정에 의무이행의 기한이 정해져 있는 경우에는 해당 의무의 이행기로부터 5년 이내에 판결 집행 결정을 신청할 수 있다. 기간별 집행이 예정된 판결 및 결정에 대해서는 각 기간별 집행에 대하여 5년의 신청기한이 적용되고, 해당 각 의무의 이행기로부터 기산된다.16)

민사판결집행기관의 장은 판결집행신청서를 받은 날로부터 5영업일 이내에 판결집행결정을 내려야 한다.17) 집행 채무자의 임의이행 기한은

---

15) 민사소송법 제 485 조
16) 민사판결집행법 제 30 조
17) 민사판결집행법 제 36 조

해당 채무자가 판결 집행 결정을 수령하거나 적절히 통지받은 날로부터 10일이다. 위 10일의 기간 후 집행 채무자의 임의이행이 없는 경우, 집행자는 이를 확인해야 하며, 다만 보전처분 결정이 있는 경우에는 지체 없이 확인 작업을 수행해야 한다.[18] 임의이행 기간 도과 후 이행이 없는 것이 확인되면 집행 채무자에 대한 강제집행이 이루어진다.[19]

집행 채무자에 대한 판결의 집행이 어려운 경우, 집행관은 6개월에 1회 이상 집행 가능 여부를 확인해야 한다. 집행이 어려운 집행 채무자가 2년 이상의 징역형을 선고받아 복역 중인 사람이거나 집행 채무자가 거주하는 주소 또는 장소를 확인할 수 없는 사람인 경우에는 연 1회 확인이 필요하다. 두 번의 확인 후에도 집행 채무자에 대한 집행이 여전히 어려운 경우, 민사판결집행기관은 확인 결과를 집행 채권자에게 서면으로 통지해야 한다. 해당 절차 이후에는 집행 채무자에 대한 집행 가능 상태에 대한 새로운 정보가 있는 경우에만 재확인을 진행한다.[20]

6. 제소기간 및 소멸시효

1) 민사분쟁

민사분쟁의 경우 제소 권한이 있는 사람이 자신의 법적 권익을 침해 당한 사실을 알았거나 알았어야한 날로부터 3년이다.[21]

민사분쟁에 대한 제소기간은 아래 중 하나가 발생한 날 중단되고, 그 다음날로부터 재기산된다.[22]

① 채무자가 제소자에 대한 의무의 일부 또는 전부를 인정한 경우

---

18) 민사판결집행법 제 44 조
19) 민사판결집행법 제 46 조
20) 민사판결집행법 제 44 조
21) 민법 제 429 조
22) 민법 제 157 조

② 채무자가 제소자에 대한 의무의 일부를 인정하거나 이행한 경우
③ 당사자들이 서로 화해한 경우

2) 상사분쟁

상법 제237조 제1항의 (dd)[23])에 규정된 경우를 제외하고 상사분쟁에 적용되는 제소기간은 법적권익을 침해당한 날로부터 2년이다.[24]) 한편, 상법 제237조 제1항의 (dd)에 규정된 경우를 제외하고 소멸시효 기간은 당사자 사이의 합의에 의하며, 당사자 사이에 합의가 없는 경우 다음과 같이 적용된다.[25])

① 재화의 수량에 관한 청구의 경우 재화를 인도받은 날부터 3개월
② 상품의 품질에 관한 청구의 경우 재화를 인도받은 날부터 6개월 또는 해당 재화에 대한 보증이 적용되는 경우 보증기간 만료일로부터 3개월
③ 기타 위반에 대한 청구의 경우 채무불이행의 당사자가 해당 계약상 의무를 이행했어야 하는 날로부터 9개월 또는 보증이 적용되는 경우 보증기간 만료일로부터 9개월

---

23) 물류서비스업을 영위하는 사업자가 배송한 재화의 수령인이 해당 재화를 인도받은 날로부터 14 일 이내에 청구(complaint) 통지를 하지 않는 경우, 해당 물류서비스 사업자의 책임은 면제된다.
24) 상법 제 319 조
25) 상법 제 318 조

● ● ○

제3절

베트남 중재 제도

1. 베트남 상사중재법

베트남 상사중재법에서는 분쟁이 발생하기 전에 또는 후에 당사자들이 중재에 합의했다면, 분쟁은 중재로써 해결한다고 정하고 있다.[26] 또한, 중재는 비공개로 진행되며, 중재판정은 최종적임을 명시하고 있다.[27]

중재판정의 일방 당사자의 신청으로 다음의 경우 중재 판정은 취소된다:[28]

① 중재 합의가 없었거나 해당 중재 합의가 무효인 경우

② 중재판정부의 구성 또는 중재 절차가 당사자들의 합의와 일치하지 않거나, 본 법의 규정에 반하는 경우

③ 분쟁이 중재판정부의 관할이 아닌 경우; 판정에 중재판정부의 관할권 이외의 항목이 포함된 경우 해당 항목은 무효화됨

④ 중재판정부가 판정의 근거로 한 당사자 제공 증거가 위조일 경우; 또는 중재인이 중재 판정의 객관성 및 공정성에 영향을 미치는 분쟁 당사자로부터의 금전, 자산 또는 기타 물질적 이익을 제공받은 경우

---

26) 상사중재법 제 5 조 제 1 항

27) 상사중재법 제 4 조

28) 상사중재법 제 68 조 제 2 항

162   이순성

⑤ 중재 판정이 베트남 법의 기본 원칙에 위배될 경우

베트남 대법원은 2014년 3월 20일자 결의안(Resolution No. 01-2014-NQ-HDTP)을 통해 해당 "중재 판정이 베트남 법의 기본 원칙에 위배될 경우"에 대한 지침을 다음과 같이 제공하고 있다:
["중재 판정이 베트남의 기본 원칙에 위배될 경우"라는 것은, 중재 판정이 베트남 법의 발전 및 시행에 관련한 기본 원칙을 위반함을 의미함.
중재 판정 무효 신청을 고려함에 있어, 법원은 중재 판정이 하나 이상의 법의 기본 원칙을 위반하는지 여부와 그러한 원칙이 분쟁 해결과 관련이 있는지 여부를 결정해야함.
법원은 중재 판정이 중재판정부가 원칙을 이행하지 않아 베트남 법의 하나 이상의 기본 원칙을 위배하는 내용을 포함고 있으며, 정부 및(또는) 제 3자 또는 당사자의 정당한 권리와 이익을 실질적으로 침해하였다고 판단한 경우에만 해당 중재 판정을 무효로 할 수 있음.]

2. VIAC 중재규칙 일반

1) 중재신청

중재센터에서 중재절차를 개시하고자 하는 당사자는 중재신청서를 센터에 제출하여야 한다. 중재신청서에는 다음의 사항이 기재되어야 한다:[29]
① 중재신청서 작성 연월일
② 당사자들의 성명 및 주소
③ 분쟁 내용에 대한 요약
④ 청구의 근거
⑤ 분쟁 가액 및 신청인의 기타 청구

---

29) 베트남 국제중재센터 중재규칙 제 7 조

⑥ 본 규칙 제 12 조 제 1 항 또는 제 13 조에 따라 신청인이 중재인으로 지명
하거나, 중재센터에 중재인으로 선정을 요청하는 사람의 성명
⑦ 신청인이 조직인 경우 그 조직의 법적대표자 또는 대리인의 서명; 신청인
이 개인인 경우 본인 또는 대리인의 서명

2) 중재신청 통지 및 중재신청서 송부

당사자 간 기간에 대한 다른 합의가 없는 경우, 중재센터는 중재신청
서, 중재합의 및 기타 관련 서류가 제출되고 본 규칙 제 35 조에 따른 중
재비용의 예납이 이루어진 날부터 10 일 이내에 피신청 인에게 중재신
청 통지, 중재신청서, 중재합의 및 기타 관련 서류를 송부하여야 한다.30)

3) 답변서 제출

당사자 간 기간에 대한 다른 합의가 없는 경우, 피신청인은 중재신청
통지, 중재신청서, 중재합의 및 기타 관련 서류를 수령한 날부터 30 일
이내에 답변서를 센터에 제출하여야 한다. 답변서에는 다음 각 호의 사
항이 기재되어야 한다:31)

① 답변서 작성 연월일
② 피신청인의 성명 및 주소
③ 답변의 근거
④ 본 규칙 제 12 조 제 2 항 또는 제 13 조에 따라 피신청인이 중재인으로
지명하였거나, 중재센터에 중재인으로 선정을 요청하는 사람의 성명
⑤ 피신청인이 조직인 경우 그 조직의 법적대표자 또는 대리인의 서명; 신청
인이 개인인 경우 본인 또는 대리인의 서명

피신청인이 중재합의의 존부, 유효성 및 수행 가능성에 대하여 이의
를 제기하는 경우, 피신청인은 그러한 주장을 답변서에 기재하여야 한

---

30) 베트남 국제중재센터 중재규칙 제 8 조
31) 베트남 국제중재센터 중재규칙 제 9 조

다. 피신청인이 이를 기재하지 아니하는 경우, 피신청인의 이의신청권은 상실된 것으로 간주한다. 그러한 경우, 피신청인은 중재인을 지명하거나 센터에 중재인 선정을 요청하여야 한다. 피신청인의 신청에 따라, 센터는 답변서 제출기한을 연장할 수 있다. 기한연장신청서는 전 항에 따른 30일의 기한 또는 연장된 답변서 제출 기한의 만료 전에 서면으로 센터에 제출 되어야 한다. 신청인이 답변서를 제출하지 아니하는 경우에도 중재절차는 계속 진행된다.

4) 반대신청

피신청인은 신청인의 중재신청에 대하여 반대신청을 제기할 수 있다. 반대신청은 신청인이 피신청인을 상대로 중재신청을 제기한 것과 동일한 중재합의에 기초하여야 한다. 반대 신청서는 (답변서와) 별도의 문서로 작성하여야 하며 답변서와 동시에 제출하여야 한다.32)

5) 중재인

당사자들이 분쟁을 단독 중재인의 심리로 해결하기로 합의하지 않은 이상, 3인의 중재인으로 구성되는 중재판정부가 분쟁을 해결한다.33) 당사자 간에 다른 합의가 없는 경우, 신청인은 중재인을 지명하거나 중재센터에 중재인 선정을 요청하여야 한다. 신청인이 복수인 때에는 신청인들 간의 합의로 중재인 1인을 지명하거나 중재센터에 중재인 선정을 요청하기로 합의한 후 이를 센터에 고지하여야 한다. 당사자 간에 다른 합의가 없는 경우, 피신청인은 중재신청 통지, 중재신청서, 중재합의 및 기타 관련 서류를 수령한 날부터 30일 이내에 중재인을 지명하거나 센터에 중재인 선정을 요청하여야 한다.34)

---

32) 베트남 국제중재센터 중재규칙 제 10 조
33) 베트남 국제중재센터 중재규칙 제 11 조
34) 베트남 국제중재센터 중재규칙 제 12 조

중재인으로 지명 또는 선정된 자는 다음과 같은 사유가 있는 경우에는 중재인이 될 수 없다.[35]

① 중재인이 당사자의 친척이거나 대리인인 경우
② 중재인에게 분쟁과 관련된 이해관계가 있는 경우
③ 당사자 간에 서면합의가 없는 한, 중재인이 현재 센터에서 진행 중인 분쟁 사건에서 조정인, 또는 어느 한 당사자의 대리인이나 변호사였던 경우
④ 중재인 후보자가 공정하거나 객관적이지 않다는 사실을 입증하는 명백한 이유가 있는 경우
⑤ 중재인이 당사자들이 합의한 특정 자격요건을 충족하지 못할 경우
⑥ 중재인이 사안에 적용되는 중재법에 규정된 자격요건을 충족하지 못할 경우

6) 중재신청 또는 반대신청 철회

당사자들은 중재판정부가 중재판정을 내리기 전에 중재신청 또는 반대신청을 철회할 수 있다. 당사자들은 최종 심리가 종결되기 전에 중재신청, 반대신청, 답변서 또는 반대신청에 대한 답변서를 변경하거나 보완할 수 있다. 변경이나 보완은 서면에 의하여야 한다.[36]

7) 임시처분

중재판정부는 당사자의 신청에 의하여 분쟁 당사자들에게 다음 각호 중 하나 또는 복수의 임시적 처분을 명할 수 있다.[37]

① 분쟁 대상 자산의 현상 변경 금지
② 분쟁 당사자의 특정 행위 금지, 또는 중재 절차에 악영향을 미치는 행동을 방지하기 위한 특정 행위의 이행
③ 분쟁 대상 자산의 압류
④ 일방 또는 복수의 분쟁 당사자들에 대한 자산의 보존, 보관, 판매 또는 처분

---

35) 베트남 국제중재센터 중재규칙 제16조
36) 베트남 국제중재센터 중재규칙 제14조
37) 베트남 국제중재센터 중재규칙 제21조

명령

⑤ 당사자 간 잠정적 금전 지급 명령

⑥ 분쟁 대상 자산에 관한 권리의 이전 금지

중재절차 진행 중, 당사자가 법원에 본 조 제1항에 따른 임시적처분 중 하나 이상의 임시적처분을 먼저 신청하고 중재판정부에도 동일한 임시적처분을 신청하는 경우, 중재판정부는 그러한 신청을 거절하여야 한다. 법원에 임시적처분을 신청한 당사자는 즉시 센터에 신청 사실을 통지하여야 한다.

8) 중재언어 및 준거법

섭외적 요소가 없는 분쟁의 경우, 중재 언어는 베트남어로 한다. 섭외적 요소가 있고, 적어도 한 당사자가 외국인 투자자본이 있는 법인인 경우, 중재 언어는 당사자간의 합의로 정한다. 그러한 합의가 없는 경우, 중재판정부는 계약서의 언어 등 제반 사정을 고려하여 중재절차 진행 시 사용할 한 개 또는 복수의 언어들을 정한다.[38] 섭외적 요소가 없는 분쟁의 경우, 중재판정부는 베트남 법을 적용한다. 섭외적 요소가 있는 분쟁의 경우, 중재판정부는 당사자들이 합의한 법을 적용한다. 당사자 들이 합의한 법이 없을 경우, 중재판정부는 가장 적절하다고 판단하는 법을 결정한다.[39]

9) 조정

중재판정부는 당사자들의 신청이 있을 경우 조정을 진행해야 한다. 조정이 성립된 경우, 조정성립 의사록을 작성하여 당사자들과 중재인들 또는 단독중재인이 서명해야 한다. 그러한 경우, 중재판정부는 조정성립

---

38) 베트남 국제중재센터 중재규칙 제 23 조

39) 베트남 국제중재센터 중재규칙 제 24 조

을 승인하는 결정을 하여야 하며, 해당 중재판정부의 결정은 중재판정과 동일한 효력을 가진다.[40]

10) 중재판정

중재판정은 최종 심리의 종결일로부터 30 일 이내에 내려져야 한다. 중재판정부는 판정일 이후 즉시 중재판정문을 중재센터에 송부한다. 중재센터는 즉시 당사자들에게 중재판정문의 원본 또는 인증된 사본을 송부한다. 중재판정은 종국적이며 당사자들을 구속한다.[41]

중재판정문은 서면으로 작성되며, 중재판정문에는 다음의 주요 정보가 기재되어야 한다:

① 중재판정 작성 연월일 및 중재판정지
② 신청인과 피신청인의 성명 및 주소
③ 중재인들 또는 단독 중재인의 성명
④ 중재신청 및 분쟁 내용의 요약; 반대신청 및 분쟁 내용의 요약
⑤ 중재판정의 근거. 다만, 당사자들이 합의한 경우 판정의 근거를 기재하지 아니함
⑥ 판정 주문
⑦ 중재판정의 집행 기간
⑧ 중재비용 및 기타 관련 비용의 분담
⑨ 중재인들 또는 단독 중재인의 서명

11) 중재비용 등 결정

당사자들이 달리 합의하지 않는 한, 중재판정부가 중재비용의 분담을 정한다. 중재판정부는 일방 당사자의 법률비용 및 기타 합리적으로 발생한 비용의 전부 또는 일부를 상대방 당사자가 부담하도록 결정할 수 있는 권한을 가진다.[42]

---

40) 베트남 국제중재센터 중재규칙 제 29 조
41) 베트남 국제중재센터 중재규칙 제 32 조

3. 중재비용

중재비용에는 다음 각 항의 항목이 포함된다:[43]

① 중재인들의 보수

② 센터의 관리비용

③ 비용 추산 당시 시행 중인 센터의 서면 지침에 정하여진 중재인들의 출장, 숙박 및 기타 관련 경비; 중재판정부의 요청에 따른 기타 지원 경비

④ 자산에 대한 감정 및 평가에 관한 비용, 전문가의 자문 비용

3명의 중재인으로 구성된 중재판정부에 의해 해결된 분쟁의 경우 다음과 같은 기준에 따라 중재비용이 산정되며, 단독 중재인이 선임되어 해결된 분쟁에 대해서는 다음 각 비용의 70%를 기준으로 중재비용이 산정된다.[44] 다음 중재비용에는 중재인과 중재센터 서기에 대한 출장, 숙박 및 기타 관련 경비, 감정평가 비용, 중재판정부의 요청에 의한 전문가의 자문 비용 기타 지원 경비를 포함하지 않는다.

소가	중재 수수료(VND 기준, VAT 포함)
100,000,000 까지	16,500,000
100,000,001 ~ 1,000,000,000	16,500,000 + 100,000,000 초과 금액의 7.7%
1,000,000,001 ~ 5,000,000,000	85,800,000 + 1,000,000,000 초과 금액의 4.4%
5,000,000,001 ~ 10,000,000,000	261,800,000 + 5,000,000,000 초과 금액의 2.75%
10,000,000,001 ~ 50,000,000,000	399,300,000 + 10,000,000,000 초과 금액의 1.65%

---

42) 베트남 국제중재센터 중재규칙 제 32 조

43) 베트남 국제중재센터 중재규칙 제 34 조

44) VIAC 결정문(Decision No. 89/QD-VIAC)

소가	중재 수수료(VND 기준, VAT 포함)
50,000,000,001 ~ 100,000,000,000	1,059,300,000 + 50,000,000,000 초과 금액의 1.1%
100,000,000,001 ~ 500,000,000,000	1,609,300,000 + 100,000,000,000 초과 금액의 0.5%
500,000,000,001 부터	3,609,300,000 + 500,000,000,000 초과 금액의 0.3%

4. 외국중재판정의 승인 및 집행

1) 외국중재판정에 대한 승인 및 집행 규정

외국중재판정에 대한 승인 및 집행은 일반적으로 베트남 민사소송법 (Civil Proceeding Code) 제35장(제423조 내지 제431조)에 규정되어 있으며, 승인 및 집행은 i) 베트남과 해당 외국이 모두 회원국인 국제협약 및 ii) 상호주의에 입각하여 이루어진다.

한편, 외국법원의 판결 및 결정과 외국중재판정의 승인 및 집행의 절차는 민사소송법 제 37장(제451조 내지 제463조)에 명시되어 있다.

2) 승인 신청 절차

단계	내용	대상
1. 신청	판정의 효력 발생일로부터 3년 내에 신청서를 제출.	베트남 법무부 (MOJ) 또는 베트남 법원
	신청서는 베트남어로 작성되어야 하고, 외국어로 작성된 경우 베트남어 번역 공증이 필요	
	베트남 법무부에 신청서가 제출된 경우 법무부는 해당 신청서 및 서류를 5영업일 내에 베트남 법원에 송달해야 함	
2. 접수 및 수리	베트남 법원은 신청서 및 제출 자료와 관련한 관할권을 심리하고 이를 수리하며, 해당 서류 일체가 접수된 날로부터 5영업일 내에 관련 당사자 및 법무부에 서면으로 통지.	

단계	내용	대상
3. 검토	신청서를 수리한 날로부터 2개월 내에 법원은 각 사건에 따라 다음 결정 중 하나를 내림: a) 신청에 대한 검토를 일시 중단; b) 신청에 대한 검토를 중단; c) 신청에 대한 심리를 위한 회의 진행	
4. 심리 및 결정	신청에 대한 심리는 3명의 판사로 구성된 심의회가 진행. 해당 심의회는 베트남에서의 집행을 승인하는 결정 또는 외국중재판정의 효력을 인정하지 않는 결정을 내릴 수 있음	
5. 항고	법원의 결정일로부터 15일 내에 당사자는 그러한 결정에 대해 항고할 수 있음	
6. 최종 결정	항고 내용을 검토하여 법원은 외국중재판정을 승인, 거부 또는 정지하는 결정을 내릴 수 있음	

3) 외국중재판정의 집행

베트남 민사판결집행법(Law on enforcement of civil judgments)에 따라 성급 민사 집행 기관은 외국 법원의 판결, 결정 및 베트남에서의 집행을 위해 베트남 법원이 승인한 외국중재판정을 집행할 권한을 가진다.

판결 및 결정의 효력 발생 후 5년 내에 당사자는 서면 요청, 구두 요청 또는 우편을 통한 서면 요청을 통해 집행을 신청하거나 대리인에게 위임할 수 있으며,45) 해당 신청자는 관련된 판결, 결정 또는 관련 자료를 제출해야 한다.

민사판결집행기관(Civil judgment enforcement agency)은 다음 각 경우에 대해 집행 신청서 접수일로부터 5영업일 내에 집행 결정을 내리고 그 사실을 통보할 수 있다:46)

① 신청인이 판결 집행을 요청할 권리가 없거나 판결집행신청서의 내용이 해당 판결 또는 결정의 내용과 무관할 경우

---

45) 민사판결집행법 제30조
46) 민사판결집행법 제31조

② 해당 판결 및 결정에 따른 집행 과정에서 관련 당사자의 권리 또는 의무가
　발생하지 않는 경우
③ 집행을 요청한 민사판결집행기관이 권한이 없는 경우
④ 집행 신청기간이 만료한 경우

민사판결집행기관의 장은 신청서 접수일로부터 5영업일 내에 집행
결정을 내려야 한다.47) 또한, 민사판결집행기관의 장은 집행 결정을 발
행하고 집행자를 지정하여 집행을 진행할 수 있는 권한이 있다:48)
① 벌금, 불법적 수입(금전 및 자산)의 회수, 법원 수수료 및 비용
② 관련 당사자에게 금전 및 자산의 환급
③ 국가 예산으로 몰수 또는 물적 증거(material evidences) 및 자산의 처분 및
　기타 국가 예산으로 편입
④ 국가 예산으로 편입되는 토지 및 기타 자산을 사용할 수 있는 권리 회복

집행 결정 및 기타 관련 문서는 발급한 날로부터 3영업일 이내에 관
련 당사자 및 관련 권리 및 의무가 있는 사람에게 통지된다.49) 채무자는
집행 결정문을 송달 받거나 적절하게 통지받은 날로부터 10일 이내에
자발적으로 채무를 이행해야하며, 해당 기간이 도과할 때까지 채무자가
자발적으로 이를 이행하지 않을 경우 강제 집행 절차가 진행된다.50)
　실무상 베트남 법원의 경험과 이해 부족 및 법령에 대한 세부 가이드
라인 등의 부재로 집행 절차가 다소 지연될 수 있으며, 집행에 있어 채
무자의 비협조에 대한 효과적인 제재 방법이 없는 것이 문제가 될 수 있
다. 예를 들어, 일부 채무자가 은행 예금을 인출하거나 자산을 제 3자에
게 양도하는 등의 방식으로 재산을 은닉하는 경우에 대한 특별한 제재

---

47) 민사판결집행법 제 36.1 조
48) 민사판결집행법 제 36.2 조
49) 민사판결집행법 제 39 조
50) 민사판결집행법 제 46 조

조치는 존재하지 않는다. 또한, 유관 기관들(은행, 세무 당국, 토지 행정 당국
등)의 비효율적인 협조 및 유관 기관들 사이에 채무자의 자산을 신속하
게 압류하여 집행을 담보할 수 있는 효과적인 정보 공유 시스템이 부재
한 것도 실무상의 문제를 초래할 수 있다. 일반적으로 집행 기관에 공문
을 보내거나 때로는 관련 기관에 직접 방문하여 도움과 협력을 요청해야
한다.

Chart 1: 일반 절차

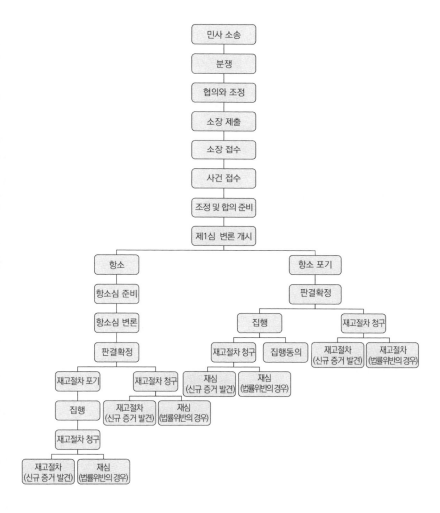

Chart 2: 재고 절차

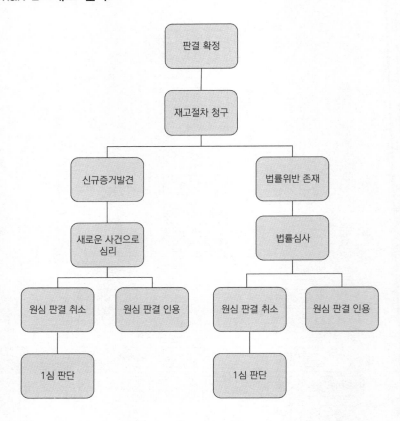

제 8 장

세 법

김태경

똑드남

1. 베트남 조세제도 및 조세관리법

1) 베트남 조세제도

(1) 베트남 세법의 구성

베트남 세법에는 조세관리법(Tax Administration Act), 법인세법(Corporate Income Tax Act), 개인소득세법(Personal Income Tax Act), 부가가치세법(Value Added Tax Act), 특별판매세법(Special Sales Tax Act), 환경보호세법(Environment Protection Tax Act), 자원세법(Natural Resources Tax Act), 비농업용토지 사용세법(Non-agriculture Land Use Tax Act), 관세법(Customs Act) 등이 있다.

베트남 세법도 다른 법률들과 유사하게 법률(Act), 시행령(Prime Minister's Decree) 및 시행규칙(Minister's Circular)으로 구성되고, 과세관청의 공문(Cong Van) 및 문서(Van Ban)도 법원으로 인정된다.[1]

(2) 베트남 진출기업 및 외국법인 관련 주요 세법

베트남 사업 및 투자에 일반적으로 영향을 미치는 베트남의 주요 조세는 법인세(Corporate Income Tax), 자본양도소득세(Capital Assignment Profits Tax), 개인소득세(Personal Income Tax), 부가가치세(Value Added Tax), 원천징수(Withholding Tax) 및 외국인계약자세(Foreign Contractor Tax) 등이다.

아래에서는 위와 같은 베트남의 주요 조세에 더하여 이전가격(Transfer Pricing), 조세조약(Tax Treaty) 및 국제조세 관련 규정을 주로 다루고자 한다.

---

1) 김준석 · 한경배 · 이삼한 · 김태경, "베트남세법", 삼일인포마인, 2019, 19 면 참조.

2) 조세관리법

(1) 조세관리법의 개요

베트남에는 관세와 개인소득세를 포함한 다양한 세법들의 행정적인 공통사항을 규정하는 조세관리법(Tax Administration Act)이 있다. 하지만, 베트남에는 64개의 지방자치단체가 있고, 지방자치단체에 있는 지방국세청은 상당한 수준의 자율적인 권한을 행사하고 있고, 지방국세청 사이에 조세행정실무와 세법해석에 차이가 있을 수 있다.

(2) 과세관청

과세관청은 국세와 관세를 담당하는 관청으로 구성된다. 국세 담당 기관은 국세청(the General Department of Taxation; "GDT"), 지방국세청, 지방국세청 산하의 세무서로 구성되고, 관세 담당 기관은 관세청, 지방관세청, 지방관세청 산하의 세관으로 구성된다.

재무부(the Ministry of Finance; "MOF")는 국세청의 상위 정부 기관으로서 우리나라의 기획재정부와 마찬가지로 전반적인 조세관리의 시행 주무부처의 역할을 한다.

(3) 납세등록 및 납세지

납세자는 아래와 같은 날로부터 10 근무일 이내에 납세등록 신청을 하여야 한다.

① 사업자등록증, 투자허가서 등이 발급된 날
② 사업자등록 대상이 아닌 경우 사업활동을 실제 시작한 날
③ 조세를 납세할 의무가 발생한 날
④ 조세환급 청구를 한 날

(4) 유권해석(Tax Ruling)의 신청

납세자는 해당 과세관청에 특정 세무 이슈에 대하여 공식적인 질의

를 통하여 유권해석을 신청할 수 있다. 납세자가 관할 세무서 또는 지방
국세청에 유권해석을 신청 하는 경우, 그러한 유권해석의 신청은 상위
과세관청인 국세청(GDT) 또는 재무부(MOF)로 이관되어 검토 되는 경우
도 있다.

베트남 과세관청은 납세자의 공식적인 질의에 대하여 상당히 길게
공식적인 질의회신을 제공한다. 특정한 조세 이슈가 있는 경우 베트남
국세청(GDT) 또는 지방 세무서에서 질의회신을 받아 두게 되면 추후에
발생할 수 있는 세무상 문제 제기를 방지할 수 있다.

(5) 가산세(Penalties) 및 부과제척기간(the Satute of Limitation)

과소신고 및 과소납부 가산세는 일반적으로 미납부세액의 20% 및
지연 납부 일별 0.03%의 지연납부 이자가 적용된다. 사기 또는 탈세의
경우에는 더 높은 가산세율이 적용된다. 자진신고 하는 경우에는 지연납
부 이자를 감면해준다. 최근의 개정 세법에 따르면 공식적인 지침에 따
른 경우 가산세가 면제되는 규정이 신설되었다. 하지만, 어떤 경우에 가
산세가 면제되는지 등 해당 규정을 실무에 적용하는데 불확실한 점이 여
전히 남아 있다.

조세를 부과할 수 있는 부과제척기간은 일반적으로 10년이고, 가산
세에 대한 부과기간은 5년이다. 납세자가 납세 등록을 하지 아니하거나
형사처벌 대상인 탈세의 경우에는 과세관청은 부과제척기간이 없이 조
세 및 가산세를 부과할 수 있다.

(6) 조세회피방지규정과 실질과세원칙

베트남에서는 일반적인 조세회피방지규정(general anti-avoidance rule)이
없으나, 실질과세원칙(substance over form rule)이 2020년 7월 1일을 시행일
로 도입되었다.

2. 법인세법

1) 납세의무자와 사업연도

(1) 납세의무자

베트남에 등록된 내국법인은 전세계 소득에 대하여 법인세가 과세된다. 외국법인의 베트남 지점의 경우는 베트남 지점에 귀속되는 소득에 대해서만 법인세가 과세된다.

베트남에 고정사업장을 가지고 있지 아니한 외국법인과 외국인 개인에 대해서도 베트남 원천소득이 있는 경우 외국인계약자로 간주되고, 용역이 베트남 내에서 수행되거나 베트남 밖에서 수행되거나 여부와 상관없이 외국인계약자세(Foreign Contractor Tax)가 원천징수 형태로 과세된다. 외국인계약자세는 법인세(CIT)와 부가가치세(VAT)의 요소가 혼합되어 있다. 외국인계약자세에 대해서는 제5장에서 별도로 상세히 설명하기로 한다.

(2) 사업연도

법인세 과세 사업연도는 일반적으로 1월1일부터 12월 31일이다. 법인이 이와 다른 과세 사업연도를 채택하고자 하는 경우, 과세관청에게 신청해야 한다.

2) 법인세율과 조세특례

(1) 법인세율

일반적인 법인세율은 20%이다. 베트남 내 석유·가스의 탐사, 시추 및 추출의 경우 32%부터 50%의 법인세율이 적용되는데, 재무부장관의 요청에 따라 총리가 지역 및 조건에 따라 세율을 정한다. 베트남에는 법인세에 부가되는 지방소득세가 별도로 없다.

(2) 조세특례

조세특례는 아래와 같은 경우에 적용된다.

　ⅰ) 투자지역: 사회경제열악지역, 경제개발지역, 첨단기술지역 또는 승인된 산업단지 등에 대한 투자

　ⅱ) 투자업종: 첨단기술기업, 소프트웨어개발, 교육, 건강, 환경보호, 과학적연구, 농산물 및 해산물 제품 가공, 재생에너지와 인프라개발 등에 대한 투자

　ⅲ) 투자규모: 특정 기준을 충족하는 대규모 제조업 투자

조세특례는 아래와 같은 2가지 형태로 주어진다.

　ⅰ) 조세감면 또는 면제

　　처음으로 이익이 발생한 연도 또는 4번째 수익이 발생한 연도부터 특정 기간 동안(보통 2-4년) 조세를 면제하고 이후 특정 기간 동안은 조세의 50%를 감면해주는 방식이다.

　ⅱ) 특례세율 적용

　　투자지역, 투자업종, 투자규모에 따라 10년에서 무기한으로 경감된 특례 세율(10%, 15% 또는 17%)이 적용된다.

3) 법인세 신고 및 납부 기한 법인세율과 조세특례

(1) 신고기간

법인세 신고 기한은 각 사업연도말 이후 3월말이다. 즉, 12월말 법인의 경우 법인세 신고 기한은 다음 연도의 3월말이 된다.

(2) 납부기한

법인세 납부는 분기별로 분할하여 각 분기말로부터 30일째 되는 날까지 예납을 하여야 한다. 만약 3분기까지 예납한 법인세가 해당 사업연도 법인세 합계의 75% 미만인 경우에는 과소납부액에 대항 3분기 예납기한부터 이자가 부과된다. 마지막 법인세 납부기한은 법인세 신고기한

인 각 사업연도말 이후 3월말이다.

4) 과세소득의 계산

(1) 과세소득과 세무조정

과세소득은 베트남 기업회계기준에 의한 회계상 이익에 세무조정을 하여 계산된다. 세무조정에 따라 익금산입되는 수익과 손금불산입되는 비용 등을 조정하게 된다. 양도소득은 법인의 과세소득에 포함된다.

(2) 손금불산입되는 비용

다음과 같은 비용은 손금불산입된다.

① 사업활동과 관련되지 않는 비용
② 증빙이 없는 비용
③ 세법상 규정된 감가상각율을 초과는 감가상각비
④ EBITDA(Earnings before Interest, Tax, Depreciation and Amortization)의 20%를 초과하는 이자비용
⑤ 이자율이 베트남의 국립은행 이자율의 1.5배를 초과하는 경우의 이자비용
⑥ 재고감모손실충당금, 대손충당금, 보증충당금 등 회계상 충당금 비용
⑦ 노동계약, 법인고용정책 등에 규정되어 있지 않은 종업원 보수
⑧ 한도를 초과한 종업원 복지비용
⑨ 미실현 외국환 이익 또는 손실
⑩ 기부금
⑪ 매입부가가치세 등 세금
⑫ 벌금

외국법인의 베트남 지점 또는 고정사업장은 위 손금불산입 항목 외에 베트남 지점에 배분되는 본점경비의 손금산입 등 추가적인 손금산입 관련 규정이 있다.

(3) 연구개발비 공제

요건을 충족한 연구개발비 지출액은 각 사업연도소득의 10% 한도 내에서 과세소득에서 공제된다. 연구개발비 지출액은 법인세 신고의 일부로서 매년 과세관청에게 보고되어야 한다. 연구개발비의 공제 요건을 충족하기 위해서는, 해당 연구개발비는 베트남에서 수행된 연구개발활동에서 발생해야 하고, 적절한 인보이스와 첨부자료 등 증빙이 구비되어야 한다.

5) 실질과세원칙과 이월결손금 공제

(1) 실질과세원칙

모든 비용 및 지출은 2020년 7월 1일부터 시행된 새로운 실질과세원칙(substance overform rule)이 적용된다.

(2) 이월결손금 공제

이월결손금은 이월결손금이 발생한 연도의 말로부터 5년 동안 이월공제된다. 결손금의 소급공제는 허용되지 않는다.

베트남에는 연결납세제도가 없으므로, 관계회사 사이에 다른 법인의 결손금을 사용할 수 없다.

6) 자본양도소득세(Capital Assignment Profits Tax; CAPT)

(1) 자본양도소득세 - 비상장법인 주식 양도소득에 대한 과세

베트남 비상장법인 주식의 양도차익은 대부분의 경우 20%의 일반적인 법인세가 과세된다. 이처럼 베트남 비상장법인 주식의 양도차익은 별도로 과세되지 않지만, 일반적으로 자본양소소득세(Capital Assignment Profits Tax; CAPT)라고 불린다. 자본양도소득세의 과세표준은 양도가액에서 취득원가를 차감하여 계산한다.

184   김태경

(2) 양도인(또는 양도인 및 양수인)이 외국법인인 경우의 납세의무

양도인이 외국법인인 경우, 베트남 양수인은 지급하는 양수도대금에서 자본양도소득세를 원천징수하여 과세관청에게 납부하여야 한다. 만약 양도인과 양수인이 모두 외국법인이라면, 양수도 대상 베트남 법인이 자본양도소득세(CAPT)의 원천징수 및 납세의무를 부담하게 된다.

(3) 자본양도소득세의 신고 및 납부

자본양도소득세는 관계 당국의 공식적인 매매 허가일로부터 10일 이내에 신고 및 납부가 이루어져야 한다. 관계당국의 매매 허가가 요구되지 아니하는 경우에는 주식양수도계약을 체결한 날로부터 10일 이내에 신고 및 납부가 이루어져야 한다.

(4) 관계회사간의 양수도대가의 이전가격 조정 및 간접양도에 대한 과세

관계회사 간의 주식양수도대가가 시가가 아닌 경우 베트남 과세당국은 자본양도소득세 목적 상 이전가격을 조정할 수 있다. 최근에는 베트남 법인의 주식 양수도 뿐만 아니라 베트남 법인의 (직접 또는 간접) 해외 모회사의 주식양수도(소위 주식의 간접양도)에 대해서도 자본양도소득세를 과세하려는 경향이 나타나고 있다.

(5) 채권 또는 상장회사 주식의 양도에 대한 과세

외국법인이 채권(bonds) 또는 상장회사 주식 등 증권을 양도하는 경우에는 전체 양도가액의 0.1%로 법인세가 과세된다. 하지만, 베트남 국내 법인의 경우 이러한 증권의 양도에 대하여는 양도차익의 20% 세율로 법인세가 과세된다.

3. 개인소득세법(Personal Income Tax Act)

1) 거주자 및 비거주자

(1) 거주자 및 비거주자의 납세의무

베트남 거주자는 전세계 소득에 대하여 납세의무가 있고, 비거주자는 베트남 원천 과세소득에 대해서만 납세의무가 있다.

(2) 거주자 및 비거주자의 정의

거주자는 다음 요건 중 하나에 해당하는 개인을 말하며, 비거주자는 거주자에 해당하지 아니하는 개인을 말한다.

① 1월 1일부터 12월 31일 사이에 또는 베트남에 입국한 날로부터 계속되는 12개월 동안 183일 이상 베트남에 체류한 경우
② 1월 1일부터 12월 31일 사이에 183일 이상 베트남에 체류하지 않았지만, 베트남에 영구적 거주지를 두고 세무상 다른 국가의 거주자라는 것을 증명하지 못하는 경우

2) 개인 소득세 신고 및 납부

(1) 개인소득세의 과세연도

개인소득세의 일반적인 과세연도말은 12월 31일이다. 하지만, 베트남 거주자가 된 첫 번째 과세연도는 베트남 입국일부터 12개월의 기간으로 한다. 이 경우 두 번째 과세연도는 12월 31일 까지 단기 과세연도가 적용된다. 베트남에서 출국 시에는 1월 1일부터 출국일까지를 과세연도로 하는 것을 제외하고, 과세연도는 1월 1일부터 12월 31일로 한다.

(2) 납세자번호(Tax Codes)

베트남에서 과세 소득이 있는 개인은 납세자번호(Tax Code)를 신청하여 발급받아야 한다. 베트남에서 근로소득이 있는 개인은 세무등록 신청서를 고용주에게 제출해야 하며, 이 세무등록 신청서는 관할 세무서에

제출된다.

근로소득 외에 다른 소득이 있는 개인의 경우 주소지 관할 세무서에 세무등록신청서를 제출해야 한다.

(3) 개인소득세의 신고기한

베트남의 고용주가 모든 소득을 원천징수하여 신고 납부하는 경우가 아니라면, 개인은 분기별로 소득세를 예납하여야 한다.

개인이 직접 과세관청에 소득세를 신고하는 경우 분기별 소득세 예납은 각 분기말 이후 30일 이내에 신고 및 납부하여야 한다. 이 경우 연말 개인소득세 최종 신고 및 정산 납부기한은 다음 연도 4월 30일이다.

베트남 거주자인 파견 외국인은 베트남 파견이 완료되어 출국하는 경우 베트남 최종 소득세를 신고 및 납부하여야 한다. 이 경우 최종 소득세 신고는 베트남 출국일로부터 45일 이내에 하여야 한다.

3) 개인소득세율

근로소득은 누진세율에 따라 과세된다. 근로소득 외 소득은 각각 다른 소득세율에 따라 과세된다.

(1) 근로소득에 대한 소득세율

베트남 거주자의 근로소득에 대해서는 아래 누진세율이 적용된다.

연간 과세소득 (million VND)	연간 과세소득 미화 추정액(USD) (환율 US$1:VND23,000)	소득세율(%)
0 - 60	0 - $2,600	5%
60 - 120	$2,600 - $5,200	10%
120 - 216	$5,200 - $9,400	15%
216 - 384	$9,400 - $16,700	20%
384 - 624	$16,700 - $27,100	25%
624 - 960	$27,100 - $41,700	30%
> 960	> $41,700	35%

베트남 비거주자 개인에게 지급되는 근로소득에 대해서는 20%의 단일 소득세율이 적용된다.

(2) 베트남 거주자 및 비거주자의 근로소득 이외의 소득에 대한 소득세율

소득의 종류	소득세율(%)
사업소득(Business income)	0.5 ~ 5% (사업소득의 종류에 따라 달라짐)
이자소득(은행이자 이외), 배당소득, 사용료	5%
유가증권의 양도(채권, 상장주식의 양도 등)	양도가액의 0.1%
비상장주식의 양도(Capital Assignment Profit Tax)	양도차익의 20%
부동산의 양도	양도가액의 2%
증여, 상품, 상속, 복권당첨(카지노 당첨금 제외)	10%

(3) 베트남 거주자의 사업소득(Business Income)에 대한 소득세율

소득의 종류	소득세율(%)
상품의 판매 및 공급	0.5%
용역, 원자재의 공급이 없는 건설	2%
자산의 리스	5%
제조, 운송, 제품에 부수된 용역, 원자재의 공급을 포함한 건설	1.5%
기타 사업의 운영	1%

연간 1억동(VND 100 million) 이하의 사업소득을 가진 개인의 사업소득에 대해서는 개인소득세가 과세되지 않는다.

(4) 비과세소득

다음 소득은 비과세 근로소득으로 분류된다.
① 점심 및 중간 교대조 수당
② 베트남에 근무하는 파견자 또는 해외에 근무하는 베트남 종업원의 자녀에 대한 학비

③ 집에서 일터 또는 그 반대의 경우에 종업원 통근을 위한 차량 임차료

④ 휴대폰 수당

⑤ 일회성 이사 수당

⑥ 고국 방문 항공료

⑦ 피복 수당

⑧ 회사의 정책에 따라 지급되는 업무상 출장 일당 수당

⑨ 경조 수당

4. 부가가치세법

1) 부가가치세의 납세자 및 납세지

(1) 부가가치세 납세자

부가가치세의 납세자는 사업의 형태나 방식을 불문하고 베트남에서 과세대상 재화나 용역을 생산하거나 거래하거나, 또는 재화나 용역을 수입하는 법인이나 개인 사업자를 말한다.[2]

(2) 부가가치세 납세지

납세자는 사업장이 소재한 지역에서 부가가치세를 신고납부한다.

세액공제방법에 따라 부가가치세를 납부하는 납세자가 본사가 소재한 지역 이외의 지역에 본사에서 회계처리를 하는 제조장을 보유하는 경우에는 부가가치세를 각 지역에서 납부하여야 한다.

직접납부방법을 적용하는 법인이 본사가 소재한 지역 이외의 지역에 제조장을 보유하거나 다른 지역에서 판매를 하는 경우, 그 법인은 해당 지역에서 이루어진 매출액에 대하여 부가가치세를 납부하여야 한다. 이 경우, 법인이 본사에서 부가가치세를 신고납부 한 경우 다른 지역에서는 직접납부방법에 따라 부가가치세를 납부하지 않는다.[3]

---

2) 부가가치세법 제 4 조, 부가가치세법 시행령 제 3 조

3) 부가가치세법 시행규칙(Circular) §20 ①, ②, ③

2) 과세대상 재화 및 용역

(1) 과세대상 재화 및 용역

생산, 유통, 소비의 과정에서 발생하는 재화·용역의 가치 증가분에 대하여 부가가치세를 과세한다.4) 과세 재화 및 용역은 베트남에서 생산되거나 거래되거나 소비되는 것으로, 국외에서 구매되는 것을 포함하며, 부가가치세가 면세되는 재화 및 용역을 제외한다.5)

(2) 부가가치세가 면세되는 재화 및 용역

다음과 같은 재화와 용역의 공급은 부가가치세가 면세된다.6)

① 대출(대출과 신용카드), 리스, 금융파생거래, 외환거래, 채권팩토링 등 관련 금융용역
② 펀드 매니지먼트 용역
③ 보험 및 재보험 용역
④ 토지 사용권의 매도(한도 이내)
⑤ 교육용역
⑥ 의료용역
⑦ 노인복지용역
⑧ 공공 교통 용역(버스 등)
⑨ 기술의 양도
⑩ 주식의 양도
⑪ 대중매체의 발행(신문 및 잡지 등의 판매)
⑫ 다양한 농산물의 판매
⑬ 다양한 천연자원의 판매
⑭ 기타

---

4) 부가가치세법 §2
5) 부가가치세법 §3, 부가가치세법 시행규칙 §2
6) 부가가치세법 시행규칙 §4

부가가치세 면세사업자는 영세율이 적용되는 경우를 제외하고 부가
가치세 매입세액을 공제하거나 환급받을 수 없다.[7]

3) 부가가치세 과세표준 및 세액의 계산

(1) 부가가치세 납부세액의 계산방법

부가가치세 매출세액 또는 매입세액은 과세가격에 세율을 곱하여 산
출한다. 부가가치세 납부세액은 세액공제방법 또는 직접납부방법에 따
라 계산한다.[8]

세액공제방법	직접납부방법
부가가치세 매출세액 (-) 부가가치세 매입세액 = 부가가치세 납부세액	재화·용역 매출가액 (-) 재화·용역 매입가액 = 재화·용역 부가가치 x 부가가치세율 = 부가가치세 납부세액

직접납부방법(Direct method)은 연간 수입금액이 1십억동(VND 1 billion)
미만인 납세자가 선택할 수 있는데, 직접납부방법을 선택하는 경우에는
재화·용역의 매출가액에서 매입가액을 차감한 후 부가가치세율을 적용
하여 부가가치세 납부세액을 계산한다.

(2) 부가가치세 과세표준

재화 또는 용역에 대한 부가가치세 과세표준에는 사업자가 수취하는
금전적 가치가 있는 모든 대가가 포함되므로 부수입 또는 추가수입이 모
두 포함되고, 부가가치세는 제외된 금액이다.

특별소비세 및 환경보호세 과세대상인 재화 및 용역의 과세표준은
특별소비세 및 환경보호세를 포함하고 부가가치세를 제외한 금액이다.

---

7) VATA §5
8) VATA §6

　수입재화의 과세표준은 수입가격에 수입관세, 특별소비세 및 환경보호세를 더한 금액이다.

　증여하거나 현물지급하는 재화·용역의 과세표준은 그 당시 동일하거나 유사한 재화·용역의 과세표준으로 한다.

　영수증에 부가가치세를 포함한 공급대가가 기재되어 있는 경우, 부가가치세 과세표준은 다음과 같이 산출한다.[9]

　　　과세표준 = 부가가치세가 포함된 공급가액 / (1 + 부가가치세율)

(3) 외화로 대가를 받는 경우

　부가가치세 과세표준은 베트남 동으로 계산한다. 납세자가 외화로 대가를 받는 경우 과세가격은 판매할 때에 적용되는 베트남 국립은행이 공시하는 '은행간 평균거래환율'에 따라 동으로 환산한다.[10]

4) 부가가치세 세율

(1) 부가가치세 세율

　베트남의 일반적인 부가가치세율은 10%이다. 재화·용역이 수입되었는지, 제조되었는지, 가공되었는지 또는 매매되었는지 여부와 상관없이 동일한 부가가치세율이 적용된다.[11]

　납세자가 서로 다른 부가가치세율이 적용되는 여러 가지 재화·용역을 판매하는 경우 각각 구분하여 해당 부가가치세율을 적용한다. 구분되지 않는 경우 적용되는 부가가치세율들 중 가장 높은 세율을 적용한다.

(2) 5% 세율의 적용

　생활 필수 재화·용역에 대해서는 5%의 세율이 적용된다. 생활 필수

---

　9) 베트남 부가가치세법 §7
10) 베트남 부가가치세법 §7 ③
11) 베트남 부가가치세법 §8

재화 · 용역에는 물, 미가공 식품, 약품, 의료기기, 농산물, 교육용역과 교육용 도서, 특정 문화 · 예술 · 스포츠 용역, 공공지원주택(social housing) 및 기타 다양한 재화와 용역 등이 해당된다.

(3) 부가가치세 영세율

수출되는 재화, 베트남 밖에서 소비되는 용역, 해외 및 자유무역지역의 건설 및 설비, 국제운송 등에 대하여 영세율이 적용된다.[12)

가. 수출재화

수출되는 재화는 영세율이 적용되는데, 매입 부가가치세는 매출 부가가치세에서 공제되거나, 환급 요건에 부합되는 경우 환급된다.

나. 용역의 수출

베트남은 용역 수출의 경우 용역의 공급시기 또는 공급장소를 결정함에 있어서 공급지주의를 채택하지 않고, 소비지주의를 채택하고 있다. 그러므로 용역 수출의 경우, 베트남 밖에서 용역이 소비되는지 여부로 판단하게 된다. 소비지(the place of consumption)에 대해서는 명확한 규정이 없으나, 개인 납세자에 대한 특정한 사실관계에 기반을 둔 다양한 공식 유권해석이 나와 있다.[13)

용역의 수출, 즉 베트남 밖에서 소비되는 것으로 간주되는 경우에는 영세율이 적용된다. 이 경우, 매입 부가가치세는 공제된다. 그러나 광고용역, 호텔 관리 용역, 여행 및 공연, 기타 관련 활동 등과 관련된 특정 재화의 수출은 베트남에서 부가가치세가 과세 된다. 용역의 수출에 대한 영세율 적용은 이슈가 많이 제기되므로 관련된 문제가 발생하는 경우 심도 있는 검토가 필요하다.[14)

---

12) 베트남 부가가치세법 §8
13) Vietnam Tax Legal Handbook, KPMG, 2020
14) Vietnam Tax Legal Handbook, KPMG, 2020

5) 재화 및 용역의 수입에 대한 부가가치세

(1) 재화의 수입에 대한 부가가치세

재화의 수입에 대한 부가가치세는 수입 통관절차를 통하여 징수된다. 비거주자에 대한 지급액에 대해서는 부가가치세 대리납부 절차(reverse charge system)에 따라 징수된다.

재화의 수입에 대한 부가가치세는 신고된 수입물품의 가격, 수입관세와 관련된 세금(특별판매세, 환경세 등)을 합한 금액에 해당 부가가치세율을 적용하여 계산된다. 재화의 수입에 대한 부가가치세율은 0% ~ 10%로 다양하다. 재화의 수입에 대한 부가가치세는 수입 시 납부한다.

(2) 용역의 수입에 대한 부가가치세

용역의 수입에 대한 부가가치세는 외국인계약자세 규정에 따른 대리납부 절차를 통하여 징수된다. 즉, 용역 대가를 지급하는 자가 부가가치세를 징수하여 과세당국에게 납부한다. 용역의 수입에 대한 부가가치세율은 0% ~ 5%로 다양하다. 용역의 종류에 따른 부가가치세율은 아래 제5장 외국인계약자세 부분에 자세히 기술되어 있다.

6) 부가가치세의 신고·납부 및 환급

(1) 사업자 등록

부가가치세가 과세되는 재화와 용역을 공급하는 모든 법인과 개인은 부가가치세 신고 및 납부를 위하여 사업허가를 받은 곳 또는 사업장이 소재한 곳에서 등록을 하여야 한다. 베트남 내에 지점이 있는 경우에는 각 지점이 위치한 장소에 대하여 별도의 부가가치세 목적 상의 등록을 하여야 한다.

(2) 부가가치세의 신고 및 납부

연간 수입이 5백억동(VND 50 billion) 이상인 경우 등록하고 월별로 부가가치세를 납부하여야 한다. 부가가치세는 매월 다음 달 20일까지 납부하여야 한다.

연간 수입이 5백억동(VND 50 billion) 미만인 경우, 부가가치세는 분기별로 분기말로부터 30일 이내에 납부하여야 한다.

(3) 부가가치세의 환급

부가가치세의 환급에는 엄격한 조건과 제한이 따른다. 예를 들면, 재화의 수출과 관련하여 매입 부가가치세가 3억동(VND 300 million)을 초과하는 경우 환급을 신청할 수 있다.

5. 원천징수와 외국인계약자세

1) 원천징수와 조세조약

(1) 배당소득, 이자소득 및 사용료소득에 대한 원천징수

비거주자에게 지급되는 배당소득, 이자소득 및 사용료소득은 베트남 세법 상 아래와 같은 원천징수 세율이 적용된다.

① 배당소득: 원천징수 없음
② 이자소득: 5%
③ 특허권, 발명권, 산업재산권, 디자인, 상표권, 저작권, 기술적인 노하우 (이하 "기술의 이전"이라함)에 대한 사용료소득: 10%

(2) 조세조약 상 제한세율

조세조약 상 제한세율이 베트남 국내세법 상 원천징수 세율보다 낮은 경우 조세조약 상 제한세율이 적용된다. 조세조약을 적용하기 위해서는 베트남 국내법 상 조제조약 상 제한세율의 적용을 위한 절차를 따라야 한다.

한·베트남 조세조약 상 제한세율은 다음과 같다.

① 배당소득: 10% (베트남 국내 세법 상 원천징수 없음)
② 이자소득: 10%

③ 사용료소득: 특허권·의장이나 신안·도면·비밀공식 또는 비밀공정의 사용 또는 사용권, 또는 산업적/상업적/학술적 장비의 사용 또는 사용권, 또는 산업적·상업적·학술적 경험 관련 정보에 대한 대가로서 취득하는 지급금에 대하여는 사용료 총액의 5%; 기타의 모든 경우 사용료 총액의 15%

(3) 수익적소유자와 조세회피방지 규정

조세조약의 적용 시에는 수익적소유자(Benenficial Owner)와 조세회피방지 규정이 적용된다. 즉, 베트남 원천소득을 지급받는 자가 수익적소유자라는 것을 증명하지 못하는 경우, 조세조약 상 제한세율이 적용되지 않을 수 있다.

2) 외국인계약자세(Foreign Contractor Tax)

(1) 외국인계약자세와 원천징수

베트남세법은 배당소득, 이자소득 및 사용료소득에 대한 원천징수 외에 다양한 국제거래에 대한 원천징수의무를 부과하고 있다. 이는 베트남에 재화와 용역을 공급하는 비거주자 및 외국법인으로부터 베트남 법인세 및 부가가치세를 징수할 목적으로 부과되는데, 이러한 원천세를 외국인계약자세라고 한다.

(2) 외국인계약자세(Foreign Contractor Tax; "FCT")의 납세자

외국인계약자세는 외국법인 또는 비거주자 개인("외국인계약자"라고 함)에게 지급되는 금액에 대하여 적용된다. 재화의 수입이 관련된 용역의 공급(예를 들면, 물류용역 등)에 수반되는 것이 아니라면, 재화의 수입에 대한 지급에는 외국인계약자세가 적용되지 않는다.

외국인계약자세는 2가지 요소, 즉 법인세와 부가가치세로 구성된다. 원천징수 세율은 베트남으로 공급되는 재화와 용역의 성격에 따라 다양하다. 서로 다른 요소가 혼재되어 있는 계약의 경우 서로 다른 요소에 따라 외국인계약자세의 원천세율이 다르게 적용될 수 있다.

(3) 외국인계약자세의 원천징수의무자

외국인계약자세에 대한 원천징수의무자는 베트남 거주자인 지급자이다. 다만, 비거주자인 외국인 계약자가 베트남에 세무 등록을 하고 외국인계약자세를 자진신고를 통하여 납부하는 것으로 선택한 경우에는 예외적으로 외국인계약자가 납세의무자가 된다.

(4) 외국인계약자세의 산출방법

비거주자인 외국인계약자는 아래와 같은 3가지 방법 중 하나의 방법으로 외국인계약자세를 납부하게 된다.

① 원천징수방법(Direct method)
② 자진신고방법(Deduction method)
③ 혼합방법(Hybrid method)

가. 원천징수방식(Direct method)

원천징수방식은 가장 일반적인 납부 방법이다. 비거주자인 외국인계약자는 베트남에 등록하지 않아도 되고, 베트남의 지급자가 원천세를 징수하여 납부하게 된다. 이 방법은 지급자가 원천징수의무자로서 의무를 이행할 수 있는 경우에 적용된다. 원천징수방식 하에는 소득의 지급자가 원천징수의자로 납세의무를 지게 된다.

나. 자진신고방식(Deduction method)

이 방법 하에서는 비거주자인 외국인계약자가 세무 등록 및 납세의무를 지게 되는데, 비거주자인 외국인계약자는 베트남 사업자들과 동일하게 부가가치세와 법인세 목적 상 등록을 하여야 한다. 즉, 외국인계약자는 과세소득에 대하여 20%의 법인세율을 적용하여 법인세를 신고·납부하여야 한다.

이 방식에 따르면 외국인계약자는 상당한 법인세 신고·납부 의무를 지게 되므로, 실무상 이 방식을 선택하는 경우는 거의 없다. 하지만, 계약에 따라 이러한 방식을 선택하는 경우가 있을 수 있다.

다. 혼합방식(Hybrid method)

혼합방식은 원천징수방식과 자진신고방식이 혼합된 방식이다. 즉, 비거주자인 외국인계약자는 부가가치세 목적 상 등록을 하여 정상적인 국내 신고방식에 따라 부가가치세를 신고하고 납부하지만, 법인세 목적 상 등록이나 법인세 자진납부는 하지 않는다. 법인세는 원천징수방식에 따라 지급자가 원천징수하여 납부한다.

(5) 외국인계약자세 원천징수세율

지급 종류	간주 VAT 원천세율(%)(주2)	간주 법인세 원천세율(%)
베트남 내에서의 재화의 공급 또는 베트남에서 제공되는 용역과 관련된 재화의 공급	면제(주 1)	1%
용역	5%	5%
수입된 기계와 관련된 용역	3%	2%
레스토랑, 호텔 및 카지노 관리 용역	5%	10%
(재료, 기계 및 장치 등의 공급이 있는) 설치 또는 건설과 관련된 용역	3%	2%
(재료, 기계 및 장치 등의 공급이 없는) 설치 또는 건설과 관련된 용역	5%	2%
리스용역	5%	5%
운송용역	3%(주 3)	2%
이자	면제	5%
금융파생거래	면제	2%
재보험	면제	0.1%
보험	면제 또는 5%	5%
사용료	면제 또는 5%(주 4)	10%
증권의 양도	면제	0.1%
기타 활동	2%	2%

(주1) 재화가 부가가치세가 면세되거나 재화의 수입 시 수입 부가가치세(import VAT)가 납부된 경우, 부가가치세는 과세되지 않는다.
(주2) 석유·가스 산업과 관련된 재화 및 용역의 공급은 10%의 부가가치세율이 적용된다. 특정한 재화와 용역은 부가가치세가 면세되거나 5%의 부가가치세율이 적용되기도 한다.
(주3) 국제운송소득에 대해서는 0%의 부가가치세 세율이 적용된다.
(주4) 컴퓨터 소프트웨어 라이선스, 기술의 이전, 지적재산권(저작권 및 산업재산권 포함)의 이전은 부가가치세가 면제된다. 그 이외의 사용료는 부가가치세가 과세된다.

김태경

3) 외국인계약자세에 대한 한국에서의 외국납부세액공제 문제

(1) 외국인계약자세의 외국납부세액공제 적용여부 관련 예규 및 판례

가. 우리나라의 베트남 진출기업들에게 외국인계약자세의 외국납부세액공제 유무는 그 동안 많은 이슈가 되어 왔다. 우리 정부의 입장은 한·베트남 조세조약에 따라 외국인계약자세 과세대상 용역대가는 사업소득에 해당하므로 한국 법인이 베트남에 고정사업장을 가지고 있는 경우에만 과세되고, 한국 법인이 베트남에 고정사업장을 가지고 있지 않은 경우에는 외국인계약자세가 과세되지 않아야 한다는 것이다.

한국법인은 베트남에 고정사업장을 가지고 있지 아니하는 한, 베트남에서 원천징수한 외국인계약자세를 외국납부세액으로 공제받을 수 없다.

· **국제세원 - 178, 2012.4.13.**

베트남에 고정사업장을 가지고 있지 아니한 내국법인이 베트남 법인에 제품을 수출하고 받는 대가에 대하여 베트남 세법에 따라 원천징수된 세액이 「한·베트남 조세조약」 제7조에 따라 적정하게 납부된 세액에 해당하지 아니하는 경우에는 「법인세법」 제57조에 따른 외국납부세액공제를 적용받을 수 없음.

· **국제세원 - 324,2014.09.01.**

【질의】

(사실관계)

o 질의법인은 베트남에 고정사업장을 두지 아니한 상태에서 베트남에 로봇 제품을 수출하고 설치 용역을 제공하고, 이에 대하여 베트남 세법에 따라 매출총액에서 법인세를 원천징수 한 후 대금을 수령함.

(질의요지)

o 베트남 세법에 의하여 원천징수 된 외국인계약자세(Foreign Contractor Withholding Tax)가 외국납부세액공제 적용 가능한 지 여부

【회신】

베트남의 외국인계약자세가 외국납부세액공제 대상인지 여부에 대하여는 기존 해석사례(국제세원-178, 2012.4.13.)를 참고하기 바람.

· **기획재정부 국제조세제도과 - 112, 2016.03.04.**

베트남 세법에 따라 현지에서 원천징수된 외국인계약자세는 「대한민국 정부와 베트남사회주의공화국 정부간의 소득에 대한 조세의 이중과세회피와 탈세방지를 위한 협정」 및 「법인세법」 제57조에서 규정한 외국납부세액공제의 적용 대상이 되는 외국법인세액에 해당하지 아니하는 것임.

나. 2017년 감사원은 우리나라 법인이 베트남에 고정사업장을 두고 있다 하더라도 베트남 사업에서 결손이 발생하여 고정사업장에 귀속되는 국외원천소득 자체가 없는 경우 베트남에 과세권이 없다고 보고, 원고가 베트남에 이 사건 외국인계약자세를 납부하였더라도 이는 법인세법 제57조 외국납부세액공제 대상이 되지 않으므로 차기이월액에서 차감하여야 한다고 국세청에 시정요구를 하였다.

베트남 외국인계약자세의 외국납부세액공제 여부는 베트남에 고정사업장을 가지고 있다고 볼 수 있는지 여부와 베트남에 고정사업장을 가지고 있다고 하더라도 베트남 원천소득의 유무에 따라 결정되게 되었다.

· 감사원은 2017. 3. 31. 「내국법인 등의 국제거래 과세실태」 감사결과를 처분요구 또는 통보하였는바, 그 내용은 다음과 같다.

A. 우리나라 법인이 베트남에 납부한 외국인계약자세는 한·베트남 조세조약 제2조에 따른 이윤세이자 베트남 정부가 외국법인의 기업소득에 대해 과세한 외국법인세이므로 「법인세법」 제57조 제1항의 규정에 따라 외국납부세액공제를 해줌으로써 이중과세되는 일이 없도록 하여야 한다.

B. 우리나라 법인이 베트남에 고정사업장을 두고 있지 않거나 고정사업장을 두더라도 베트남에서 발생한 국외원천소득 자체가 없는 경우

에는 외국인계약자세를 납부하였더라도 이는 한·베트남 조세조약 제5조 및 제7조를 위반한 것이므로 「법인세법」 제57조에 따른 외국납부세액공제를 하여서는 아니 된다.

C. 국세청장은 베트남에 고정사업장이 없는 법인이 납부한 외국인계약자세를 외국납부세액으로 부당하게 공제받은 법인세를 추가 징수결정하도록 통보하였다.

D. 기획재정부장관은 베트남 내 고정사업장에 귀속하는 소득에 대한 외국인계약자세에 대하여 외국납부세액공제를 인정하는 것으로 이중과세 해소방안을 마련하도록 통보하였다.

· **기획재정부 국제조세제도과－152, 2018.02.06.**

우리나라 법인이 베트남에 고정사업장을 두고 해당 고정사업장에 귀속되는 국외원천소득이 발생한 경우 베트남 세법에 따라 고정사업장 수입금액의 일정 비율로 원천징수된 외국인계약자세는 수입금액 중 소득금액에 대응하는 세액에 대하여 한·베트남 조세조약 제23조 제1항 및 법인세법 제57조 제1항에 따라 외국납부세액공제 등의 적용 대상이 되는 것임.

법인세법 집행기준 57-0-7【베트남 외국인계약자세 외국납부세액공제 여부】는 "우리나라 법인이 베트남에 고정사업장을 두고 해당 고정사업장에 귀속되는 국외원천소득이 발생한 경우 베트남 세법에 따라 고정사업장 수입금액의 일정 비율로 원천징수된 외국인계약자세는 수입금액 중 소득금액에 대응하는 세액에 대하여 한·베트남 조세조약 제23조 제1항 및 법인세법 제57조 제1항에 따라 외국납부세액공제 등의 적용 대상이 되는 것임."이라고 규정하고 있다.

(2) 외국인계약자세 관련 감사원 시정요구 및 법원판결[15]

감사원은 2017.4.17. 우리나라 법인이 베트남에 고정사업장을 두고 있다 하더라도 베트남 사업에서 결손이 발생하여 고정사업장에 귀속되는 국외원천소득 자체가 없는 경우 베트남에 과세권이 없다고 보고, 원고가 베트남에 이 사건 외국인계약자세를 납부하였더라도 이는 법인세법 제57조 외국납부세액공제 대상이 되지 않으므로 차기이월액에서 차감하라는 시정요구를 하였다.

이러한 감사원의 시정요구에 따라 촉발된 과세 건에 따른 조세소송에서 대법원은 베트남 사업에서 결손이 발생한 경우에는 외국납부세액의 이월공제도 되지 않는다는 취지의 하급심 판결을 그래도 인정하는 판결을 하였다(별첨 2. 참조).

법인세법 제57조는 "내국법인의 각 사업연도의 소득에 대한 과세표준에 국외원천소득이 포함되어 있는 경우로서 그 국외원천소득에 대하여 외국법인세액을 납부하였거나 납부할 세액이 있는 경우에는 다음 계산식에 따른 금액(공제한도금액) 내에서 외국법인세액을 해당 사업연도의 산출세액에서 공제할 수 있다"고 규정하고 있다.

대법원[16]은 "국외원천소득이 음수인 경우에는 국외원천소득 자체가 존재하지 않으므로, 외국납부세액 공제 요건 중 '내국법인의 각 사업연도의 과세표준에 국외원천소득이 포함되어 있는 경우'에 해당하지 않는다. 이중과세조정 관련 규정의 취지는 원천지국에서 얻은 소득에 대하여 거주지국과 원천지국이 모두 과세권을 행사할 경우 이중과세의 문제를 조정하는데 있는데, 원고는 베트남 국외원천소득이 한국 법인세법상 음수이므로 이에 대해 한국에서 법인세가 발생하지 않는다. 따라서 이중과세 문제가 발생하지 않는다"고 판시하였다(별첨 2. 참조).

---

15) 대구지방법원 2018 구합 20582 (2019.05.09 선고), 대구고등법원 2019 누 3613 (2020.11.06 선고), 대법원 2020 두 56216 (2021.03.25 선고)

16) 대법원 2020 두 56216 (2021.03.25 선고)

하지만, 일반적으로 국외원천소득은 외국납부세액의 공제한도금액의 계산 시 사용되고, 공제한도를 초과하는 경우에는 5년 간 이월공제하도록 하고 있다. 그런데, 외국인계약자세의 경우 국외원천소득을 계산하여 부수(-)인 경우에는 아예 이월공제 대상에도 해당하지 않는다고 보는 것은 납세자 입장에서는 받아들이기 어려운 판결이라고 생각된다.

만약 국외원천소득이 부수(-)가 아니라 1원이었다면 외국인계약자세 전체금액이 외국납부세액으로서 5년간 이월공제 가능하고, 부수(-)이면 아예 이월공제도 되지 않는다는 것은 외국납부세액공제의 한도 및 이월공제의 법리와는 상충되는 점이 있는 것으로 보인다. 사견으로는 외국인계약자세를 외국납부세액공제 대상인 이윤세로 보는 이상, 외국납부세액공제의 경우 국외원천소득을 기준으로 한 공제한도를 초과하는 경우 5년간 이월공제할 수 있도록 하는 것이 바람직한 것으로 보인다. 관련 세법 규정에 대한 적절한 개정이 필요한 것으로 보인다.

3) 외국인계약자세 관련 최근 조세심판원 심판례

최근의 조세심판원 결정(조심2020중0300, 2021.03.29)에서 조세심판원은 3차에 걸친 재조사 결정에 따른 불복에서 "외국인계약자세가 원천징수된 청구법인의 매출액은 쟁점고정사업장에 파견된 청구법인의 직원들이 제조설비 관리, 생산·품질관리·납품(인도)·사후관리·영업활동 등을 수행하여 발생한 소득으로 그 발생 원천이 국외에 있어 보이는바, 쟁점고정사업장의 국외원천소득은 외국인계약자세가 원천징수된 매출액에서 대응하는 손금을 차감하여 산출함이 타당함"이라고 하여, 보다 적극적으로 고정사업장을 인정하고, 베트남 국외원천소득의 계산에서도 납세자의 주장을 받아들여서 외국인계약자세의 외국납부세액 공제를 인정하였다(별첨 1. 참조).

6. 이전가격과 기타 국제조세 관련 규정

1) 이전가격(Transfer Pricing)

(1) 베트남 이전가격규정의 개요

베트남 이전가격규정인 Decree[17] 20/2017/ND-CP(이하 "Decree 20")와 Guiding Circular[18] 41/2017/TT-BTC(이하 "Circular 41")는 2017년 5월 시행되었다. Decree 20과 Circular 41은 일반적으로 OECD 이전가격지침 (Transfer Pricing Guildlines of the OECD)과 세원잠식 및 소득이전(Base Erosion and Profit Shifting; 이하 "BEPS") 보고서의 개념과 원칙을 기반으로 하고 있다.

베트남의 이전가격 규정은 베트남 국내 특수관계자 간의 거래에 대해서도 적용된다.

2020년 6월 24일에 베트남 정부는 Decree 20의 제8조 제3항을 개정한 Decree 68을 공표하여 이자비용 공제 한도를 완화하였다. 완화된 이자비용 공제 규정은 소급적용되므로 차입금이 있는 많은 기업들에게 상당한 세금 절감혜택이 주어질 것이다.

추가로, 2020년 11월 5일에 베트남 정부는 Decree 132/2020/ND-CP (이하 "Decree 132")를 공표하였는데, 2020년 12월 20일 시행되어 2020년부터 적용된다. Decree 132는 Decree 20과 Decree 68을 대체하여 베트남의 새로운 이전가격 규정이 되었다.

(2) 특수관계(Related party)의 정의

베트남 이전가격 목적 상 특수관계는 직접 또는 간접적으로 25% 이상 지분을 소유하거나, 지급보증 및 대출을 통하거나 이사회 구성 등을 통하여 실질적 지배 관계에 있는 것으로 간주되는 경우를 말한다.

---

17) 시행령
18) 시행규칙

Decree 132에서도 특수관계자는 25% 기준으로 동일하다. Decree 132
는 새로운 특수관계자 정의를 도입하였다.[19) 당해 과세연도에 아래와 같
은 거래가 있는 경우에는 특수관계자로 간주되게 되었다.

① 법인의 소유주가 불입한 자본금의 25% 이상의 자본금을 불입하거나 불입
받은 경우
② 거래를 할 당시 법인의 소유주가 불입한 자본금의 10% 이상을 차입하거나
대여한 경우

(3) 이전가격방법

정상가격(arm's length price)을 결정하는 이전가격방법은 OECD 이전가격
지침의 이전가격방법과 동일하다. 즉, 베트남 이전가격 규정 상 이전가격
방법에는 비교가능제삼자가격법(Comparable Uncontrolled Price Method; "CUP"),
재판매가격법(Resale Prcice Method; "RPM"), 원가가산법(Cost Plus Method; "CPM")
등 전통적방법과 거래순이익률법(Transactional Net Margin Method; "TNMM"),
이익분할법(Profit Split Method; "PSM") 등 이익방법이 있다.

가. 비교가능제삼자가격법

비교가능제삼자가격법은 시장에서 일반적으로 거래되거나, 국내 또는
국제 시장에서 가격이 형성된 제품, 유형자산 또는 용역, 무형자산의 사
용대가, 대여금 이자, 계약기간과 조건이 비슷한 유사제품의 독립거래가
있는 경우 그러한 제삼자 간의 거래가격을 적용할 수 있는 방법이다.[20)

비교가능제삼자가격법은 제화가격에 영향을 주는 차이가 없는 제품
의 경우 적용할 수 있다. 제품가격에 중요한 차이가 존재하는 경우, 이러
한 차이를 제거할 수 있어야 한다. 제품가격에 영향을 주는 요소에는 제
품의 특성, 질, 브랜드 및 상표, 거래량과 규모, 제품인도기간, 재금결제
일 등이 있다.[21)

---

19) Decree 132, 제 5 조, 제 2 항, 제 1 호
20) Decree 20 §7 ① a

나. 재판매가격법

제판매가격법은 특수관계인에게 공급받은 재화·용역의 매입가격을 제삼자에게 재판매한 재화·용역의 판매가격에서 매출총이익과 수입관세, 보험료, 국제운송료 등을 차감한 금액으로 산출하는 방법이다. 납세자의 매출총이익률은 비교대상 매출총이익률과 비교하여 산정되며, 이는 납세자의 판매가격(순매출)에 비교대상의 매출총이익률을 곱하여 산정된다. 비교대상의 매출총이익률이란 비교대상 매출총이익률의 정상가격범위를 말한다.[22]

다. 원가가산법

원가가산법 하에서는 특수관계인에게 판매되는 재화·용역의 가격은 매출원가에 정상원가가산율을 가산하여 계산한다. 납세자의 원가대비 수익률을 비교대상을 기준으로 산정하는데, 납세자가 지급하는 매출원가에 비교대상의 원가가산율을 곱하여 산정한다. 비교대상의 원가가산율은 비교대상의 매출원가 기준 총수익의 비율로 계산된다.

라. 이익 방법

납세자와 비교대상의 이익률을 비교하는 이익방법은 비교가능제삼자가격법을 사용하기 위한 정보가 부족한 경우, 납세자와 같거나 비슷한 조건의 재화거래를 비교하는 것이 가능하지 않은 경우, 적절한 비교대상을 선정하기 위하여 거래를 통합하는 경우, 납세자가 거래사슬에 대하여 자율성을 상실하였거나 특이한 관계거래를 수행하는 경우에 적용할 수 있다.[23]

이익방법에서는 비교대상들의 정상 매출총이익 또는 순이익을 지표로 적용한다. 어떤 수익지표를 사용할지는 거래의 성격과 경제적 조건,

---

납세자의 기능 및 회계방법에 따라 달라진다. 매출, 비용 또는 자산을 포함하는 수익지표의 결정은 당사자가 결정하는 특수관계자 거래 가격 또는 당사자의 통제에 영향을 받지 않는 회계자료에 기초하여야 한다.[24)]

① 거래순이익율법

납세자의 매출, 원가 또는 자산에 대한 EBIT의 비율(거래순이익률)은 비교대상기업의 거래순이익률에 따라 조정된다. 정상 거래순이익률은 비교대상 거래순이익률의 정상가격범위 내의 값을 말한다[25)].

② 이익분할법

이익분할법은 납세자가 독점적 환경의 거래, 신제품 제조, 특허기술사용, 그룹의 밸류체인에 독점적 참여, 여러 관련거래나 여러 금융시장에 연계된 복잡한 금융거래, 무형자산의 개발 증진 유지 보호 및 사용에 참여, 전자상거래에 참여, 그룹동반 상승효과로 부가가치 창출, 전통적 접근방법이 적용되지 않는 경우에 적용할 수 있다.[26)] 이익분할법은 납세자와 거래 상대방의 특수관계자 거래로 발생하는 합산이익을 배분하는 방법이다.[27)]

(4) 정상가격 범위(arm's lenth range)의 강화

Decree 132에 따르면, 정상가격 범위가 35% 내지 75%로 상향되었다(Decree 20의 25% 내지 75% 사분위범위에서 강화됨). 이에 따라, 하위 정상가격 범위값은 10% 상향 조정되었다.

이에 따라, 2020년 이후 연도에 대하여 베트남 자회사의 기존의 이전가격이 강화된 정상가격범위 내에 속하는지를 검토할 필요가 있다. 이러한 개정된 규정은 2020년부터 적용되므로, 2020년 연말 기준으로 이미 35% 하위값 아래로 이익을 맞춘 법인들의 경우 상당한 이전가격 상 문제가 야기될 수 있다.

---

24) Decree 20 §7 ② c
25) Decree 20 §7 ③ c
26) Decree 20 §7 ③ a
27) Decree 20 §7 ③ b

(5) 이전가격 관련 문서 제출 의무

이전가격규정이 적용되는 납세의무자는 특수관계자 거래 내역, 채택한 이전가격 방법 및 특수관계자 거래가 정상가격에 해당한다 것을 확인하는 문서를 매년 제출하여야 한다. 베트남 국내 특수관계자들과만 특수관계자 거래가 있고 특수관계가 있는 법인 모두가 동일한 세율이 적용되고 조세특례를 적용받지 않는 경우에는 이러한 이전가격 거래 보고 대상이 아니다.

특수관계자 거래가 있는 법인은 동시적 이전가격 보고서(Contemporaneous transfer pricing documentation)를 작성하여 보관하여야 한다. Decree 132는 OECD BEPS 보고서에 따른 3단계 이전가격 문서화를 규정하고 있다. 3단계 이전가격 문서화는 Master File, Local File 및 Country-by-country report(CbCR; 국가별보고서)를 말하는데, 연간 법인세 신고일 이전에 작성되어야 한다.

만약 납세의무자의 최종 모회사가 베트남에 있고 연결기준 전세계 수익이 VND 18,000 billion 이상인 경우, 베트남의 최종 모회사는 국가별보고서(CbCR)를 작성하고 제출할 의무가 있다. Decree 123에 따르면, 국가별보고서(CbCR)는 각 사업연도 말로부터 12개월 이내에 과세관청에게 제출하여야 한다. 하지만, 최종 모회사가 배트남 법인이 아니라면, 베트남의 자회에게 국가별보고서의 제출 의무는 없다. 이 경우, 국가별보고서는 자동정보교환(Automatice exchange of information; AEOI) 규정에 따라 베트남 과세관청에게 전달된다. 하지만, 특정한 경우에는 베트남 자회사가 국가별보고서와 관련된 신고서를 사업연도 말부터 12개월 이내에 제출해야 한다

Decree 132에 의하면, 아래 중 하나의 경우에는 납세의무자는 이전가격 문서를 작성하지 않아도 된다(하지만, Decree의 일부 규정은 적용될 수 있다).

① 과세연도의 수익금액이 VND 10 billion 미만이고, 특수관계자 거래의 합계
액 VND 30 billion 미만인 경우
② 사전가격약정(Advance Pricing Agreement; APA)을 체결하고 연간 APA 보
고서를 제출한 경우
③ 수익금액이 VND 200 billion 미만이고, 단순한 기능만을 수행하며, 다음의
사업으로부터의 수입금액 대비 EBIT의 비율이 사업별로 다음 이상인 경
우: 유통업(disctribution) 5%, 제조업(manufacturing) 10%, 가공(processing)
15%; 또는
④ 납세의무자가 베트남 국내 특수관계자 거래만 가지고 있고, 납세의무자와
특수관계자들에게 동일한 세율이 적용되고, 조세특례를 적용 받는 법인이
없는 경우

2) 기타 국제조세 관련 규정

(1) OECD 규정의 적용

베트남은 OECD 회원국이 아니므로, OECD 규정을 따를 의무는 없
다. 하지만, 베트남은 Base Erosion and Profit Shifting("BEPS")에 대한
OECD의 포괄적인 협의체(Inclusive Framework)에 참여하였다. 그렇지만,
베트남은 BEPS의 방지 대책을 조세조약에 반영하기 위하여 필요한
OECD 다자간협정(Multilateral Convention)을 채택하는데 아직 공식적으로
동의하지 않은 상태이다.

(2) Controlled Foreign Company(CFC) 규정

베트남 법인세법 규정에는 별도의 CFC 규정은 없다. 하지만, 해외투
자와 관련된 규정에서는 베트남으로 송금되지 않은 경우 해외 자회사의
소득을 과세할 수 있도록 하고 있다는 점에서, 실질적으로 CFC 규정이
있다고 볼 수 있다.

이러한 실질적인 CFC 규정에 따라 수입배당으로 간주된 국외소득은
20%의 법인세율이 적용된다. 이는 베트남 모회사가 조세특례 등으로 현재

특례세율이 적용되고 있더라도 20%의 표준 법인세율이 적용되게 된다.

이 경우 해외 자회사가 외국납부세액이 있다면 외국납부세액공제가 적용될 수 있을 것이다.

(3) 총 이자비용에 대한 EBITDA의 30% 한도

Decree 132은 Decree 20 제8조 제3항을 개정하였는데 이자비용의 세무상 손금산입의 한도를 EBITDA의 20%에서 30%로 상향하였다. 이러한 손금산입 한도는 순이자비용(즉, 대여금과 예금의 이자수익 상계 후)에 적용된다.

손금불산입된 이자비용은 이후 5년 동안 이월하여 손금산입 된다. 공식 개발 원조(official development assistance; ODA) 대여금, 다양한 특례 정부 대여금 및 정부 프로그램 또는 사회복지정책을 위한 대여금 등 특정한 종류의 차입금은 손금산입 한도가 적용 되지 않는다.

(4) 사전가격약정(Advance Pricing Agreements; APAs)

납세자는 과세관청과 일방, 쌍방 또는 다자간 APA를 체결할 수 있다. 베트남 과세관청(GDT)는 여러 납세자를 위하여 여러 해외 국가들의 권한있는 당국들(Competent Authorities)과 협상을 벌여 왔다. APA의 신청에 대해서는 새로운 시행규칙이 발표되었다.

(5) 과소자본세제(Thin Capitalization)

베트남 세법에는 과소자본세제가 없다. 허용되는 부채의 한도는 사업 허가 조건으로서 제한된다. 최대 부채 금액은 허가된 투자자본(Licensed Investment Capital)28)과 납입자본금(Charter Capital)의 차이가 된다. 하지만, Decree 123은 차입금의 손금산입되는 이자비용은 EBITDA의 30%를 한도로 한다.

---

28) 허가된 투자자본은 납입자본금과 차입금을 의미함.

7. 별첨

1) 외국인계약자세 관련 최근 조세심판원 결정

[사건번호] 조심2020중300, 2021.03.29

[제목]

외국인계약자세가 원천징수된 청구법인의 매출액은 쟁점고정사업장에 파견된 청구법인의 직원들이 제조설비 관리, 생산·품질관리·납품(인도)·사후관리·영업활동 등을 수행하여 발생한 소득으로 그 발생 원천이 국외에 있어 보이는바, 쟁점고정사업장의 국외원천소득은 외국인계약자세가 원천징수된 매출액에서 대응하는 손금을 차감하여 산출함이 타당함

【주문】

○○○세무서장이 2015.7.23. 청구법인에게 한 법인세 합계 ○○○의 경정청구 거부처분은 청구법인의 외국납부세액공제를 적용할 때 베트남 내 고정사업장의 국외원천소득을 외국인계약자세가 원천징수된 매출액에서 내국법인의 각 사업연도 소득의 과세표준 계산에 관한 규정을 준용해 산출한 금액으로 하여 신고한 세액을 경정한다.

【이유】

1. 처분개요

가. 청구법인은 ○○○에서 휴대폰 관련 부품을 제조하여 ○○○ 등 휴대폰 제조업체에 납품하는 법인이다.

나. 청구법인은 ○○○에 소재하고 있는 자회사 ○○○에게 임가공용역을 의뢰하여 휴대폰용 카메라부품을 생산하고, 생산한 부품을 ○○○를 통하여 ○○○의 ○○○ 현지법인(이하 ○○○이라 한다) 등(이하 "매출처"라 한다)에게 외국인도수출방식으로 납품하고 있으며, 매출처는 납품대금 결제시 ○○○ 세법에 따라 외국인 계약자에 대한 원천징수세(Foreign Contractor Withholding Tax, 이하 "외국인계약자세"라 한다) 명목으로 결제금액의 1%를 원천징수한 후 나머지 금액을 청구법인에게 지급하였다.

다. 청구법인은 ○○○ 공장에 본사 직원들을 파견하여 제조설비 관리, 생산·품질관리, 납품(인도)·사후관리·영업활동 등을 하고 있는바, 이들을 통하여 계속적인 사업활동을 영위하고 있으므로 해당 공장을 ○○○ 내 청구법인의 고정사업장(이하 "쟁점고정사업장"이라 한다)으로 보고 위 외국인계약자세를 외국납부세액 공제대상으로 하여 2015.1.19. 법인세 ○○○의 환급을 구하는 경정청구를 하였으나, 처분청은 쟁점고정사업장이 존재하지 아니하여 사업소득에 따른 원천징수세액이 발생할 여지가 없다고 보아 2015.7.23. 이를 거부하였다.

라. 청구법인은 이에 불복(1차)하여 2015.10.16. 심판청구를 제기하였고, 우리 원은 2018.7.4. 처분청이 쟁점고정사업장이 존재하는지 등을 재조사하여 그 결과에 따라 청구법인의 위 법인세를 경정하도록 하였으며(<조심 2015중5405, 2018.7.4.>), ○○○지방국세청장(이하 "조사청"이라 한다)은 재조사(현장확인) 결과 쟁점고정사업장이 존재한다고 보기 어렵다는 이유로 2018.9.6. 청구법인에게 당초 경정청구 거부처분이 정당하다고 통지하였다.

마. 청구법인은 이에 불복(2차)하여 2018.11.26. 심판청구를 제기하였

고, 우리 원은 2019.8.13. 쟁점고정사업장이 있는 것으로 봄이 타당하나 외국납부세액공제 한도계산을 위하여 '청구법인의 외국인계약자세 관련 국외원천소득금액'을 재조사하여 그 결과에 따라 공제한도 내에서 외국 납부세액공제를 적용하여 과세표준 및 세액을 경정하도록 하였으며(<조심 2018중5081, 2019.8.13.>, 이하 "쟁점선결정"이라 한다), 처분청은 재조사 결과 쟁점고정사업장에 귀속되는 소득금액이 ○○○이므로 환급할 법인세액이 없다는 이유로 2019.10.11. 청구법인에게 당초 경정청구 거부처분이 정당하다고 통지(이하 "쟁점통지"라 한다)하였다.

바. 청구법인은 이에 불복(3차)하여 2019.12.11. 심판청구를 제기하였다.

2. 청구법인 주장 및 처분청 의견

가. 청구법인 주장

(1) 처분청은 쟁점고정사업장에 파견된 청구법인의 직원들이 예비적·보조적 활동만을 수행하여 쟁점고정사업장이 없다는 주장을 반복하고 있으며, 쟁점고정사업장의 소득을 ○○○으로 본 쟁점통지는 쟁점고정사업장을 중요하고 본질적인 사업활동을 수행하는 장소로 본 쟁점선결정의 기속력에 반하여 위법하다(<대법원 2017.5.11. 선고, 2015두37549 판결> 참조).

(2) 쟁점선결정에서 쟁점고정사업장이 있는 것으로 결정된바, 외국인계약자세가 원천징수된 매출액(전체 매출액의 20% 수준)에서 「법인세법」 제113조 및 같은 법 시행규칙 제76조에 따라 이에 대응하는 손금을 차감하여 아래 <표1>과 같이 쟁점고정사업장의 국외원천소득을 계산하여야 함에도 쟁점고정사업장의 국외원천소득을 ○○○으로 본 쟁점통지

는 부당하다.

(가) 쟁점고정사업장의 국외원천소득금액은 재무제표의 작성 여부와 관계없이 동일하게 계산되는 것이다.

(나) 청구법인과 유사한 사례[감심 2016-787(2018.12.19.) 사례, OOO 사례]에 대하여는 이미 청구법인이 경정청구시 계산한 방식과 동일하게 국외원천소득을 산정하여 외국납부세액공제를 허용하고 경정청구세액을 환급한 바 있어 이는 과세형평에 맞지 아니한다.

(다) 처분청은 파견직원의 인건비를 이익으로 환산하여 쟁점고정사업 장의 소득을 산정하여야 한다고 주장하나 이는 정상가격 산출방법으로 내국법인의 국외사업장에 적용할 수 없다.

(3) 상호합의 절차에 의하여 이미 ○○○에 납부된 외국인계약자세 의 환급을 이끌어 내는 것은 현실적으로 불가능하다.

(가) 2015.6.8. ○○○ 조세조약 제25조 및 「국세조세조정에 관한 법 률」 제22조에 따라 국세청에 상호합의절차 개시를 신청하였으나 약 5년 이 경과하였고 ○○○ 당국은 응답하지 아니하고 있다.

(나) ○○○에 많은 한국 기업들이 투자하고 있으나 상호합의가 이 루어진 바 없다.

(다) 수년간 이중과세의 불이익을 받고 있는 청구법인은 진척 없는 상호합의에만 기댈 수 없다.

나. <u>처분청 의견</u>

(1) <u>쟁점고정사업장은 예비적·보조적 활동만을 수행하는 장소이므로</u>
<u>귀속되는 소득이 없는바, 쟁점통지는 정당하다.</u>

(가) 쟁점고정사업장 관련 ○○○에서 한국으로의 송금내역이 없는
점 등에 비추어 쟁점고정사업장은 대한민국 정부와 ○○○ 정부 간의
소득에 대한 조세의 이중과세회피와 탈세방지를 위한 협정(이하 "○○○
조세조약"이라 한다) 제5조 제4항 다목에서 규정하는 '다른 기업에 의한 가
공의 목적만을 위한 기업 소유의 재화 또는 상품의 재고보유' 정도의 예
비적·보조적 활동을 수행하는 장소에 불과하다.

(나) 청구법인은 쟁점고정사업장 및 ○○○에 생산 공정을 제공하였
으나 이에 대한 계약을 체결하거나 대가를 수취하지 아니하였다.

(다) 영업활동, 구매, 연구개발, 공급계약 체결, 하자책임, 재고 및 재
무에 대한 위험부담 등 중요하고 본질적인 사업활동은 쟁점고정사업장
이 아닌 청구법인이 수행하고 있다.

(라) 청구법인의 이중과세 문제는 청구법인이 신청한 ○○○ 당국과
의 상호합의절차로 해결함이 타당하다.

(2) <u>설령 쟁점고정사업장에 귀속되는 소득이 있다 하더라도 그 소득</u>
<u>은 파견직원들의 인건비에 상당하는 이익에 한정되며 해당 이익에 상당</u>
<u>하는 외국인계약자세에 한하여 외국납부세액공제가 가능하다.</u>

(가) ○○○ 조세협약 제7조 제1항은 일방국의 기업이 상대방 체약

국에 고정사업장을 가진 경우에만 그 사업소득에 대하여 상대방 체약국에서 과세하도록 하고, 이 경우 해당 고정사업장에 "귀속"되는 소득에 대해서만 과세하도록 규정하고 있다. 즉, 상대방 체약국에 고정사업장이 존재한다고 하더라도, 상대방 체약국에서 얻은 소득 전부를 과세하는 방식(이른바 총괄주의 과세방식)이 아니라, 고정사업장에 귀속되는 소득에 한정하는 방식(이른바 귀속주의 과세방식)을 취하고 있다.

(나) 구「법인세법 시행령」 제132조 제2항 제2호 및 제132조 제2항 제9호에서는 외국법인의 국내원천소득은 국내에서 행한 부분에 한정되도록 규정하고 있는바, 이를 준용하여 내국법인의 국외원천소득 역시 국외에서 행한 부분에 국한하여 인정될 수 있고, 이러한 내국법인의 국외 사업활동이 고정사업장을 통하여 이루어졌다면, 그 고정사업장에 귀속되는 소득은 국외에서 행하여진 업무와 관련된 부분으로 한정된다.

(다) OECD 모델조세조약에서도 ① 일방국의 기업은 상대방 체약국 내에 소재하는 고정사업장을 통하여 사업을 영위하지 아니하는 한 그 일방국에서만 과세되며, 동 기업의 소득 중 고정사업장에 "귀속"시킬 수 있는 부분에 대하여서만 동 타방국에서 과세될 수 있다고 명시하고 있으며(OECD 모델조세조약 제7조 제1항), ② 이러한 고정사업장에 귀속되는 소득은 독립기업의 원칙을 기준으로 하여 산정하도록 규정하고 있는바(OECD 모델조세조약 제7조 제2항), 국외 고정사업장에 귀속되는 소득은 독립기업간의 거래라면 내국법인이 국외 고정사업장에 지급하였을 금액 상당을 기준으로 산정되도록 규정하고 있다.

(라) 쟁점고정사업장에서는 임가공용역에 대한 관리업무 정도가 이루어지고 있을 뿐이므로 이에 실제 귀속되는 국외원천소득은 청구법인의 파견직원들이 수행한 관리업무를 통해 발생하는 금액 상당으로 한정된

다고 봄이 합당하므로 처분청이 산정한 청구법인의 쟁점고정사업장에 귀속되는 소득금액 및 이에 따라 산출된 외국납부세액 공제한도금액은 다음과 같다.

1) 청구법인의 쟁점고정사업장에서는 청구법인이 파견한 직원들이 ○○○ 내에서 이루어지는 임가공용역에 대한 관리업무 등을 수행하고 있었는바, 이러한 임가공용역에 대한 관리업무를 위하여 소요되는 원가는 파견직원들의 인건비 상당의 금액으로 볼 수 있다.

2) 파견직원들의 인건비 상당액에 대비하여 발생하는 소득금액은 ○○○ 자체의 임가공용역 수행에 따른 이익률을 적용하여 산정해 볼 수 있다(이와 유사하게 OECD "BEPS 행동지침"의 "그룹 내 저부가가치서비스에 대한 이전가격 조정 가이드라인"에서도 원가에 일정한 이익가치율을 적용하여 정상가격을 산정하고 있음).

3) 청구법인은 ○○○와 임가공용역계약을 체결하면서, 임가공용역의 단가는 매출액 대비 6% 내외가 되도록 ○○○가 결정하여 청구법인의 승인을 받아 산정하도록 정한 바 있으며, 이에 따라 실제 ○○○에서 2011 내지 2013사업연도에 발생된 각 원가이익률(법인세비용차감전손익/총원가)은 아래와 같이 3.63%, 6.30% 및 6.68%으로 확인된다.

4) 청구법인의 ○○○ 내 임가공용역의 관리업무 등에 소요된 원가는 파견직원들의 인건비 상당액으로 보고, 이에 대하여 ○○○ 자체의 임가공용역 수행에 대한 원가이익률을 적용시켜 청구법인의 쟁점고정사업장에 귀속되는 소득을 아래 <표3>과 같이 산정하였다.

5) 이에 따라 청구법인의 외국납부세액공제 한도금액을 산출하여 보

면 아래 <표4>와 같다.

3. 심리 및 판단

가. 쟁점

① 쟁점통지가 쟁점선결정의 기속력에 반하여 위법하다는 청구주장
의 당부

② 쟁점고정사업장의 국외원천소득을 계산할 때 외국인계약자세가
원천징수된 매출액에서 대응하는 손금을 차감하여야 한다는 청구주장
의 당부

나. 관련 법령 등

다. 사실관계 및 판단

(1) 이 청구 관련 쟁점선결정을 보면, 아래와 같은 사실이 확인된다.

(가) 2011~2013사업연도 기간 동안 베트남에 소재하고 있는 청구법
인의 매출처는 청구법인이 납품한 금액을 결제하면서 아래 <표5>와
같이 물품대금의 1%를 외국인계약자세로 하여 총 ○○○을 원천징수하
고 베트남 과세당국에 납부하였으며 나머지를 청구법인에게 지급하였다.

(나) 청구법인의 쟁점고정사업장은 ○○○에 있고 동 사업장에서 이
익이 발생하고 있어 동 세액은 「법인세법」 제57조 제1항 제1호에서 규
정하고 있는 외국납부세액에 해당하므로 2015.1.19. 처분청에 동 세액을

환급하여 달라고 경정청구한 세액은 아래 <표6>과 같다.

(다) 청구법인이 쟁점고정사업장이 있다고 주장하며 제시한 근거는
다음과 같다.

1) 청구법인에서 ○○○에 파견하고 있는 장기파견직원은 ○○○ 외
20명, 단기파견직원은 정수진 외 33명 합계 55명이고, 이들이 다음 <표
7>과 같이 ○○○의 2개 공장(물리적 장소)에 상주하면서 제조설비 관
리, 생산·품질관리·납품(인도)·사후관리·영업활동 등 여러 업무를 수
행하고 있다.

2) 쟁점고정사업장에서 근무하는 인력을 보면, 2009년부터 본사 소속
임직원들이 동 쟁점고정사업장으로 파견되었으며, 연평균 약 50명(2013
년 55명) 이상이 장·단기적으로 ○○○에 체류하면서 본사기능을 수행
하고 있는바, 파견직원들은 조직도상 본사 인원에 포함되고 본사의 지시
를 받아 ○○○에서 업무를 수행하며 급여도 본사가 부담하고 있다.
  통상 외주가공업체를 관리 및 감독하기 위해 1~2명을 해외파견하는
것이나 청구법인은 많은 본사 인원을 ○○○에 파견한 사실만 보아도
대부분의 본사 업무가 ○○○ 현지에서 이루어졌다는 것을 알 수 있다.

3) 쟁점고정사업장에서의 ○○○ 현지 영업활동 내역을 보면, 2013
년부터 주문예측(FCST) 및 주문서(PO) 물량에 대하여 본사 영업 직원
(OOO 대리)이 ○○○에서 본사를 위해 영업활동을 수행하는바, ○○○
현지에서의 영업활동 증가로 2013년부터 매출처가 다변화(거래처가 3개에
서 7개 증가)되었고, ○○○으로의 매출이 향상(매출 66% 증가)되었다.

4) 쟁점고정사업장에서 판매목적의 제품재고를 보관하고 제품을 인

도하고 있는바, ○○○ 조세조약 제5조에 예비적·보조적 활동에 제품 및 상품의 "인도" 목적의 시설 사용을 포함하고 있지 않아 판매목적의 제품인도는 쟁점고정사업장 구성의 중요한 요소인 사업활동으로 보아야 하고, 이는 UN모델조세조약 제5조 주석 문단과 「법인세법」 제94조 제4항을 보아도 마찬가지이다.

5) 청구법인과 ○○○ 간의 계약에 따른 외주가공은 ○○○의 승인이 필요하고, 생산공정 및 제품품질을 유지하는 것은 본사의 책임이며 청구법인과 ○○○ 간의 임가공계약에서도 설비에 대한 수선 및 유지 그리고 기술지원도 청구법인이 담당하는 것으로 되어 있으므로 ○○○에 설치된 제조설비는 청구법인이 제공·관리하는 것으로 봄이 타당하며, 조세심판원은 해외 임가공업체에 직원을 파견하고 본사 업무를 수행한 경우에 본사의 업무를 수행한 것으로 결정하고 있다(<조심 2015중2733, 2016.1.29. ; 조심 2014전3475, 2015.7.27. ; 조심 2015중1525, 2015.10.5.> 참조).
한편, 「조세특례제한법 시행규칙」 제4조의2에는 외주가공을 통해 생산하는 경우 ① 생산할 제품을 직접 기획하고, ② 해당 제품을 자기명의로 제조하며, ③ 해당 제품을 인수하여 자기책임하에 직접 판매하는 경우에는 제조업을 영위하는 것으로 규정하고 있으므로 쟁점고정사업장을 통하여 ○○○에서 직접 제조업을 영위하고 있는 것으로 보아야 한다.

6) 또한 ○○○ 등으로 판매한 제품에 대하여 하자나 불량 문제가 제기되면 청구법인에서 파견된 직원이 원인을 파악·대응 하고 이후 사후관리 문제도 담당하고 있다.

(라) 청구법인은○○○에 쟁점고정사업장이 존재하고 있다는 근거로 ○○○ 등 외국기업 7개 업체가 고정사업장 판단에 관한 질의에 대하여 ○○○ 과세당국이 2013.6.12. 다음과 같이 회신한 자료를 제시하고 있다.

(마) 감사원은 2017.4.17. 기획재정부 및 국세청에 '○○○ 외국인계약자세 외국납부세액공제 운용 부적정'이라는 시정요구 및 통보서를 발부하였는바, 주요 내용은 다음과 같다.

(바) 기획재정부는 기존의 유권해석(재국조-111, 2016.3.4.)을 변경하여 2018.2.6. "우리나라 법인이 ○○○에 고정사업장을 두고 해당 고정사업장에 귀속되는 국외원천소득이 발생한 경우 ○○○ 세법에 따라 고정사업장 수입금액의 일정 비율로 원천징수된 외국인계약자세는 수입금액 중 소득금액에 대응하는 세액에 대하여 한 · 베트남 조세조약 제23조 제1항 및 「법인세법」 제57조 제1항에 따라 외국납부세액공제 등의 적용대상이 되는 것입니다."라고 회신하였다(국제조세제도과-151, 2018.2.6.).

(사) 청구법인의 사업은 ○○○ 등의 요구에 따라 불량 없이 적시에 제품을 공급하는 것으로, 영업활동, 연구개발, 공급계약 체결보다 생산공정을 관리하고 품질을 관리하는 활동이 중요한 사업활동이며 이러한 활동은 ○○○의 파견직원을 통해서 이루어지고 있는바, 아래 쟁점고정사업장의 사업활동은 중요하고 본질적인 사업활동에 해당된다고 주장하며 OOO 주간업무보고서, 양산테스트 관련 불량 논의내용, 제조공정 관련 업무수행내역, 하자보수 관련 업무수행내역 등을 제출하였다.

(2) 「국세기본법」 제81조은 '심판청구에 관하여는 심사청구에 관한 제65조를 준용한다'고 규정하고, 같은 법 제80조 제1항 및 제2항은 심판청구에 대한 결정의 효력에 관하여 '제81조에서 준용하는 제65조에 따른 결정은 관계 행정청을 기속하고, 심판청구에 대한 결정이 있으면 해당 행정청은 결정의 취지에 따라 즉시 필요한 처분을 하여야 한다'고 규정하고 있다.

또한 「국세기본법」 제65조 제1항 제3호에 의하여 심판청구 등에 대한 결정의 한 유형으로 실무상 행해지고 있는 재조사 결정은 재결청의 결정에서 지적된 사항에 관하여 처분청의 재조사 결과를 기다려 그에 따른 후속 처분의 내용을 심판청구 등에 대한 결정의 일부분으로 삼겠다는 의사가 내포된 변형결정에 해당하므로(<대법원 2010.6.25. 선고, 2007두 12514 전원합의체 판결> 참조) 처분청은 재조사 결정의 취지에 따라 재조사를 한 후 그 내용을 보완하는 후속 처분만을 할 수 있다고 보아야 하는바, 처분청이 재조사 결정의 주문 및 그 전제가 된 요건사실의 인정과 판단, 즉 처분의 구체적 위법사유에 관한 판단에 반하여 당초 처분을 그대로 유지하는 것은 재조사 결정의 기속력에 저촉된다고 할 것이다(<대법원 2017.5.11. 선고, 2015두37549 판결>, 같은 뜻임).

(3) 이상의 사실관계 및 관련 법령 등을 종합하여 살펴본다.

(가) 먼저 쟁점①에 대해 살피건대, 처분청은 쟁점고정사업장이 예비적·보조적 활동만을 수행하는 장소라는 의견이나, 쟁점선결정에서 쟁점고정사업장에 파견된 직원들이 수행하고 있는 여러 활동이 예비적·보조적 활동에 지나지 않는다는 처분청의 의견을 이미 배척하였을 뿐 아니라 청구법인이 다수의 직원을 ○○○ 공장(물리적 장소)에 파견하여 이들이 제조설비 관리, 생산·품질관리·납품(인도)·사후관리·영업활동 등을 지속적으로 수행하기 위한 관리장소 등으로 쟁점고정사업장을 사용한 것으로 보았으므로 처분청은 쟁점선결정의 재조사 결정의 취지에 따라 외국납부세액공제 한도계산을 위하여 청구법인의 외국인계약자세 관련 국외원천소득금액을 재조사 후 그 결과에 따라 공제한도 내에서 외국납부세액공제를 적용하는 후속 처분만을 하였어야 할 것임에도 재조사 결정의 주문 및 그 전제가 된 요건사실의 인정과 판단, 즉 처분의 구체적 위법사유에 관한 판단에 반하여 쟁점고정사업장이 청구법인의 ○○○ 소재 고정사업장에 해당하지 않는다는 의견을 유지한 것으로 보이는바 이

러한 판단은 쟁점처분은 재조사 결정의 기속력에 저촉된다 하겠다.

(나) 다음으로 쟁점②에 대해 살피건대, 처분청은 쟁점고정사업장에 귀속되는 소득이 없거나 그 소득이 있더라도 파견직원들의 인건비에 상당하는 이익으로 한정된다는 의견이나, 외국인계약자세가 원천징수된 청구법인의 매출액은 ○○○에서 임가공한 제품을 베트남에 소재한 매출처에 납품하는 과정에서 쟁점고정사업장에 파견된 청구법인의 직원들이 제조설비 관리, 생산·품질관리·납품(인도)·사후관리·영업활동 등을 수행하여 발생한 소득으로 그 발생 원천이 국외에 있어 보이는 점, 「법인세법 시행령」(2013.1.1. 법률 제11607호로 일부개정되기 전의 것) 제94조 제2항에서 "국외원천소득은 국외에서 발생한 소득으로서 내국법인의 각 사업연도 소득의 과세표준 계산에 관한 규정을 준용해 산출한 금액으로 한다"고 규정하고 있는 점 등에 비추어 쟁점고정사업장의 국외원천소득은 외국인계약자세가 원천징수된 매출액에서 대응하는 손금을 차감하여 산출함이 타당하다 하겠다.

따라서 처분청이 쟁점고정사업장에 귀속되는 소득금액이 '0원'으로 보아 쟁점통지를 한 이 건 처분은 잘못이 있다고 판단된다.

4. 결론

이 건 심판청구는 심리결과 청구주장이 이유 있으므로 「국세기본법」 제81조 및 제65조 제1항 제3호에 의하여 주문과 같이 결정한다.

2) 외국인계약자세 관련 최근 법원 판결

(1) 대법원 판결

[사건번호] 대법2020두56223, 2021.03.25

[제목]
베트남 원천소득이 2016년 사업 연도에 결손이 발생하여 음수이므로 국외원천소득 자체가 존재한다고 볼 수 없고, 외국인계약자세액이 외국 납부세액공제 대상에 해당하기 위한 모든 요건을 충족하게 된다고 볼 수 없으므로 외국납부세액공제 대상에 해당하지 않음

【원심판결】
대구고등법원 2019.11.06. 선고, 2019누3620 판결

【주문】
상고를 기각한다.

상고비용은 원고가 부담한다.

【이유】
원심판결과 상고이유를 살펴보면, 상고인의 상고이유에 관한 주장은 상고심절차에 관한 특례법 제4조에 해당하여 이유 없음이 명백하므로, 위 법 제5조에 의하여 상고를 기각하기로 하여, 관여 대법관의 일치된 의견으로 주문과 같이 판결한다.

(2) 고등법원 판결

[사건번호] 대구고법2019누3620, 2020.11.06

[제목]

베트남 원천소득이 2016년 사업년도에 결손이 발생하여 음수이므로 국외원천소득 자체가 존재한다고 볼 수 없고, 외국인계약자세액이 외국 납부세액공제 대상에 해당하기 위한 모든 요건을 충족하게 된다고 볼 수 없으므로 외국납부세액공제 대상에 해당하지 않음

【원고】
aaa

【피고】
b세무서장

【제1심판결】
대구지방법원 2019.05.09. 선고, 2018구합21448 판결

【주문】
1. 원고의 항소를 기각한다.

2. 항소비용은 원고가 부담한다.

【청구취지 및 항소취지】
제1심판결을 취소한다. 피고가 2017. 9. 14. 원고에 대하여 한 2016 사업연도 법인세에 관한 외국납부세액 이월공제액 2,858,093,336원의 감액경정처분을 취소한다.

【이유】

1. 처분의 경위

다음의 각 사실은 당사자 사이에 다툼이 없거나 갑 제1, 2, 3호증, 을 제1, 5호증(특별히 표시하지 않는 경우 가지번호를 포함한다. 이하 같다)의 각 기재와 변론 전체의 취지에 의하여 인정할 수 있고, 반증이 없다.

가. 원고는 국내 및 국외에서 건설업을 영위하는 법인으로서 베트남에 다수의 건설공사현장 고정사업장을 두고 고속도로, 항만, 종합병원 등 건설용역을 제공해왔다.

나. 원고는 2016 사업연도 베트남에서 발생한 건설용역 수입 등에 관하여 베트남에 외국인계약자세 등 이윤세 2,858,093,336원(이하 '이 사건 외국인계약자세액'이라 한다)을 납부하였다.

다. 한편, 원고는 피고에게 2016 사업연도 법인세를 신고하면서, 이 사건 외국인계약자세액이 외국납부세액공제 대상이고, 그 전액이 2016 사업연도의 외국납부세액공제한도를 초과한 금액으로서 차기 이월되는 것으로 신고하였다.

라. 감사원은 2017. 4. 17. '우리나라 법인이 베트남에 고정사업장을 두고 있다 하더라도 고정사업장에 귀속되는 원천소득 자체가 없는 경우에는 베트남에 과세권이 없으므로 그 법인이 외국인계약자세를 납부하였다 하더라도 이는 법인세법 제57조에 따른 외국납부세액공제 대상이 되지 않는다'는 이유로 국세청에 이 사건 외국인계약자세액을 외국납부세액공제 이월액에서 차감하라는 취지의 시정요구를 하였다.

마. 피고는 2017. 5. 8. 위 시정요구에 따라 원고에게 '베트남 외국인 계약자세 외국납부세액공제와 관련하여 베트남의 소득이 결손일 경우 베트남에 납부한 세액은 외국납부세액공제 대상에 해당하지 않는다'는 이유로 아래와 같이 2016 사업연도 이월 외국납부세액을 감액한다고 통보하였다(이하 '이 사건 처분'이라 한다).

바. 원고는 이 사건 처분에 불복하여 2017. 12. 8. 국세청에 심사청구를 하였으나, 2018. 3. 9. 위 심사청구가 기각되었다.

사. 이 사건 처분에 관계되는 법령은 별지 '관계 법령' 기재와 같다.

2. 본안 전 항변에 대한 판단

가. 피고의 본안 전 항변

이 사건 처분은 2016 사업연도 법인세신고서에 외국납부세액 이월공제를 감액한 것으로 2016 사업연도 법인세액에 아무런 변동이 없다. 결국 원고의 이 사건 청구는 이월공제되는 외국법인세액이 얼마인지 확인을 구하는 것에 불과하고, 그로 인하여 원고가 구체적인 납세의무를 부담하거나 현실적인 권리침해 내지 불이익을 받는다고 할 수 없으므로, 항고소송의 대상인 행정처분에 해당하지 않는다. 따라서 이 사건 소는 부적법하다.

나. 결손금 신고 · 결정과 행정소송의 대상

2009. 12. 31. 법률 제9898호로 일부 개정되어 2010. 1. 1. 시행된 법인세법(이하 '개정 법인세법'이라 한다)은 제13조 제1호 후문으로 "이 경우

결손금은 제14조 제2항의 결손금으로서 제60조에 따라 신고하거나 제66
조에 따라 결정·경정되거나, 국세기본법 제45조에 따라 수정신고한 과
세표준에 포함된 결손금에 한정한다."라는 규정을 신설하였다(현행 법인
세법 역시 체제를 달리할 뿐 같은 취지로 규정하고 있다).

관련 규정의 개정 경위와 개정 법인세법 제13조 제1호 후문의 문언
및 입법 취지등에 비추어 보면, 개정 법인세법이 시행된 2010. 1. 1. 이
후 최초로 과세표준을 신고한 사업연도에 발생한 결손금 등에 대하여 과
세관청의 결손금 감액경정이 있는 경우, 특별한 사정이 없는 한 납세의
무자로서는 결손금 감액경정 통지가 이루어진 단계에서 그 적법성을 다
투지 않는 이상 이후 사업연도 법인세의 이월결손금 공제와 관련하여 종
전의 결손금 감액경정이 잘못되었다거나 과세관청이 경정한 결손금 외
에 공제될 수 있는 이월결손금이 있다는 주장을 할 수 없다 할 것이므
로, 이러한 과세관청의 결손금감액경정은 이후 사업연도의 이월결손금
공제와 관련하여 법인세 납세의무자인 법인의 납세의무에 직접 영향을
미치는 과세관청의 행위로서, 항고소송의 대상이 되는 행정처분이 된다
(대법원 2020. 7. 9. 선고, 2017두63788 판결 참조).

다. 검토

다음과 같은 사정을 종합하면, 원고에 대해 외국납부세액공제 이월세
액을 감액하는 이 사건 처분은 결손금 감액경정의 경우와 마찬가지로 법
인세 납세의무자인 원고의 납세의무에 직접 영향을 미치는 과세관청의
행위로서 항고소송의 대상이 되는 행정처분에 해당한다고 봄이 타당하
다. 따라서 피고의 본안 전 항변은 이유 없다.

1) 과세관청의 이월세액 감액결정은 법인세 과세처분에 앞선 사전

결정으로 그 자체만으로는 세부담에 영향이 없고 차기 사업연도에서의 공제세액에 영향을 미칠 뿐이며 이러한 점에서 결손금 감액경정의 경우와 달리 취급할 이유가 없다.

2) 개정 법인세법 제13조 제1호 후문이 공제가 가능한 이월결손금의 범위를 '신고·경정 등에 의해 확정된 결손금'으로 한정한 것은, 법인세법상 이월결손금 공제기한인 10년 동안 납세자의 법적 지위에 불안이 발생하는 것을 방지하고 법적 안정성을 도모하기 위한 것인데, 이러한 취지는 이월세액 공제에 있어서도 그대로 적용되어야 한다.

3) 이월세액 공제가 공제기간이 5년으로 비교적 짧고 공제한도에 제한이 있다고 하여, 공제기간을 10년으로 하고 공제한도의 제한이 없는 이월결손금 공제에 비하여 조기 확정의 용이성이나 필요성이 낮다고 볼 수 없다.

4) 구 법인세법(2018. 12. 24. 법률 제16008호로 개정되기 전의 것, 이하 같다) 제57조 제1항에 의하면, 국외원천소득에 대하여 외국법인세액을 납부하였거나 납부할 것이 있는 경우 그 외국법인세액을 ① 당해 사업연도의 법인세액에서 공제하는 방법 또는 ② 각 사업연도의 소득금액 계산에 있어 손금에 산입하는 방법 중 하나를 선택하여 적용받을 수 있다. 여기에서 납세의무자가 손금에 산입하는 방법(②)을 선택하여 결손금이 발생한 경우에는 앞서 본 법리에 비추어 결손금 감액경정이 행정처분이 된다고 하면서도 세액공제의 방법(①)을 선택한 경우에 있어서는 이월세액 감액결정이 결손금감액결정과는 계산근거나 방법이 다르다는 이유로 이를 행정소송을 통해 다툴 수 없다고 해석한다면, 납세자 입장에서 세액공제와 손금산입 중 어느 방법을 선택하는가에 따라 구제수단이나 방법, 불복기간이 달라지는 불합리한 결과가 발생한다.

3. 본안에 대한 판단

가. 원고의 주장

이 사건 외국인계약자세액은 원고가 베트남 세법에 따라 적법하게 납부한 것이고, 구 법인세법 제57조 제1항의 '외국법인세액'의 한 유형으로서 구 법인세법 시행령(2017. 2. 3. 대통령령 제27828호로 개정되기 전의 것, 이하 같다) 제94조 제1항 제3호에 규정된 '법인의 소득 등을 과세표준으로 하여 과세된 세와 동일한 세목에 해당하는 것으로서 소득외의 수익금액 기타 이에 준하는 것을 과세표준으로 하여 과세된 세액'에 해당하므로,「대한민국 정부와 베트남사회주의공화국 정부 간의 소득에 대한 조세의 이중과세회피와 탈세방지를 위한 협정」(이하 '한국 · 베트남 조세조약'이라 한다)과 구 법인세법에 따라 외국납부세액공제 대상이 되고, 그 세액 전부가 2015 사업연도의 외국납부세액공제 한도를 초과하므로, 차기로 이월되어야 한다.

그런데도 피고는 아무런 근거 없이 이 사건 외국인계약자세액이 외국납부세액공제 대상에 해당하지 않는다고 보아 그 이월세액을 배제 또는 감액하였으므로, 이 사건 처분은 위법하여 취소되어야 한다.

나. 관계 조약 및 법령의 내용과 해석

1) 한국 · 베트남 조세조약 제23조는 '한국 이외의 국가에서 납부하는 조세에 대하여 허용하는 한국의 조세로부터의 세액공제에 관한 한국 세법의 규정에 따를 것을 조건으로, 베트남 내의 원천소득에 대하여 직접적이든 공제에 의해서든, 베트남의 법과 이 협정에 따라 납부할 베트남의 조세는 동 소득에 대하여 납부할 한국의 조세로부터 세액공제가 허용

된다'고 규정하고 있다. 이에 따르면, 세액공제의 요건과 범위에 관한 사항은 구 법인세법 제57조 제1항의 규정에 의하여 결정되어야 한다.

2) 구 법인세법 제57조 제1항은, '① 내국법인의 각 사업연도의 과세표준에 국외원천소득이 포함되어 있는 경우 ② 그 국외원천소득에 대하여 대통령령이 정하는 외국법인세액을 납부하였거나 납부할 것이 있는 때에 외국납부세액공제를 적용받을 수 있다'고 규정하고 있다. 따라서 위 외국납부세액공제 대상이 되기 위해서는 위 ①, ②의 요건을 모두 구비하여야 한다.

3) 조세법률주의의 원칙에서 파생되는 엄격해석의 원칙은 과세요건에 해당하는 경우에는 물론이고 비과세 및 조세감면요건에 해당하는 경우에도 적용되는 것으로서, 납세자에게 유리하다고 하여 비과세요건이나 조세감면요건을 합리적 이유 없이 확장해석하거나 유추해석하는 것은 조세법의 기본이념인 조세공평주의에 반하는 결과를 초래하게 되므로 허용할 수 없다(대법원 2006. 5. 25. 선고, 2005다19163 판결 참조).

다. 국외원천소득의 과세표준 포함 여부

1) 구 법인세법 제14조 제1항은 '내국법인의 각 사업연도의 소득은 그 사업연도에 속하는 익금의 총액에서 그 사업연도에 속하는 손금의 총액을 공제한 금액으로 한다'고 규정하여 그 원천이 국내인지 국외인지를 불문하고, 구 법인세법 시행령 제94조 제15항 역시 '구 법인세법 제57조 제1항의 규정이 적용되는 국외원천소득은 국외에서 발생한 소득으로서 내국법인의 각 사업연도 소득의 계산에 관한 규정을 준용하여 산출한 금액으로 한다'고 규정하고 있다. 따라서 구 법인세법 제57조 제1항의 '국외원천소득'은 내국법인의 해당 사업연도에 속하는 국외에 원천을 둔 익

금 총액에서 그와 관련된 손금 총액을 공제하여 산정하여야 한다.

2) 위 인정증거와 갑 제4, 5호증, 을 제2, 3호증의 각 기재와 변론 전체의 취지에 의하면, 원고는 피고에게 법인세를 신고하면서 베트남에 해당하는 2015 사업연도 국가별 외국납부세액공제 명세서에 베트남에 원천을 둔 익금 총액에서 그와 관련된 손금총액을 공제한 금액이 -30,259,357,374원이 된다는 취지로 기재한 사실이 인정된다.

위 인정사실에 의하면, 원고의 베트남에 원천을 둔 소득은 '음수(-)'로서 '국외원천소득' 자체가 존재하지 않는다. 따라서 원고는 구 법인세법 제57조 제1항에 정해진 '내국법인의 각 사업연도의 과세표준에 국외원천소득이 포함되어 있는 경우'에 해당하지 않으므로, 이 사건 외국인계약자세액을 외국납부세액공제 대상으로 삼을 수 없다.

[참고로, 베트남 사업장에서 발생한 원고의 결손금은 구 법인세법 제14조에 따라 과세표준에 손금으로 반영되어 있다.]

3) 이에 대하여 원고는, 국외원천소득금액이 음수여서 결손이 발생하더라도 과세표준에 포함된 것이라고 주장한다. 그러나 구 법인세법은 제14조 제1항에 '소득'에 관한 규정을 둔 다음, 제2항에 "내국법인의 각 사업연도의 결손금은 그 사업연도에 속하는 손금의 총액이 그 사업연도에 속하는 익금의 총액을 초과하는 경우에 그 초과하는 금액으로 한다."고 규정하여 소득과 결손금을 엄밀하게 구별하고 있으므로, 위와 같이 국외원천소득금액이 음수로 되는 경우는 '결손금'에 해당할 뿐이고, 과세의 대상인 '소득'에 해당한다고 볼 수 없다. 따라서 원고의 위 주장은 받아들일 수 없다.

또한 원고는, 베트남의 일부 건설현장에서는 수익이 나기도 하였으며, 베트남의 회계기준에 따를 경우에는 베트남에서 소득이 없다고 단정할 수 없다고 주장한다. 그러나 앞서 본 바와 같이 구 법인세법 제57조 제1항의 '국외원천소득'은 내국법인의 각 사업연도 소득의 계산에 관한 규정을 준용하여 내국법인의 해당 사업연도에 속하는 국외에 원천을 둔 익금 총액에서 그와 관련된 손금 총액을 공제하여 산정하여야 할 것이므로, 이와 다른 전제에 선 원고의 위 주장 역시 받아들일 수 없다.

라. 국외원천소득에 대하여 납부한 외국법인세액 해당 여부

설령 원고의 주장과 같이 '내국법인의 각 사업연도의 과세표준에 국외원천소득이 포함되어 있다 하더라도, 다음과 같은 이유에서 이 사건 외국인계약자세액은 구 법인세법 제57조 제1항에 정해진 '그 국외원천소득에 대하여 납부한 외국법인세액'에 해당하지 않으므로, 이를 외국납부세액공제 대상으로 삼을 수 없다.

① 앞서 본 바와 같이 구 법인세법상 베트남에 원천을 둔 소득이 없음이 명백하므로 이 사건 외국인계약자세액을 베트남의 국외원천소득에 대하여 납부한 것이라고 볼수 없다. 오히려 원고가 이 사건 외국인계약자세액을 베트남에 납부하게 된 것은 납부방식을 공제신고방법이 아닌 고정비율방법을 선택한 데에 따른 결과로 보일 뿐이다.

② 한국 · 베트남 조세조약 등 이중과세방지를 위한 조약의 취지는, 원천지국에서 얻은 소득에 대하여 거주지국과 원천지국이 모두 과세권을 행사할 경우 이중과세의 문제가 발생하므로, 거주지국의 과세권과 원천지국의 과세권을 적정하게 배분 · 조정함으로써 이중과세를 방지하려는 데에 있다(대법원 2015. 5. 28. 선고, 2013두7704 판결 등 참조).

따라서 원고가 국외원천소득의 존재와 상관없이 베트남에 납부한 이

사건 외국인계약자세액은 이에 대해 우리나라에 납부하여야 할 법인세액이 발생하지 아니하므로, 이중과세 문제가 발생할 여지가 없다.

마. 소결론

이 사건 외국인계약자세액은 구 법인세법 제57조 제1항에 정해진 외국납부세액공제 대상에 해당하지 않으므로, 원고의 2016 사업연도 이월 외국납부세액에서 이 사건 외국인납부세액 상당을 감액한 이 사건 처분은 정당하고 이에 반하는 원고의 주장은 이유 없다.

4. 결론

그렇다면, 원고의 이 사건 청구는 이유 없어 이를 기각하여야 할 것인데, 제1심판결은 이와 결론을 같이하여 정당하므로 원고의 항소는 이유 없어 이를 기각하기로 한다.

부록

1. 투자등록증(IRC)/기업등록증(ERC) 국문번역본

2. 근로계약서 영문/베트남어본

3. LURC 영문/베트남어본

4. 조건부 업종(conditional business lines) 영문 리스트

5. 표준중재조항(국문)

6. 표준중재조항(영문)

7. 투자프로젝트 청산 통지서

8. 투자프로젝트 청산 결정문

9. 기업 청산 통지서

10. 기업 청산 결정문

11. 파산 신청서

1. 투자등록증(IRC)/기업등록증(ERC) 국문번역본

벤쩨성 인민위원회   베트남 사회주의 공화국
벤쩨 공단관리반   독립 - 자유 - 행복

투자등록증

프로젝트 번호: 046

최초 발급: 2017년 08월 08일

제 8차 개정본: 2021년 05월 13일

2020. 06. 17자 국회 통과된 투자법(Law on Investment 61/2020/QH14)에 근거; 투자법의 일부 조항의 시행 안내 및 세부 규정에 관한 정부의 2021. 03. 26자 시행령(Decree 31/2021/ND-CP)에 근거;

2008. 06. 03자 법인세법(Law on Enterprise Income Tax 14/2008/QH12)과 2013. 06. 19자 국회 통과되어 일부 조항 보충 및 개정된 법인세법(32/ 2013/QH13); 법인세법 시행 안내 및 세부 규정에 관한 정부의 2013. 12. 26자 시행령(Decree 218/2013/ ND-CP); 세금과 관련된 법과 보충 및 개정된 세금에 대한 각종 시행령의 일부 조항 개정 및 보충된 법 시행 세부 규정에 대한 정부의 2015. 02. 12자 시행령(Decree 12/2015/ND-CP)에 근거;

벤쩨 공단관리반 설립에 관한 총리의 2005. 07. 15자 결정문(Decision 178/2005/ QD-TTg)에 근거;

벤쩨성 내 투자 혜택 정책 규정에 관한 벤쩨성 인민위원회의 2015. 01. 30자 결정문(Decision 04/2015/QD-UBND)에 근거;

2021. . 자 제출된 주식회사(Công ty cổ phần)의 투자 프로젝트 조정 건의문 및 첨부 문서 검토,

위원장

벤쩨 공단관리반

증명:

NHÀ MÁY SẢN XUẤT HƠI ĐIỆN 프로젝트, 투자등록증 프로젝트 번호 04, 2017년 08월 08일 벤쩨 공단관리반 최초발급, 2020년 12월 29일 제 7차 개정 등록증; 조정 등록은 다음과 같다: 회사의 법적 대표자

투자자

Mr. D, 19년 월 일생; 국적: 베트남; 주민등록번호: 2 (2014년 06월 03일 동나이 (Đồng Nai)성 공안 발급); 등록 거주지: 동나이성 쑤언록현 (huyện Xuân Lộc, tỉnh Đồng Nai); 현재 거주지: 동나이성 쑤언록현 (huyện Xuân Lộc, tỉnh Đồng Nai).

Mr. Du, 19년 월 일생; 국적: 베트남; 주민등록번호: 0 (2003년 08월 08일 동나이 성 공안 발급); 등록 거주지: 동나이성 쑤언록현, 쑤언흥, 1 읍(Áp 1, xã Xuân Hưng, huyện Xuân Lộc, tỉnh Đồng Nai); 현재 거주지: 동나이성 쑤언록현, 쑤언흥, 1 읍(Áp 1, xã Xuân Hưng, huyện Xuân Lộc, tỉnh Đồng Nai).

Mr. Duo, 19년 월 일생; 국적: 베트남; 주민등록번호: 0 (2016년 08월 30일 거주민 국가 데이터와 거주 관리 등록 경찰서 발급); 등록 거주지: 호치민시 7군 (quận 7, thành phố Hồ Chí Minh); 현재 거주지: 호치민시 7군 (quận 7, thành phố Hồ Chí Minh)

Corporation, 사업자등록번호 (19년 0월 0일, 한국 삼성동 세무기관 발급), 등록 주소: 대한민국 서울시 강남구. 수권대리인: Mr. 하 (Ha), 여권번호: M36 (2017년 08월 04일 한국 외교부 발급), 현재 거주지: 대한민국 서울시

프로젝트 수행 경제 조직: 주식회사(Công ty cổ phần), 기업등록증 번호 130 벤쩨 성 투자기획국 기업등록사무소 발급, 2017년 07월 13일 최초발급, 2021년 04월 29일 제 9차 개정. 등록 주소: 벤쩨성 처우타인현 자오롱 자오롱공단 DN Plot(Lô DN, Khu Công nghiệp Giao Long, xã Giao Long, huyện Châu Thành, tỉnh Bến Tre). 법적대표자: Mr. 최(CHOI), 19년 월 일생; 국적: 한국; 여권: M51 (2018년 07월 12 일 대한민국 외교부 발급); 등록 거주지: 대한민국 경기도 105-1801; 연락 주소: 호 치민시 7군 (quận 7, thành phố Hồ Chí Minh); 직위: 대표이사.

투자 프로젝트 수행 등록 내용은 다음과 같다:

제 1조. 투자 프로젝트 내용
프로젝트명: NHÀ MÁY SẢN XUẤT HƠI ĐIỆN
프로젝트 목표: 증기, 전기 생산 및 공급

프로젝트 규모
- 증기 생산. 생산규모: 1 톤/연
- 전기 생산. 생산규모: 1 KWH/연

프로젝트 수행 지점: 벤쩨성 처우타인현 자오롱 자오롱공단 DN Plot(Lô DN, Khu Công nghiệp Giao Long, xã Giao Long, huyện Châu Thành, tỉnh Bến Tre).
사용 토지 면적: 22,236.6 m2 (이만 이천 이백 삼십 육 점 육 제곱미터)
총 투자 자본금: 650. VND (육 동), 27. USD (이천 달러)에 상응
그 중, 프로젝트 수행을 위한 출자 자본: 130. VND (천 삼 동), 5. USD (오백 달러)에 상응

프로젝트 활동 기한은 2017년 월 일로부터 50년(오십년)

프로젝트 수행 진도:
1단계:
- 공장 건설: 2017년 10월부터 2018년 07월까지
- 정식 생산: 2018년 08월
2단계:
- 공장 건설: 2018년 10월부터 2020년 02월까지
- 정식 생산: 2020년 03월

제 2조. 각종 투자 혜택 및 지원

법인세에 대한 혜택: 현행 법인세법 규정에 따름

수입 관세에 대한 혜택: 현행 수입 관세법 규정에 따름

토지 임대 금액

- 20 VND/m2/50년 (이십 동) 가격으로, 1 m2 면적에 대해서 1회 납부 (만 제곱미터)

- 3 m2 면적에 대한 토지 임대 금액은 벤쩨성 지방 투자 우대 정책 규정에 대한 인민위원회의 2015. 01. 30자 결정(Decision 04/2015/QD-UBND)에 따름

제 3조. 본 투자등록증은 2017년 08월 08일 최초 발급되고, 2020년 12월 29일 제 7차 개정되어 발급된 벤쩨 공단관리반 발급 투자등록번호 04의 투자등록증을 대체하며, 원본 02부로 제작: 주식회사(Công ty cổ phần)에게 01부 발급되고, 01부는 벤쩨성 공단관리반에 보관된다.

위원장

도안 비엣 홍(Đoàn Viết Hồng)

호치민시 기획투자국   베트남 사회주의 공화국
기업등록사무소   독립 - 자유 - 행복

유한책임회사 기업등록증

기업등록번호: 0315
최초등록: 2018년 08월 30일
제 6차 개정: 2019년 10월 21일

회사명
베트남어 표기 회사명: CÔNG TY TNHH 000 VIỆT NAM
외국어 표기 회사명: 000 VIETNAM COMPANY
약식 회사명: 000 VIETNAM CO., LTD

등록 주소
베트남 호치민시 빙타인군
(Thành phố Hồ Chí Minh, Việt Nam)
전화번호: (028) 3511   Fax:
Email: Website:

정관 자본금   54.511.465.000 VND (베트남 동)

문자 표기: 오백 사십 오억 천 백 사십 육만 오천 동

소유주에 대한 정보
단체명: CÔNG TY CỔ 000

업종 번호 / 설립 결정 번호: .110111-
설립: 한국   발급일: 1998년 월 일
등록 주소: 대한민국 서울 중구

회사의 법적 대표자

* 성함: 박 (Park)   성별: 남

직위: 사장
생년월일: 1973년 월 일   민족: 국적: 한국
개인의 법리적 서류의 유형: 외국 여권
개인의 법리적 서류의 번호: M40
발급일: 2016년 월 일   발급: 대한민국
호적상 등록 거주지: 대한민국 경기도
현재 거주지: 베트남 호치민시 빙타인군 22현
(Phường 22, Quận Bình Thạnh, Thành phố Hồ Chí Minh, Việt Nam)

사무소장

부 사무소장

호 호환 선 (Hồ Hoành Sơn)

2. 근로계약서 영문/베트남어본

CÔNG TY TNHH VIỆT NAM	CỘNG HOÀ XÃ HỘI CHỦ NGHĨA VIỆT NAM
Số (No): [0000]	*THE SOCIALIST REPUBLIC OF VIETNAM*
	Độc lập - Tự do - Hạnh phúc
	Independence - Freedom - Happiness
	-----***-----

HỢP ĐỒNG LAO ĐỘNG

LABOR CONTRACT

Hợp đồng lao động này (*"Hợp đồng"*) được ký kết tại CÔNG TY TNHH VIỆT NAM và có hiệu lực từ ngày 00 tháng 00 năm 0000 bởi các bên có tên dưới đây:

This labor contract (the "Contract") is made at office of VIETNAM CO., LTD. and comes into effect from 00,00. 0000 by and between the following parties:

BÊN A:	NGƯỜI SỬ DỤNG LAO ĐỘNG
PARTY A:	*EMPLOYER*

Tên doanh nghiệp	:	CÔNG TY TNHH VIỆT NAM
Name of enterprise		(VIET NAM CO., LTD)
Giấy phép thành lập =	:	
Establishment Certificate		

Địa chỉ trụ sở chính   :
Head office address
Đại diện bởi   :   Ông (Mr.)
Representative by
Ngày sinh   :   Ngày [00] tháng [00] năm [0000]
Birth day
Hộ chiếu số   :   [00000000000]
Passport No
Địa chỉ cư trú   :
Resident address
Chức vụ   :   Người đại diện theo pháp luật/ Giám đốc
Position   *Legal representative/ Director*

Sau đây được nhắc đến là "Công ty" hoặc "Người sử dụng lao động"
Hereinafter referred to as the "Company" or "Employer"

BÊN B: NGƯỜI LAO ĐỘNG
PARTY B: *EMPLOYEE*

Họ và tên   :
Full name
Ngày tháng năm sinh   :   00/00/0000
Date of birth
Số CMND/ Hộ chiếu   0000000000
ID Card/ Passport No.   :
Ngày cấp   :   Bộ Ngoại giao
Issusing date   *Ministry of Foreign Affairs*

Nơi cấp   :   00/00/0000
Issued by
Địa chỉ thường trú   :
Permanent resident address
Địa chỉ hiện tại   :
Current resident address

Sau đây được nhắc đến là *"Người lao động"*
Hereinafter referred to as "Employee"

Căn Cứ (Whereas):

Bộ luật lao động số 10/2012/QH13 của Quốc hội ban hành ngày 18/06/
2012;
The Labor Code No. 10/2012/QH13 promulgated on June 18, 2012;

Nghị định số 05/2015/NĐ-CP của Chính phủ ngày 12/01/2015 và các
văn bản quy phạm pháp luật khác có liên quan.
Decree 05/2015/NĐ-CP issued by the Government on January 12, 2015.
Hai bên đã cùng trao đổi và thoả thuận ký kết Hợp đồng lao động và
cam kết làm đúng những điều kiện và điều khoản sau đây:
Both parties had mutually discussed and agreed to sign this labor con-
tract and commit to implement the following provisions:

Điều 1:   Điều khoản và công việc Hợp đồng
Article 1:   *Term and work contract*

Loại Hợp đồng lao động:
Type of labor contract

☐ Xác định thời hạn: từ ···. / ···../······ đến ······/ ······/ ······

   Definite term: From ···················· to ·······················.

☑ Không xác định thời hạn:

   Indefinite term

Địa điểm làm việc: Trụ sở chính của Công ty và các địa điểm khác nhằm thực hiện công việc được giao theo Hợp đồng này.
Place of work: Head office of the Company and the relevant places related to implement assigned work under this Agreement.

Chức vụ: Quản lý   Bộ phận:
Title: Manager   *Department:*

Điều 2:   Thời gian làm việc
Article 2:   *Working hour*

[Đối với người Hàn Quốc]

[For Korean]

Thời gian làm việc: 40 giờ/tuần từ thứ 2 đến thứ 6 (sáng từ 8:00 AM
đến 12:00 PM, chiều từ 13:00 PM đến 17:00 PM)

*Working time: 40 hours per week from Monday to Friday (from 8:00
AM to 12:00 PM, and from 13:00 PM to 05:00 PM)*

Thời gian lao động có thể thay đổi tùy vào nhu cầu công việc và yêu
cầu của Người sử dụng lao động vào từng thời điểm. Khi có sự thay
đổi Người sử dụng lao động sẽ báo cho Người lao động biết trước và
thực hiện theo quy định pháp luật lao động.

*The working time can be changed upon work demand and Employer's
request from time to time. When there is a change, the Employer
shall inform the Employee in advance and carry out in accordance
with labor regulations.*

Điều 3:   Quyền lợi và nghĩa vụ của Người lao động

Article 3:   Obligations, rights and benefits of the Employee

Quyền lợi của Người lao động

Rights and benefits of the Employee

Phương tiện đi lại làm việc: Theo chính sách công ty

*Means of transportation for working: In accordance with the Company's
policies*

[Đối với người Hàn Quốc]

[For Korean]

Lương thực nhận: KRW 00,000,000 / năm hoặc KRW 0,000,000/ tháng

Net Wage: KRW 00,000,000 / year or KRW 0,000,000/ month

Phương thức trả lương: Công ty sẽ chuyển khoản Lương Thực Nhận bằng Đô La Mỹ theo [tỷ giá hối đoái vào ngày chuyển khoản].

Payment method: the Company will transfer Net Wage in United States Dollars according to [exchange rate on such transfer date].

Ngày thanh toán lương: Chuyển khoản vào ngày 25 của mỗi tháng (nếu ngày 25 là ngày cuối tuần hoặc ngày lễ thì sẽ được thanh toán vào ngày làm việc tiếp theo của tháng đó).

Payment date: Bank transfer shall be made on 25th date of every applicable month (if 25th date is weekend or public holiday, then next working date shall be the payment date of such month).

Trợ cấp cho người nước ngoài: 0,000 USD/ tháng

Expatriation Premium: USD 0,000 / month

Trợ cấp khác (trong phạm vi quy chế nội bộ cho phép):

Other allowance(to the extent allowed by internal policy):

Chi phí nhà ở: do Công ty thanh toán

Housing Expenses: shall be paid by the Company

Học phí của con cái: do Công ty thanh toán

Tuition fee for children: shall be paid by the Company

\-   Hình thức trả lương: Trả lương theo thời gian (tháng)

Method of payment of wages: Payment of wages calculated by reference to time (month)

Thanh toán lương: Chuyển khoản hoặc trả tiền mặt vào ngày 25 của mỗi tháng (nếu ngày 25 là ngày cuối tuần hoặc ngày lễ thì sẽ được thanh toán vào ngày làm việc tiếp theo của tháng đó)

Wage payment: Bank transfer or cash on 25th date of every applicable month (if 25th date is weekend or public holiday, then next working date shall be the payment date of such month).

Phụ cấp và các khoản bổ sung: Theo quy định và chính sách Công ty vào từng thời điểm

Allowance and other support: Upon the Company's regulation and policy from time to time

Tiền thưởng: Theo quy định của Bộ Luật Lao Động và chính sách Công ty

Bonuses: In accordance with Vietnam labor code and the Company's policies

Chế độ nâng lương: Theo chính sách Công ty

Salary increase policy: In accordance with the Company's policies

Được trang bị bảo hộ lao động gồm: Theo quy định của Bộ Luật Lao Động và chính sách Công ty.

Providing with protection equipment included: In accordance with Vietnam Labor code and the Company's policies.

-          Được cấp phát những dụng cụ cần thiết theo yêu cầu công việc và theo quy định của Công ty.

Providing with working equipment as the job may require and in accordance with the Company's policies.

Chế độ nghỉ ngơi (nghỉ hàng tuần, phép năm, lễ tết···):··············
·········

Time of rest (weekly leave, annual leave, and public holiday...):···········

[Đối với người Hàn Quốc]
[For Korean]

Ngày nghỉ hàng tuần   : Thứ 7 và Chủ nhật
Weekly day-off   : Saturday and Sunday.

Ngày lễ, tết   : 10 ngày/ năm
Public holiday, New Year : 10 days/ year

Phép năm   : 12 ngày/ năm
Annual leave   : 12 days/ year

Bảo hiểm xã hội, bảo hiểm y tế và bảo hiểm thất nghiệp: Theo quy định của Bộ Luật Lao Động và các luật bảo hiểm có liên quan .

Social insurance, health insurance and jobless insurance: In accordance with Vietnam labor code and relevant laws on insurance.

Chế độ đào tạo: Theo quy định của Bộ Luật Lao Động và chính sách Công ty.

Regime for vocational training: In accordance with Vietnam labor code and the Company's policies.

Những thỏa thuận khác: Theo chính sách công ty.

Other agreements: In accordance with the Company's Policies.

Nghĩa vụ:

Obligations

Hoàn thành công việc thỏa thuận trong Hợp đồng, chấp hành lệnh điều hành kinh doanh, bảo vệ tài sản của Công ty và sẽ chịu trách nhiệm bồi thường những tài sản bị hư hỏng do vô ý, bất cẩn hay cẩu thả hoặc bị mất cắp khi chuyển giao.

Fulfill all tasks agreed in this Contract, to comply with business orders, protect the properties of the Company and shall compensate for damaged properties incurred by the employee due to carelessness, negligence or stolen when transferring.

Nghiêm túc tuân thủ và tôn trọng thời hạn và các cam kết trong Hợp đồng. Bồi thường cho Công ty các chi phí đào tạo và/hoặc các cam kết trách nhiệm bằng tiền nêu trong Hợp đồng này hoặc trong quy định của Công ty trong trường hợp cố ý chấm dứt Hợp đồng trước thời hạn mà không được sự đồng ý của Công ty theo thỏa thuận và quy định pháp luật.

Strictly follow and respect the term of and commitment in the Contract. Compensate to the Company all training expenses and/or monetary commitment mentioned in the Contract and/or in labor regulations of the Company in the case the Employee intentionally terminate the Contract without approval of the Company as agreed and in accordance with the regulations.

Nghiêm túc tuân thủ và tôn trọng các yêu cầu của lãnh đạo, các nội quy và quy định của Công ty.

Strictly follow the instruction of management level, rules and regulations of the Company.

Người lao động vào bất kỳ thời điểm nào, kể cả sau khi nghỉ việc, sẽ nỗ lực hợp lý để giữ bí mật toàn bộ mọi thông tin mật (bao gồm nhưng không giới hạn các thông tin, bí mật kinh doanh và những vấn đề khác thuộc quyền sở hữu riêng hoặc được coi là những thông tin mật) và sẽ không sử dụng hoặc tiết lộ những thông tin mật này, trừ trường hợp có sự đồng ý trước bằng văn bản của Người sử dụng lao động hoặc do yêu cầu của luật pháp. Nếu Người lao động vi phạm điều khoản này, Người lao động sẽ phải bồi thường và giữ cho Người sử dụng lao động khỏi mọi mất mát, trách nhiệm và thiệt hại.

The Employee shall at all times, including after resignation, use all reasonable endeavors to keep strictly confidential any confidential information (including but not limited to information, secrets, and other matters which are of a proprietary or confidential nature) and shall not use or disclose such confidential information except with the prior written consent of the Employer or by any requirement of law. If the Employee commits a breach of this, the Employee shall indemnify and hold the Employer harmless from and against any and all losses, liabilities, damages.

Điều 4 :   Nghĩa vụ và quyền hạn của Người sử dụng lao động
Article 4 :   Obligations and rights of Employer

Quyền hạn:
   Rights:

-        Điều hành Người lao động hoàn thành công việc theo Hợp đồng (bố trí, điều chuyển, tạm ngừng việc...)
   To manage the Employee to fulfill the works in accordance with the Contract (assign, appoint, postpone...)

Tạm hoãn, chấm dứt Hợp đồng, kỷ luật Người lao động theo quy định của pháp luật, Thỏa ước lao động tập thể (nếu có) và nội quy lao động của Công ty.
To postpone, terminate the Contract, penalty the Employee in accordance with the law, Collective labour agreement (if any) and internal labor regulations of the Company.

Nghĩa vụ :

Obligations:

Thực hiện đầy đủ những điều khoản đã cam kết trong Hợp đồng để Người lao động làm việc đạt hiệu quả. Bảo đảm việc làm cho Người lao động theo Hợp đồng đã ký. Thanh toán đầy đủ và đúng hạn các chế độ và quyền lợi của Người lao động theo thỏa thuận.

To perform all terms and conditions committed in this Contract for the purpose of the employee's work efficiency; to guarantee employment as agreed in this Contract. To pay the Employee remuneration and other benefits in full and on time as committed.

Điều 5:	Điều khoản thi hành
Article 5:	Implementation provisions

Những vấn đề về lao động không ghi trong hợp đồng này thì áp dụng quy định của Thỏa ước tập thể (nếu có) và Nội quy lao động của Công ty, trường hợp chưa có Thỏa ước tập thể hoặc Nội quy lao động thì áp dụng quy định pháp luật lao động liên quan.

Any labor matter is not covered by this Contract which shall be applied in accordance with provisions of Collective labor agreement (if any) and internal labor regulation of the Company, in case where there is neither Collective labor agreement nor internal labor regulation, the relevant labor regulations shall be applied.

Hợp đồng lao động được làm thành 02 bản có giá trị ngang nhau và mỗi bên giữ một bản để thi hành. Trong trường hợp có sự khác nhau giữa tiếng Anh và tiếng Việt, tiếng Anh sẽ được áp dụng để giải thích. Labor contract is made in 2 copies of equal validity and each party keeps one copy for implementation. If there is any discrepancy between Vietnamese language and English language, English shall prevail for interpretation.

Người sử dụng lao động   Người lao động
Employer   *Employee*

Giám đốc *(Director)*

3. LURC 영문/베트남어본

CỘNG HOÀ XÃ HỘI CHỦ NGHĨA VIỆT NAM
SOCIALIST REPUBLIC OF VIETNAM
Độc lập – Tự do – Hạnh phúc
Independence – Freedom – Happiness

GIẤY CHỨNG NHẬN
CERTIFICATE OF
QUYỀN SỬ DỤNG ĐẤT
LAND USE RIGHT
QUYỀN SỞ HỮU NHÀ Ở VÀ TÀI SẢN KHÁC GẮN LIỀN VỚI ĐẤT
OWNERSHIP OF HOUSES AND OTHER ASSETS ATTACHED TO LAND

Người sử dụng đất, chủ sở hữu nhà ở và tài sản khác gắn liền với đất
/ *Land user, owner of houses and other assets attached to land*

CÔNG TY TNHH OOOO
OOOO CO., LTD

Giấy chứng nhận đăng ký doanh nghiệp số: 31, đăng ký lần đầu ngày 21 tháng 4 năm 2016, đăng ký thay đổi lần thứ 7 ngày 24 tháng 9 năm 2019.
Enterprise registration certificate No: 31, 1st registration on 21 April 2016, 7th amendment on 24 September 2019.

Cơ quan ký: Phòng Đăng ký kinh doanh – Sở Kế hoạch và Đầu tư tỉnh Quảng Bình.

Signed by: Business Registration Office – Department of Planning and Investment of Quang Binh province.

Địa chỉ trụ sở chính: thành phố Đồng Hới, tỉnh Quảng Bình.

Head office: Dong Hoi city, Quang Binh province.

Thửa đất, nhà ở và tài sản khác gắn liền với đất / *Land plot, houses and other assets attached to land*

Thửa đất / *Land plot:*

Thửa đất số: 71, tờ bản đồ số: 13,

Land plot No.:   71, map sheet No: 13,

Địa chỉ: Thôn Trung Thành, xã Ngư Thuỷ Bắc, huyện Lệ Thuỷ, tỉnh Quảng Bình

Address: Trung Thanh village, Ngu Thuy Bac commune, Le Thuy district, Quang Binh province

Diện tích: 514916,6 m2, (bằng chữ: Năm tram mười bốn nghìn chín trăm mười sáu phẩy sáu mét vuông),

Area: 514916.6 sqm (in words: Five hundred and fourteen, nine hundred and sixteen point six square meter,

Hình thức sử dụng: Sử dụng riêng

Form of use: Using separately

đ) Mục đích sử dụng: Đất công trình năng lượng

dd) Use purpose: Land for energy construction

Thời hạn sử dụng: Đến ngày 14 tháng 7 năm 2067

e) Use term: Until 14 July 2067

g) Nguồn gốc sử dụng: Nhà nước cho thuê đất trả tiền hàng năm

g) Origin of use: The State leases land with annual rental payment

Nhà ở / *Houses:* -/-

Công trình xây dựng khác / *Other construction works on land:* -/-

Rừng sản xuất là rừng trồng / *Production forest being planted forest:* -/-

Cây lâu năm / *Perennial plants:* -/-

Ghi chú / *Note:*

Được miễn thuế đất 92.513.400 đồng (bằng chữ: Chín mươi hai triệu năm trăm mười ba nghìn bốn trăm đồng), từ tháng 5/2020 đến tháng 12/2020 theo Quyết định số 692/QĐ-CT ngày 12 tháng 6 năm 2020 của Cục thuế tỉnh Quảng Bình.

Exempted from land rent of VND92,513,400 (in words: Ninety-two million, five hundred and thirteen thousand, four hundred dong), from May 2020 to December 2020 according to Decision No. 692/QĐ-CT dated 12 June 2020 of the Tax Department of Quang Binh province.

Sơ đồ thửa đất, nahf ở và tài sản khác gắn liền với đất / *Map of land plot, houses and other assets attached to land*

IV. Những thay đổi sau khi cấp giấy chứng nhận / *Amendment after issuance of certificate*	
Nội dung thay đổi và cơ sở pháp lý *Amendment content and legal basis*	Xác nhận của cơ quan có thẩm quyền *Verification of competent authority*

Người được cấp Giấy chứng nhận không được sửa chữa, tẩy xoá hoặc bổ sung bất kỳ nội dung nào trong Giấy chứng nhận; khi bị mất hoặc hư hỏng Giấy chứng nhận phải khai báo ngay với cơ quan cấp Giấy. The Certificate holder may not modify, erase or add any content in the Certificate; if the Certificate is lost or damaged, it must be reported immediately to the Certificate issuing authority.

Số vào sổ cấp GCN / *No. of book input: CT09046*

Quảng Bình, ngày 22 tháng 6 năm 2020
Quang Binh, 22 June 2020

TM. UỶ BAN NHÂN DÂN TỈNH QUẢNG BÌNH
ON BEHALF OF QUANG BINH'S PEOPLE COMMITTEE

TUQ. CHỦ TỊCH
AUTHORIZED BY CHAIRMAN

KT. GIÁM ĐỐC SỞ TÀI NGUYÊN VÀ MÔI TRƯỜNG

P.P. DIRECTOR OF DEPARTMENT OF NATURAL RESOURCE AND ENVIRONMENT

PHÓ GIÁM ĐỐC

DEPUTY DIRECTOR

Hoàng Quốc Việt

Hoang Quoc Viet

4. 조건부 업종(conditional business lines) 영문 리스트

NO.	BUSINESS LINES
1	Manufacture and distribution of media products, including video recordings.
2	Manufacture, distribution, broadcasting of TV programs, stage performances and cinematic works.
3	Provision of audio and television broadcasting services.
4	Insurance; banking, securities trading and relevant services.
5	Postal and telecommunications services.
6	Advertising services.
7	Printing and publishing services.
8	Geodesy and cartography services.
9	Aerial photography services.
10	Education services.
11	Survey, extraction and processing of natural resources, minerals and petroleum.
12	Hydropower, offshore wind power and nuclear power.
13	Transport of goods and passengers by rail, air, road, river, sea, pipeline.
14	Fisheries.
15	Forestry and hunting.
16	Betting and casino business.
17	Security services.
18	Construction, operation and management of river ports, sea-ports and airports.
19	Real estate business.

20	Legal services.
21	Veterinary services.
22	Trade in goods and activities directly related to trade in goods of foreign service providers in Vietnam.
23	Technical analysis and inspection services.
24	Tourism services.
25	Health and social services.
26	Sports and entertainment services.
27	Paper production.
28	Manufacture of vehicles with more than 29 seats.
29	Development and operation of traditional markets.
30	Operation of Goods Exchanges.
31	LCL consolidation services.
32	Audit, accounting and tax services.
33	Valuation services; valuation of enterprises serving equitization.
34	Services relevant to agriculture, forestry, aquaculture.
35	Manufacture of airplanes.
36	Manufacture of locomotives and railway carriages.
37	Manufacture, sale tobacco products, tobacco ingredients, equipment for tobacco industry.
38	Publisher's activities.
39	Building and repair of seagoing ships.
40	Waste collection services, environmental monitoring services.
41	Commercial arbitration services, arbitration mediation services.
42	Logistics services.
43	Coastal transport services.

44	Farming, manufacture or processing of rare and valuable plants, breeding of rare, valuable wild animals and processing thereof, including live animals and their products;
45	Manufacture of building materials.
46	Construction and relevant technical services.
47	Motorcycle assembly.
48	Services relevant to sports, fine art, performing art, fashion show, beauty pageant and other entertainment activities.
49	Auxiliary services for air transport; ground services at airports; catering services on aircraft; navigation information services, air navigation and control services, meteorological services.
50	Shipping agencies; towing services.
51	Services relevant to cultural heritages, copyrights and related rights, photography, video recording, audio recording, art exhibitions, festivals, libraries, museums;
52	Services relevant to tourism promotion and advertising.
53	Representation, recruitment, scheduling, management services for artists and athletes.
54	Family-related services.
55	E-commerce activities.
56	Cemetery business, cemetery services and funeral services.
57	Aerial application.
58	Marine pilotages;
59	Business lines in which investment is under pilot mechanisms of the National Assembly, Standing committee of the National Assembly, the Government or the Prime Minister.

5. 표준중재조항(국문)

표준중재조항

"본 계약으로 인해 발생한 모든 분쟁 또는 본 계약과 관련된 모든 분쟁은 베트남 국제중재센터 ("VIAC")에서 VIAC 의 중재규칙에 의거하여 해결한다."

또는

"본 계약으로 인해 발생한 모든 분쟁 또는 본 계약과 관련된 모든 분쟁은 베트남 상공회의소의 베 트남 국제중재센터("VIAC")에서 VIAC 의 중재규칙에 의거하여 해결한다."

이외에, 당사자들은 아래와 같이 보충할 수 있다.

(a) 중재인의 수는 [1인 혹은 3인]으로 한다.

(b) 중재지는 [도시명 및/혹은 국가명]으로 한다.

(c) 계약의 준거법은 [_____]의 실체법으로 한다.*

(d) 중재절차에서 사용할 언어는 [_____]으로 한다.**

비고

 * 섭외적 요소가 있는 분쟁의 경우

** 섭외적 요소가 있는 분쟁의 경우 또는 적어도 분쟁의 일방 당사자가 외국인 투자자본이 있는 법인인 경우

6. 표준중재조항(영문)

Model Arbitration Clause

"Any dispute arising out of or in relation with this contract shall be resolved by arbitration at the Vietnam International Arbitration Centre (VIAC) in accordance with its Rules of Arbitration".

or

"Any dispute arising out of or in relation with this contract shall be resolved by arbitration at the Vietnam International Arbitration Centre at the Vietnam Chamber of Commerce and Industry (VIAC) in accordance with its Rules of Arbitration".

Parties may wish to consider adding:

(a) the place of arbitration shall be [city and/or country].

(b) the governing law of the contract [is/shall be] the substantive law of [ ].*

(c) the language to be used in the arbitral proceedings shall be [ ].**

Note:

 * For disputes which involve a foreign element.

** For disputes which involve a foreign element or disputes in which at least one party is an enterprise with foreign investment capital.

7. 투자프로젝트 청산 통지서

SOCIALIST REPUBLIC OF VIETNAM
Independence - Freedom - Happiness

NOTIFICATION ON TERMINATION OF OPERATION OF INVESTMENT PROJECT

To: ...... *(Investment registration agency)*

I. INVESTOR

(Declare information about the Investor prescribed in Investment License/ Business License (if any), Investment Certificate (if any), Investment Registration Certificate (if any), Decision on approval (modification) of investment policy (if any), Decision on approval (modification) of investor (if any), Decision on approval (modification) of investment policy concurrently with investor approval (if any) .... (Number, date of issue, issuer).

II. INFORMATION ON THE ECONOMIC ORGANIZATION EXECUTING THE INVESTMENT PROJECT *(if any)*

1. Name of economic organization: ....
2. Enterprise Code/ Investment License Number/ Investment Certificate Number/ Establishment Decision Number:

.... issued by .... (Name of issuer) first issued on: ...., latest amendment   (if   any) dated...

3. Tax Code: ....

III. PROJECT OPERATION STATUS AND FULFILLMENT OF FINANCIAL OBLIGATIONS TO THE STATE TO THE DATE OF TERMINATION

1. Project operation status

- Status of capital contribution and capital mobilization:
- Status of basic construction and putting the construction into operation or exploitation *(if any)*:
- Status of project objectives:

2. Status of financial obligation fulfillment

- Paid taxes, charges and land rental:
- Debt taxes, charges and land rental *(if any)*:
- Financial obligations to other related parties *(if any)*: salaries for employees, payments to third parties, ...

IV. CONTENTS OF TERMINATION OF INVESTMENT PROJECT OPERATION

Notice of termination of investment project *(name of project)* .... whose Decision on approval (modification) of investment policy *(if any)*, Decision on approval (modification) of investor *(if any)*, Decision on approval (modification) of investment policy concurrently with investor approval *(if any)* /Investment Registration Certificate *(if any)* /Investment Certificate/Investment License/Business License No................, issued by .... (Name of issuer) dated .... with the following contents:

1. Time of termination: ...., date ..... month ..... year .....
2. Explanation of reasons for termination: ....

V. UNDERTAKINGS OF INVESTORS:

1. Investors shall be held responsible before law for the lawfulness, accuracy and truthfulness of their dossier contents and documents sent to competent state agencies.
2. Strictly complying with relevant laws.

VI. ATTACHED DOSSIERS

1. Original Investment Registration Certificate/Decision on approval (modification) of investment policy *(if any)*, Decision on approval (modification) of investor *(if any)*, Decision on approval (modification) of investment policy concurrently with investor approval *(if any)*.
Or copy of the Investment Certificate/Investment License/Business License (in case the enterprise is still operating according to the enterprise information in the Investment Certificate/Investment License/Business License)
2. Investor's decision on project termination (the Decision and valid copies of minutes of meetings held by the Board of members/the General Meeting of Shareholders/ general partners/ owners of the economic organizations executing the project or other legal documents under provisions of the Laws).

......., date ...... month ...... year ......

Investor/ Economic organization executing the investment project

Investor/Legal representative of the economic organization shall sign, clearly write his/her full name, title and seal (if any).

8. 투자프로젝트 청산 결정문

......, date .... month ...... year ......

DECISION OF THE INVESTOR

Re.: Termination of Project

INVESTOR: ......

(Hereinafter called as "the Investor" concurrently being "the Owner of the Company")

Pursuant to:

- Law on Enterprises No. 59/2020/QH14, Investment Law No. 61/2020/QH14 and other applicable regulations;
- Charter of .... and its amendment, supplement document (the "**Charter**").
- Business and operation demands of .... (the "**Company**").

DECIDES

ARTICLE 1: TERMINATION OF INVESTMENT PROJECT

Approve to terminate the project of .... as from ___/____/_____.

ARTICLE 2: ASSIGNMENT

Assign .... with whole of right to liquidate the project in accordance with regulations of law on asset liquidation when terminating the project and to carry out necessary procedures for implementation of this Decision in accordance with Vietnamese law.

ARTICLE 3: VALIDITY

This decision is made in .... copies with the same validity and takes effect from the date of signing.

INVESTOR

Sign and seal here

9. 기업 청산 통지서

APPENDIX II-24

[NAME OF ENTERPRISE]   SOCIALIST REPUBLIC OF VIETNAM

----------   Independence- Freedom - Happiness

No.: .... *[location & date]*

NOTICE
Of enterprise's dissolution

To: The Business Registration Office of......................................

[insert the name of province/ city]

Enterprise's name (*specify the name in upper case*): ....

Enterprise ID number/ TIN: ....

Number of Certificate of business registration (*in case of unavailability*

of enterprise ID number/ TIN): ....

Date of issue: ...../...../.......... Issuing authority: ....

We hereby notify our enterprise's dissolution as follows:

In case the enterprise sends the Decision on dissolution to the Business Registration Office according to Clause 3 Article 202 of the Law on enterprises:

Number of the Decision on dissolution: .... dated...........................

Reasons for dissolution: ....

We hereby request the Business Registration Office to change the enterprise's status to "the enterprise is carrying out procedures for dissolution", publish the decision on dissolution and measures for debt settlement (if any) on the National Business Registration Portal.

We shall be legally responsible for the legality, accuracy and truthfulness of information provided herein.

In case the enterprise submits an application for dissolution to the Business Registration Office according to Clause 1 Article 204 of the Law on enterprises:

We hereby declare that we have fulfilled all liabilities according to Clause 2 Article 201 of the Law on enterprises. We hereby also request the Business Registration Office to change our legal status on the National Enterprise Registration Database to "dissolved".

We shall be legally responsible for the legality, accuracy and truthfulness of information provided herein.

THE ENTERPRISE'S LEGAL
REPRESENTATIVE
(signature and full name)

10. 기업 청산 결정문

......, date .... month ...... year ......

DECISION OF THE OWNER OF THE COMPANY

No.:

Re.: Dissolution of Company

OWNER OF THE COMPANY: ....

(Hereinafter called as **the Owner of the Company**)

Pursuant to:

Law on Enterprises No. 59/2020/QH14, Investment Law No. 61/2020/ QH14 and other applicable regulations;

Charter of .... and its amendment, supplement document (the "**Charter**").

Business and operation demands of .... (the "**Company**").

DECIDES

ARTICLE 1: DISSOLUTION OF COMPANY

To approve dissolution of ......, a company which is established and operating under Enterprise Registration Certificate with the enterprise code ...... issued by ...... the first time on ......, with the head office at .... The Company's activities are terminated from the date of ____ / ____ / _____ to carry out dissolution procedures.

Reason for dissolution:

ARTICLE 2: TERM, PROCEDURE FOR PAYING DEBTS

2.1. The Company has debts as follows:

a) Debts for customers:

b) Debts of tax authorities:

c) Debts for social insurance agencies:

d) Other debts:

2.2 Debt payment procedures:

2.3. Time limit for debt payment:

2.4. From the effective date of this Decision, the Company does not mobilize capital in any forms.

ARTICLE 3: TERM, PROCEDURE FOR LIQUIDATING THE SIGNED CONTRACTS

3.1. The signed and ongoing contracts:

3.2. Procedures for liquidation of contracts:

3.3. Time limit for liquidating contract: Within 01 (one) month from the effective date of this Decision.

3.4. Since the effective date of this Decision, the Company has not entered into a new contract which is not a contract to dissolve the enterprise and shall not terminate the effective contracts.

ARTICLE 4: DEALING WITH OBLIGATIONS ARISEN FROM LABOR CONTRACT

The Company uses ...... employees. Deadline for paying salaries and allowances for employees, handling all obligations arising from the labor contract is no later than ____ /____ /_____.

ARTICLE 5: LIQUIDATING THE COMPANY'S ASSETS

After paying all debts and dissolution costs, assign the legal representative of the Company to liquidate (sell) the entire remaining assets of the Company within 02 (two) months from the effective date this Decision.

ARTICLE 6: COMMITMENTS

Within 01 (one) year from the effective date of this Decision, the Company's Owner commits to jointly be responsible for paying unpaid debts, unpaid taxes and benefits of employees that has not been settled and to take responsible before the law for the arising consequences for the Company due to inaccurate declaration and honesty of dissolution documents submitted to the business registration agency.

ARTICLE 7: ASSIGNMENT

To assign ⋯⋯ to have whole of rights to liquidate the contracts, sell the remaining assets of the Company and pay the debts as prescribed by the law on asset liquidation when dissolving the company and carry out necessary procedures in order to implement this Decision in accordance with the laws of Vietnam.

ARTICLE 8: VALIDITY

This Decision is publicly posted at the Company's headquarters, sent to creditors with a debt settlement plan (if any), sent to employees, sent to the person with related rights and obligations, sent to the competent State agencies.

This decision is made in ⋯⋯ copies with the same validity and takes effect from the date of signing.

OWNER OF THE COMPANY

Sign and seal here

11. 파산 신청서

SOCIALIST REPUBLIC OF VIETNAM
Independence - Freedom - Happiness
—-oOo—-

......, date .... month ...... year ......

APPLICATION FOR BANKRUPTCY
(Re: Opening bankruptcy proceedings for the company........)

- *Pursuant to Enterprise Law 2014;*
- *Pursuant to Bankruptcy Law 2014.*

Respectfully addressed to: *(Court of competent jurisdiction)*

Ⅰ. INFORMATION OF APPLICANT

Name of company applying   :
Head office address   :
Enterprise Registration Certificate No. :
Issued by   :
Issued on   :
Phone number   :
Fax *(if any)*   :

Information of legal representative:

Full name   :
Date of birth   :
Position   :

ID No.   :
Issued by   :
Issued on   :
Permanent address   :
Current address   :
Phone number   :
Fax *(if any)*   :

II. GROUNDS FOR OPENING BANKRUPTCY PROCEEDINGS

...... *(Company name)* ("**Company**") was established and put into operation since ... up to now.

After a while of operation, in order to expand its business, ... The Company has mobilized capital from other banks and companies. Due to economic fluctuations in recent years, the annual revenue and profit levels of the Company have been going down. Although the Company has tried different solutions to improve the predicament, no solution could fix such situation.

As a result, the Company does not have enough wages to pay employees and other due debts within 3 months from the due date, specifically as follows:
- Total debt of employee's salary:
- Total other debts:

Therefore, pursuant to Article 5.3 of Bankruptcy Law 2014, the Company requests the Court to open bankruptcy proceedings in accordance with the law.

III. PROPOSAL TO APPOINT ASSET MANAGEMENT OFFICER, ASSET MANAGEMENT ENTERPRISE

In the process of carrying out bankruptcy proceedings, the Company requests the Court to appoint the Asset management officer/enterprise with the following information to perform asset management, business operation supervision and asset liquidation of the Company.

(In case of proposing an asset management officer)

Name of asset management officer   :
ID No.   :
Issued by   :
Issued on   :
Issued on   :
Asset management practicing certificate No. :
Permanent address   :
Phone number   :
Fax *(if any)*   :

(In case of proposing an asset management enterprise)

Name of asset management enterprise   :
Enterprise Code   :
Head office address   :
Phone number   :
Fax *(if any)*   :

APPLICANT

공저자 약력

김유환
2021-현재	법무법인(유) 광장(Lee & Ko)
2019-2020	법무법인(유) 율촌
2015-2019	메리츠종금증권㈜ 사내변호사
2015	연세대학교 법학전문대학원
2011	서울대학교 경영대학원 재무금융 석사
2008	서울대학교 경영학 학사

김태경
2012-현재	법무법인(유) 광장(Lee & Ko)
현재	(사)한국국제조세협회 이사
현재	(사)한국조세연구포럼 부학회장
현재	대법원 특별소송실무연구회 회원
2008-2012	딜로이트 안진회계법인
1991-2008	PwC 삼일회계법인
2000-2002	PwC New York
2017	성균관대학교 법학전문대학원 박사과정 수료
2015	서울시립대학교 세무전문대학원 세무학 석사
1991	제26회 공인회계사시험 합격
1990	서강대학교 경영학과 학사

이순성
2020-현재	법무법인(유) 광장(Lee & Ko)
2017-2019	법무법인 윤
2017	법무법인 오늘
2017	전남대학교 법학전문대학원
2011-13	도레이첨단소재
2011	고려대학교 국제학 학사

이재국
2022.2-현재	공정거래위원회 건설용역하도급개선과장
2019.2-2022.2	주베트남대사관 고용노동관
2013	호주 Griffith대학 석사(HRM 전공)
2006-2019.2	고용노동부 사무관 · 서기관(법무담당관실, 장관비서, 직업능력정책국 등)
2005	제49회 행정고시

홍성미
1999-현재	법무법인(유) 광장(Lee & Ko)
1998	미국 Whittier School of Law (J.D.)
1993	미국 University of California, Irvine (B.A. in Psychology)

서울대학교 아시아법 연구 실무시리즈 1호

베트남법

초판발행	2022년 7월 20일
공저자	김유환·김태경·이순성·이재국·홍성미
편저자	정준혁
펴낸이	안종만·안상준
편 집	한두희
기획/마케팅	조성호
표지디자인	BEN STORY
제 작	고철민·조영환
펴낸곳	(주) **박영사**
	서울특별시 금천구 가산디지털2로 53, 210호(가산동, 한라시그마밸리)
	등록 1959. 3. 11. 제300-1959-1호(倫)
전 화	02)733-6771
f a x	02)736-4818
e-mail	pys@pybook.co.kr
homepage	www.pybook.co.kr
ISBN	979-11-303-4214-6 93360

copyright©김유환·김태경·이순성·이재국·홍성미·정준혁, 2022, Printed in Korea

정 가   20,000원